SPIノートの会 編著

TG-WEB・ ヒューマネージ社の
テストセンター 編

これが 本当の
Webテスト だ！
②

2026 年度版

付 Webテスト実施企業一覧

KODANSHA

TG-WEBの計数画面 (標準型)

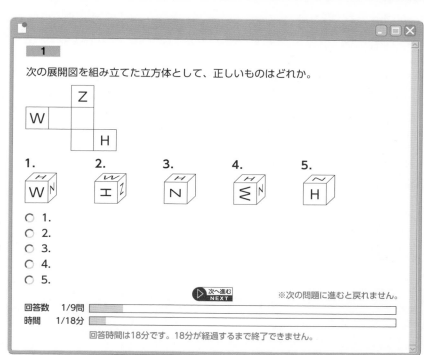

1

次の展開図を組み立てた立方体として、正しいものはどれか。

	Z	
W		
		H

1. 2. 3. 4. 5.

○ 1.
○ 2.
○ 3.
○ 4.
○ 5.

▶ 次へ進む NEXT　　※次の問題に進むと戻れません。

回答数　1/9問
時間　　1/18分

回答時間は18分です。18分が経過するまで終了できません。

（くわしくは42ページ参照）

なんだかムズカシそう…

就活中の女子大学生 ▶

「TG-WEB」は、パソコンで
受ける「Webテスト」。
特徴は、難解で、あまり
なじみのない問題が出題
されることだ。
計数では、
「図形」を使った問題や、
「推論」などが出題されるぞ。

Webテストの
カリスマ氏 ▶

TG-WEBの言語画面 (標準型)

2

次の文章で、空欄A、Bに入る言葉として適切なものはどれか。

古い歴史を持つ法隆寺がほとんどが木造であることは　　A　　。再建前の法隆寺がそうであったように、思わぬ火災にあえばあっという間に烏有に帰してしまう。その昔、再建の大事業をなしとげた人々は、その事実を痛いほど分かっていたに相違ない。完成したとしても、すぐまた雷火、戦火にあうかもしれない。　　B　　人々は法隆寺をみごとに再建した。どれほどの費用とエネルギーを傾けたことだろう。

○ 1.　A＝数年前に否定された　　B＝ふりかえると、
○ 2.　A＝遠い昔だけの話である　　B＝話は変わって、
○ 3.　A＝云うまでもない　　B＝にもかかわらず、
○ 4.　A＝誰もが想像しなかった　　B＝かと思えば、
○ 5.　A＝驚きを禁じ得ない　　B＝云うまでもなく、

▷ 次へ進む NEXT　　※次の問題に進むと戻れません。

回答数　1/12問
時間　1/12分

回答時間は12分です。12分が経過するまで終了できません。

（くわしくは126ページ参照）

言語では、「空欄補充」や「長文読解」などが出題される。長文は、科学や法律など、やや難解なテーマの文章や、何十年も前の古い文章が使われる。短時間で答えるのが難しいテストだ！

短時間…

TG-WEBの英語画面

（くわしくは 290 ページ参照）

以下の長文を読んで、設問に答えなさい。

As the end of the twentieth century approaches, the globalization of production has accelerated sharply. National boundaries once limited the regions within which groups of people were engaged in their economic activities. Today, however, we have entered into an era in which the flow of goods, information, money and people is unimpeded by geographical distribution.

(①), the concept of national boundaries is becoming different from what it used to be. It is now expressing a situation in which national boundaries ② simply delimit platforms of production. Surprisingly, however, the globalization of the economy has not brought an equitable distribution of wealth. In fact, it has brought certain nations to increasing concentrations of wealth and reinforcements of dominant statuses. It has not led Third World countries to the power centers of the world economy, but has left them as marginalized as before and made it more difficult for them to combat their (③) status. Many countries face deepened poverty, and the ④ cumulative effect of poverty is an increase in the number of malnourished children.

1

Choose the most suitable word(s) from those given below to fill in the blank ①.

○ A. with unexpectedness   ○ B. although   ○ C. as a consequence

○ D. however   ○ E. of its own accord

残り:15分

英語で出題されるのは
「長文読解」。言語同様、
やや難解なテーマの
文章が使われることが多い。
英文の読解力が問われる
テストだ！

TG-WEBの性格画面

あなたがこれまでの学生時代にどのように考え行動してきたかを、<u>具体例を思い出しながら、自分を最も的確に表現できる選択肢を選んでください。</u>

（※質問の「相手」「他人」という言葉に対して、誰を思い浮かべても結構です。）

選択肢 1＝常にそうしてきた 2＝しばしばそうしてきた 3＝まれにそうしてきた 4＝まったくそうしてこなかった 5＝そのようなことをする機会がなかった		1	2	3	4	5
1	物事を頼まれた時、相手の状況を考慮に入れて何をすればより良いか考えたことがある。	◯	◯	◯	◯	◯
2	相手に満足してもらうためにはどうすれば良いかを考えたことがある。	◯	◯	◯	◯	◯
3	相手を満足させるやり方を次々としたことがある。	◯	◯	◯	◯	◯
4	相手に理解してもらうために、何度も訪れたことがある。	◯	◯	◯	◯	◯

残り：15分

（くわしくは299ページ参照）

TG-WEBには、7種類以上の性格テストがある。複数の性格テストを組み合わせて実施する企業もある。

そんなにたくさん？！

ヒューマネージ社のテストセンターの画面

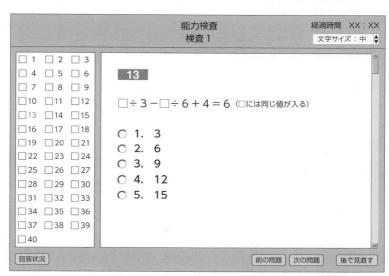

能力検査　　　　経過時間　XX：XX
検査1　　　　　　文字サイズ：中

□1　□2　□3
□4　□5　□6
□7　□8　□9
□10　□11　□12
□13　□14　□15
□16　□17　□18
□19　□20　□21
□22　□23　□24
□25　□26　□27
□28　□29　□30
□31　□32　□33
□34　□35　□36
□37　□38　□39
□40

13

□÷3－□÷6＋4＝6　（□には同じ値が入る）

○　1.　3
○　2.　6
○　3.　9
○　4.　12
○　5.　15

回答状況　　　　　　　　　前の問題　次の問題　後で見直す

（くわしくは234ページ参照）

ヒューマネージ社のテストセンターは、
TG-WEBをテストセンターで受けるテストだ。
2013年7月から開始している。
これは、テストセンターの能力テストの画面だ。

Webテスト「TG-WEB」
Q&A カリスマに聞け!

図形や暗号が出るWebテスト?

企業の採用選考や、インターンシップで
Webテストが実施されることが多い、
と聞きました。
どんなテストなんでしょうか?

「Webテスト」とは、パソコンや
インターネットを使って受ける
採用テストのこと。
いろいろなWebテストがあるが、一番人気は
日本エス・エイチ・エル社の「玉手箱」だ。

そういえば、
先輩からパソコンで受ける
テストの話を聞いたことがあります。
折り紙を切り抜いたような
図形の問題や、
アルファベットを使った
暗号が出たそうです。
これが玉手箱ですか?

図形の問題に、暗号問題…。玉手箱ではないな。
そのテストは、ヒューマネージ社の
ティージー ウェブ
「TG-WEB」だろう。

TG-WEBには「標準型」「時短型」がある

TG-WEBの問題は、玉手箱とは違うのですね。どのようなテストなのでしょうか？

TG-WEBは言語・計数・英語・性格で構成される。言語と計数は、「標準型」「時短型」の2タイプがあるのが特徴だ。「図形」や「暗号」は、標準型の出題内容だ。

「標準型」「時短型」とは？

● **標準型**（言語12問12分、計数9問18分）
言語は約半分が「長文読解」。やや難解なテーマの文章などが使われる。計数は「展開図」や「暗号」など。中学・高校までの数学では、あまりなじみのない問題が出題される

● **時短型**（言語34問7分、計数36問8分）
言語は語彙の問題が多い。計数は「四則逆算」「図表の読み取り」。どちらも短時間で大量の問題を解く必要がある

※「標準型」「時短型」は、本書の2023年度版まで、「従来型」「新型」と呼んでいたものです。

多くの企業で使われているのは、標準型だ。毎年、「難しかった」「見たことがない問題が出題され、とまどった」という感想を持つ人が多い。

標準型の効果的な対策方法は？

標準型と時短型の2種類もあって、
しかも、**多く使われている標準型が難解**とは……。
志望企業で出合ったら、
運が悪かったと思うしかないですね。

大丈夫。難解な標準型にも対策法はある。
TG-WEBの標準型の最大の特徴、
それは、「**解き方がわからないと
なかなか解けないが、
一度解き方を覚えれば
次からはすんなり解ける**」だ！

事前に解き方を覚えておけば、
本番ではサクサク解けるということですね！

その通り。効率的な対策をすれば、
短期間に得点アップが可能だ！

知っている人だけがトクをする！
TG-WEBの標準型の対策法

●言語

専門知識は不要！選択肢を手がかりにするなど、
効率よく正解を見つける方法を知れば、得点アップが可能！

●計数

「なじみのない問題」はなじんでしまえば大丈夫！
本書で解き方を理解してしまえば、次回からはすんなり解ける！

「時短型」はこんな問題

時短型では、標準型とは違う問題が出る。
時短型も、きちんと対策をしよう。

時短型 言語

```
2
「豊富」の同義語として適切なものはどれか。

○ 1. 潤沢
○ 2. 栄華
○ 3. 豊水
○ 4. 円滑
○ 5. 富貴

3
「継承」の同義語として適切なものはどれか。

○ 1. 相性
○ 2. 踏破
○ 3. 来襲
○ 4. 承前
○ 5. 踏襲

残り：7分
```

（くわしくは198ページ参照）

34問、7分。
同義語や対義語など、言葉の知識を問う問題が出る！

時短型 計数

```
1
次の表は、ある資格試験における受験者数と合格者数を表したものである。最も不合格者数が多かった年は何年か。
```

	受験者数(人)	合格者数(人)
2015年	651	186
2016年	679	184
2017年	653	190
2018年	698	197
2019年	662	189

```
○ 1. 2015年
○ 2. 2016年
○ 3. 2017年
○ 4. 2018年
○ 5. 2019年

残り：8分
```

（くわしくは180ページ参照）

36問、8分。
計算を主体とした問題が出る！

言語も計数も、標準型より問題数が多くて、制限時間は短い…。
スピードを重視した対策が必要ですね。

TG-WEBの性格テストはどんな内容？

TG-WEBの性格テストはそれぞれどんなものか、教えてください。

代表的な7つの性格テストを紹介しよう。

TG-WEBの代表的な性格テスト

A 8（エー エイト）——— コンピテンシー（仕事に必要な行動特性）を測定

G 9（ジー ナイン）——— 「ストレス状態」と「ストレス対処法」を測定

W 8（ダブリュー エイト）——— 社会性を「自尊」「共感」の軸で測定

T 4（ティー フォー）——— エンゲージメント（仕事にのめり込む力）を測定

CAM（カム）——— 社会的な場面で、能力を円滑に発揮できるかを測定

C P（シー ピー）——— キャリアパーソナリティ（仕事の成果につながる性格）を測定

Vision（ビジョン）——— 会社と受検者の働き方との適合度を測定

（くわしくは298ページ参照）

※これ以外に、「B5」「U1」「P8」「Scope」という性格テストがあります。

いろいろな面から受検者の性格を見ようとしているんだな、というのがわかりますね。
それぞれの種類に応じた対策の必要性がわかりました！

「テストセンター方式のTG-WEB」登場!

TG-WEBを、専用の会場に出向いて受けるテストがあると聞きました。

それは、TG-WEBを作成、販売しているヒューマネージ社のテストセンターのことだな。2013年7月から開始されているぞ。

ヒューマネージ社のテストセンターとは?

●専用の会場に出向いて、パソコンでTG-WEBを受ける

●能力テストではTG-WEBの標準型や時短型に近い問題も出るが、独自の問題も出題される

●TG-WEBは電卓が使えるが、ヒューマネージ社のテストセンターでは使えない。筆算が必要

「テストセンター」＝SPIだと思っていました。TG-WEBでもテストセンターを受ける可能性があるんですね!

このほか、代表的なものでは、
・「玉手箱」のテストセンター（C-GAB）
・「SCOA」のテストセンター
などが実施されている。
テストセンターといえばSPI、ではないぞ!

※SPIのテストセンターは『これが本当のSPI3テストセンターだ!』、C-GABは『これが本当のWebテストだ! ①』、SCOAのテストセンターは『これが本当のSCOAだ!』（いずれも講談社）をお読みください。

インターンシップと本選考、よく使われるテストは？

採用テスト

インターンシップ 本選考

現在は、夏のインターンシップへの応募が、実質的な就職活動の開始だ。
募集が始まるのは、4〜6月頃。
採用テストは、インターンシップの参加選考でも実施されることがある。早いうちから対策を始めよう。

玉手箱
SPIテストセンター
TG-WEB

インターンシップと本選考で、企業が実施するテストの種類に違いはありますか？

インターンシップでは、圧倒的にWebテストが多い。
参考までに、夏のインターンシップと本選考でよく実施されるテストの種類別ベスト3を教えよう。

夏のインターンシップのベスト3
1位 ▷ 玉手箱
2位 ▷ WEBテスティング（SPI）
3位 ▷ TG-WEB

本選考のベスト3
1位 ▷ SPIのテストセンター
2位 ▷ 玉手箱
3位 ▷ WEBテスティング（SPI）

※SPIノートの会調べ

インターンシップで実施されるテストは、本選考にも影響することがある。たとえば、こんな企業も。
・インターンシップと本選考で同じテストを実施
・インターンシップのテスト結果を
　本選考で使い回す
インターンシップのためのテスト対策は、本選考にも役立つ。
しっかりと対策をしよう！

採用テストには「開始日」がある!

本選考には、「広報活動」「選考活動」があり、開始日（解禁日）が決まっている。
それぞれで、開始してよいテストの種類が異なるんだ。

「広報活動」「選考活動」の開始日とは?

● **広報活動**（学生にとって場所や時間の拘束が少ない活動）

開始時期	卒業・修了年度に入る直前の__3月1日__以降
開始内容	Webテスト、テストセンターなど

● **選考活動**（学生にとって場所や時間の拘束を伴う活動）

開始時期	卒業・修了年度の__6月1日__以降
開始内容	ペーパーテストなど

※政府が年度ごとに出している「卒業・修了予定者等の就職・採用活動に関する要請事項」を参考に作成
※2026年度から、2週間以上の専門活用型インターンシップの参加者には、6月1日の選考活動開始を待たず、3月1日以降に内々定を出すことができるようになります。

Webテストやテストセンターの方が、ペーパーテストよりも開始が早い……。まずは、Webテスト、テストセンターの対策から始めるべきですね!

その通り。本選考に向けたテスト対策は、「Webテスト、テストセンターが先、ペーパーテストが後」が効率的だ。
ただし、開始日とは無関係に、独自日程で選考を進める企業もある。
志望企業が、いつ、どのテストを実施するかを見極めて対策を進めよう。

わかりました、がんばります!

知っている人だけがトクをする！難解Webテスト
「TG-WEB」の専用対策本！

有力・人気企業でよく使われている「TG-WEB」

就職活動で誰もが一度は受検する「Webテスト」。有力・人気企業のインターンシップや本選考でよく使われるWebテストは複数あります。代表的なものが「玉手箱」、SPIの「WEBテスティング」、そして、ヒューマネージ社の「TG-WEB」です。本書は、このTG-WEBに的を絞った専用対策本です。

一度解き方を覚えれば、次からはすんなり解ける！

TG-WEBの言語、計数には「標準型」と「時短型」があり、主流は「標準型」です。特徴は、難解で、あまりなじみのない問題が出題されること。しかし、あきらめる必要はありません。実は、あまり知られていないTG-WEBの「標準型」の最大の特徴は、「解き方がわからないとなかなか解けないが、一度解き方を覚えれば次からはすんなり解ける」ことだからです。つまり、対策がきわめて有効なWebテストだといえます。

最新傾向の問題多数！充実した対策で、結果を出そう！

本書は、最新傾向の問題を多数掲載。言語、計数それぞれの「分野別解説」と「模擬テスト」で、充実した対策が可能です。本書の問題に繰り返し取り組み、本番で結果を出しましょう！

本書の特徴

「TG-WEB」「ヒューマネージ社のテストセンター」の専用対策本

有力・人気企業のインターンシップや本選考でよく使われるWebテスト「TG-WEB」を解説。能力テストと、複数の性格テストを掲載しています。

また、TG-WEBのテストセンター版である「ヒューマネージ社のテストセンター」にも対応しています。本書一冊で、TG-WEBとヒューマネージ社のテストセンターの対策ができます！

TG-WEBの各科目を幅広く対策できる！

TG-WEBの言語、計数、英語、性格に対応。言語、計数では、多くの企業で実施されている「標準型」と、制限時間が比較的短い「時短型」の両方を掲載しています。本書1冊で、TG-WEBの各科目を幅広く対策することができます。

※「標準型」「時短型」は、本書の2023年度版まで、「従来型」「新型」と呼んでいたものです。

頻出度の高さと学習効率を考えた構成を実現！

言語、計数では、出題傾向を踏まえ、頻出度の高さと学習効率を考えた構成を実現。本書の目次順に学習を進めていけば、効率のよい対策ができます。

「分野別解説」「模擬テスト」の両方を掲載！

言語、計数で「分野別解説」と「模擬テスト」の両方を掲載。模擬テストには制限時間も記載しています。実際に時間を計って、本番に近い感覚で取り組むことができます。

本書だけ！ヒューマネージ社のテストセンターに対応！

TG-WEBのテストセンター版「ヒューマネージ社のテストセンター」に対応。言語、計数で出題が確認された再現問題を掲載しています。

ヒューマネージ社のテストセンターでは電卓が使えません。本書は、概算などを使った効率の良い計算方法を解説します。

Webテスト実施企業一覧を掲載！

過去5年間に、どの企業が、どのWebテストをインターンシップと本選考で実施したかを一覧にしました（約230社分）。ヒューマネージ社のテストセンターの実施情報も掲載しています。

企業は同じテストを使い続ける傾向があります。この一覧で、効果的かつ具体的なWebテスト対策を取ることができます！

※このほか、近年の本選考や夏インターンシップでのテスト実施動向などを紹介する「特報」を掲載しています（338ページ参照）。

あなたの志望企業が使うWebテストを事前に知る「裏技」を伝授！

Webテスト対策が不充分なうちに、志望企業から受検案内が届いてしまうかもしれません。そのようなときのために、**本書では受検前にWebテストの種類を特定する「裏技」を紹介します。また、テストセンターの種類特定法も掲載。**有効に活用して、本番で実力を発揮してください！

本 書 の 使 い 方

1 TG-WEBの全体像を理解する

「『TG-WEB』『ヒューマネージ社の
テストセンター』完全突破法！」
(P.1)

2 各科目の概要と攻略ポイントを確認

得意・不得意に関係なく目を通そう

3 まずは分野別解説で問題に取り組む

理想は、すべての科目がまんべんな
くできること。苦手な分野は重点的
に対策しよう

4 模擬テストがある科目は、模擬テストに取り組む

本番を意識して、実際に時間を計っ
て取り組もう

5 すべての科目に繰り返し取り組む

本番で楽に解けるよう、解き方をマ
スターしよう

6 性格テスト対策も忘れずに！

どの質問にどう答えるか、質問例を
見て考えておこう

本　書　の　見　方

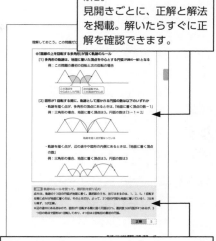

解説
見開きごとに、正解と解法を掲載。解いたらすぐに正解を確認できます。

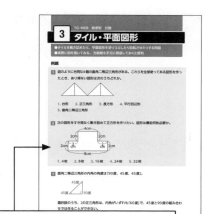

分野別の問題
同じタイプの問題をまとめて掲載。集中して対策できます。

速解
より短時間で正解にたどりつくための解法を豊富に紹介。実力アップに役立ちます。

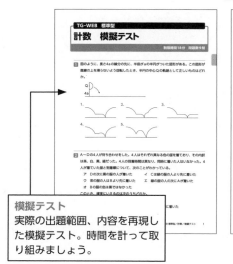

模擬テスト
実際の出題範囲、内容を再現した模擬テスト。時間を計って取り組みましょう。

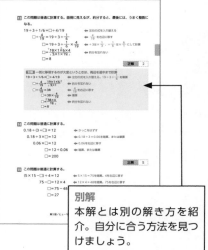

別解
本解とは別の解き方を紹介。自分に合う方法を見つけましょう。

本書の使い方・本書の見方　xix

目次

第1部

「TG-WEB」「ヒューマネージ社のテストセンター」完全突破法! … 1

第2部

「Webテスト」種類特定の「裏技」大公開！ ……… 19

「TG-WEB」
「ヒューマネージ社のテストセンター」
完全突破法!

早めの対策が必須！「Webテスト」とは？

ネット経由のテストをパソコンで受ける

　Webテストは「インターネットを経由して配信されるテストを、パソコンで受ける」採用テスト全般を指します。自宅で受けるものと、専用の会場（テストセンター）に出向いて受けるものがあります。

自分が受けるWebテストの対策をすることが肝心

　Webテストにはさまざまな種類があります。**言語（国語に相当）、計数（数学に相当）、英語**などの能力テストと、**性格テスト**で構成されるものが一般的ですが、種類が違うと、出題内容も異なります。**自分が受ける企業で実施される可能性の高いWebテストの対策をすることが肝心**です。

ネットエントリーの段階で受けることが多い

　新卒の就職活動では、インターンシップ、本選考ともに、「リクナビ」などの就職情報サイトから応募する方法（ネットエントリー）が一般的です。**Webテストは、ネットエントリーの段階で多く実施されます。**

インターンシップの参加選考で実施される

　就職活動は、夏のインターンシップへの応募で実質的に開始します。有力・人気企業の中には、参加者を絞り込む目的でWebテストを実施するところもあります。

　インターンシップで実施されるテストは、本選考にも影響することがあります。企業によっては、本選考とインターンシップで同じテストを実施したり、インターンシップでテストを受検した学生に本選考での受検を免除するところもあります。**夏のインターンシップは、4〜6月頃には募集が始まります。対策は早めに始めましょう。**

※2025年度から、一定の期間（汎用的能力活用型は5日間以上、専門活用型は2週間以上）と、一定の条件を満たしたインターンシップに限り、企業が参加学生の情報を本選考で使用可になりました（本選考の開始日以降）。インターンシップの重要性は増しています。

■ 本選考の「開始日」はWebテストがペーパーテストより早い

　本選考には「広報活動」「選考活動」があり、開始日（解禁日）が決まっています。
Webテストは3月1日の「広報活動」開始日以降に始まります。

活動名	説明	開始時期	開始する内容
広報活動	採用活動のうち、学生にとって場所や時間の拘束が少ない活動。	卒業・修了年度に入る直前の3月1日以降 ※4年制大学の場合、3年生の3月1日	・企業サイトや就職情報サイトでのプレエントリー ・会社説明会 ・エントリーシート ・**Webテスト** ・**テストセンター**
選考活動	採用活動のうち、学生にとって場所や時間の拘束を伴う活動。	卒業・修了年度の6月1日以降 ※4年制大学の場合、4年生の6月1日	・ペーパーテスト ・面接

※政府が年度ごとに出している「卒業・修了予定者等の就職・採用活動に関する要請事項」を参考に作成
※2026年度から、2週間以上の専門活用型インターンシップの参加者には、6月1日の選考活動開始を待たず、3月1日以降に内々定を出すことができるようになります。

大手・人気企業でよく使われる代表的なWebテスト

テスト名	会社	説明	どこで受けるか	対策書
SPI	リクルートマネジメントソリューションズ	総合職適性テスト。能力テスト（言語、非言語）と性格テストで構成	自宅受検（WEBテスティング）	『これが本当のWebテストだ！③』
			テストセンター	『これが本当のSPI3テストセンターだ！』
玉手箱	日本エス・エイチ・エル（SHL社）	総合職適性テスト。能力テスト（言語、計数、英語）と性格テストで構成	自宅受検	『これが本当のWebテストだ！①』
C-GAB		玉手箱を会場に出向いて受けるテスト	テストセンター	
Web-CAB		コンピュータ職適性テスト。能力テスト（法則性、命令表、暗号、四則逆算）と性格テストで構成	自宅受検	『これが本当のCAB・GABだ！』
TG-WEB	ヒューマネージ	「成果を生み出す人材」を見極めるテスト。能力テスト（言語、計数）と性格テストで構成	自宅受検	『これが本当のWebテストだ！②』
			テストセンター	
CUBIC	CUBIC	総合的な適性テスト。能力テスト（言語、数理、論理、図形、英語）と性格テストで構成	自宅受検	『これが本当のWebテストだ！③』
TAP	日本文化科学社	総合的な適性テスト。能力テスト（言語、数理、論理）と性格テストで構成	自宅受検	
SCOA	NOMA総研	総合的な適性テスト。能力テスト（言語、数理、論理、英語、常識）と性格テストで構成	テストセンター	『これが本当のSCOAだ！』

※「対策書」の書籍はいずれも講談社より刊行

Webテストには自宅受検型と会場受検型がある

■◐ 自宅で受けるか、会場に出向いて受けるか

Webテストには、「自宅受検型」と「会場受検型」があります。

自宅受検型は、自宅のパソコンなどで受けるWebテストです。SPIの「WEBテスティング」や玉手箱、TG-WEBなどがこれに当たります。**会場受検型は専用の会場に出向き、パソコンで受けます。**SPIの「テストセンター」が有名です。

■◐ 会場受検型のWebテストが増えている

もともと、Webテストといえば玉手箱などの自宅受検型を指しました。その後、リクルートマネジメントソリューションズ社が専用の会場（テストセンター）に出向いてSPIを受ける方式を開始、他の有力Webテストもこれに続きました。

代表的なテストセンターは以下の通りです。

● **SPIのテストセンター**
● **C-GAB**（玉手箱のテストセンター。2013年8月に登場）
● **ヒューマネージ社のテストセンター**（TG-WEBのテストセンター。2013年7月に登場）
● **SCOAのテストセンター**（2015年1月から本格稼動）

■◐ タイプによって「いつ受けるか」が違う

エントリーの次の段階としてWebテストが行われる場合、会場受検型は、エントリー完了後に企業から受検指示を受けることが一般的です。受検予約の手続きなどを含めると、実際に受検するのはエントリーから数日後です。

自宅受検型の多くはこうした予約手続きが不要で、すぐに受検できることから、エントリー後すぐに実施されるケースが多くあります。

エントリー後すぐに受ける可能性があるのが自宅受検型、実際に受けるまでに数日の猶予があるのが会場受検型といえます。

Webテストの対策を考えるときは、こうした違いを知っておくことが大事です。

■□ 出題内容は違うものもあれば同じものもある

　自宅受検型と会場受検型で出題内容に違いがあるかどうかは、テストの種類によって異なります。例えば、SPIの自宅受検型であるWEBテスティングと、テストセンターとでは、出題内容はかなり違います。一方、自宅受検型である玉手箱と会場受検型のC-GABで出題される内容は、ほぼ同じです。

■□ テストセンターは「結果の使い回し」ができるものがある

　Webテストは、同じテストでも企業が違えばそのつど新しく受けなければならないものがほとんどですが、**テストセンターは、一度受検した結果を別の企業で使い回せるものがあります**。使い回せる科目や期間はテストセンターの種類により違います。

　受検結果の使い回しができるのは、同じ種類のテストセンターだけです。例えば、SPIのテストセンターの結果を、C-GABなど別のテストセンターで使い回すことはできません。

※現在、代表的なテストセンターのうち使い回しができるのは、SPIのテストセンター、C-GAB、ヒューマネージ社のテストセンターです。

■□ オンライン監視の仕組みを導入するWebテストが増えている

　2021年以降、各テスト会社のWebテスト、テストセンターで、オンライン監視による自宅受検の仕組みが登場しています。

　2023年10月現在、以下のテストで、オンライン監視の仕組みが導入されています。

● **SPIのテストセンター**（予約時に自宅受検を選択可能。自宅で受検するときは、パソコンのWebカメラなどを通じ、監督者が受検を監視する。どの企業でも自宅受検を選べる）

● **C-GAB**（予約時に自宅受検を選択可能。自宅で受検するときは、パソコンのWebカメラなどを通じ、監督者が受検を監視する。自宅受検を選べるようにするかどうかは企業により異なる）

● **TG-WEB**（「TG-WEB eye」というテストで、AIが受検を監視する）

● **SCOAのテストセンター**（「SCOA cross」というテストで、予約時に自宅受検を選択可能。自宅で受検するときは、パソコンのWebカメラなどを通じ、監督者が受検を監視する）

※オンライン監視による受検では、事前に指定された機器や室内環境の準備が必要です。また、テストによっては受検日の予約が必要です。余裕を持ったスケジュールで準備しましょう。

Webテスト対策 まずはこれだけ押さえておこう

⬛ インターンシップに備えて対策を始める

まずは、**夏のインターンシップでWebテストが実施される場合**に備えて、早期から対策を始めましょう。**インターンシップに備えた対策に区切りがついたら、本選考に備えて**対策を始めます。

Webテストが最も多く実施されるのは、「広報活動」の開始日（3年生の3月1日）からです。企業によっては、それ以前に本選考のWebテストを実施することもあります。志望企業の選考日程などを調べ、テスト対策をしましょう。

⬛ 志望企業が使っているWebテストから対策する

Webテストの種類は多く、出題内容も異なります。**自分が受ける企業が実施するWebテストがわかっているときは、その対策から始めるのが効率的です。**

※志望企業が過去に実施したWebテストを調べるには、第8部の「Webテスト実施企業一覧」が参考になります。企業は、同じテストを何年も使い続ける傾向があります。

⬛ 同じテストは複数の方式をまとめて対策する

複数の方式があるWebテストでは、**自分が受ける方式が判明していれば、その方式の対策をするのがベストです。方式を絞れないときは、テストごとにまとめて対策をするのが効率的です。**例えばSPIの「テストセンター」と「WEBテスティング」をまとめて対策する、などです。

⬛ 独自の形式や問題に慣れておく

パソコンで受けるWebテストは、**問題の体裁や内容がペーパーテストなどとは違います。**準備なしに受けると操作に手間取ることも考えられます。

エントリー開始後は、第1志望の企業がWebテストを実施する前に、何度かWebテストを受検して、慣れておくと効果的です。

◼️ 計数対策では「電卓」「筆算」を使い分ける

　能力テスト対策で大事なのが、計数科目での計算方法です。

　自宅受検型Webテストでは、多くの場合、電卓が使えます。制限時間が短いので、電卓をどれだけ使いこなせるかが結果に影響します。対策時に、電卓も練習しておきましょう。

　一方、**会場受検型Webテスト（テストセンター）では、多くの場合、電卓は使えません。**会場では筆記用具とメモ用紙などが貸し出され、必要に応じてこれらを使って筆算します。本番に備え、対策時は筆算で取り組みましょう。

※会場受検型Webテストには、オンライン監視のもと自宅で受検できるものがあります。多くの場合、会場でも自宅でも筆算が前提です。

◼️ 対策が間に合わない…そんなときは「裏技」の出番！

　Webテストは早めに対策を済ませるのがベストですが、実際には対策が後手に回ることもあるでしょう。

　対策が不充分なうちに、Webテストを受検しなければならなくなったときのために、本書は、受検前にWebテストの種類を特定する方法を紹介します（20ページ）。種類が特定できたら、あとはそのテストに集中した対策を行えばいいのです。

出題内容を覚えておき、次回の受検に備えるのも大事な対策

　Webテストは、一度受ければそれで終わりではありません。別の企業でまた同じテストを受けるときのために、出題内容はできるだけ覚えておくようにしましょう。受検後には問題を思い出し、解けなかった問題があれば、解けるようにしておくことが大事です。本書第8部の「有力自宅受検型Webテスト『能力テスト』画面を完全再現！」（324ページ）では、有力自宅受検型Webテストの問題画面を再現しています。テストの内容を思い出し、次回に備えるために役立ててください。

Webテスト トラブル回避のテクニック

■● 余裕を持って早めに行動しよう

① 自宅受検型では、締め切り間際の受検は避ける

自宅受検型Webテストの場合、受検期間の締め切り直前は、アクセスが集中します。このようなときは回線トラブルが発生しやすいので注意しましょう。締め切り間際の受検は避け、日にちに余裕を持って受検することが大事です。

② テストセンターの予約は早めに入れる

会場受検型Webテスト（テストセンター）は、時期や会場によって受検予約が立て込みます。予約をするのが遅くなると、希望の会場や日時が予約で埋まってしまっていることも考えられます。企業から受検指示を受けたら、なるべく早めに予約を入れるようにしましょう。

■● 準備を万全にして受検しよう

① 事前にパソコンの動作環境を確認する

Webテストの多くは、「動作環境」を事前に告知しています。必ず事前に確認しておきましょう。告知とは違う動作環境で受検しようとすると、最悪の場合は受検そのものがまったくできないことがあります。

※TG-WEBの動作環境は12ページを参照してください。

② トラブル発生時の対応法を調べておく

Webテストの多くは、受検前の画面などに「トラブル発生時の連絡先」を記載しています。受検中に「画面が正常に切り替わらない」「結果が送信されない」などのトラブルが発生したら、すみやかに連絡を取りましょう。やむを得ない事情であることがわかれば、原則として再度受検できます（締め切り間際では再受検できないこともあります）。

③ 自宅受検型では、電卓や計算用紙を用意する

自宅受検型Webテストでは、多くの場合、電卓が使えます。**使いやすい電卓を用意しておきましょう。**筆記用具や計算用紙の準備も大事です。

■○ 受検開始後は、操作や画面の表示に気をつけよう

① 後戻りできるものとできないものがある

Webテストには、「次へ」ボタンなどをクリックして次の問題に進むと、後戻りできないものがあります。

このタイプのWebテストでは、苦手な問題は飛ばして得意な問題から解き、時間が余ったら未回答の問題に戻るといったことはできません。注意しましょう。

② 制限時間の表示を確認しよう

Webテストは、制限時間を過ぎると自動的にテストが終了してしまうものがほとんどです。Webテストの多くは、画面にテスト全体の制限時間や、問題ごとの制限時間を知らせる表示（タイマー）があります。**受検中は常に表示を確認し、残り時間を意識しながら問題に取り組みましょう。**

本書は、2023年10月までに入手した情報をもとに作成・編集しています。Webテストでは、運用・実施において、さまざまな改変がなされることがありえます。その場合は、変更点がわかりしだい、「SPIノートの会」のサイトで、新しい情報をお知らせします。

SPIノートの会サイト　https://www.spinote.jp/

TG-WEBとは？

◗◖ 有力・人気企業でよく使われている自宅受検型Webテスト

TG-WEBは、ヒューマネージ社製の自宅受検型Webテストです。能力テスト（言語、計数、英語）と性格テストで構成されています。

◗◖ 言語と計数は「標準型」「時短型」の2タイプある

言語と計数には、多くの企業で実施されている「標準型」と、問題数が多く、制限時間が比較的短い「時短型」があります。**どちらを実施するかは、企業により異なります。**標準型の言語と計数は、ペーパーテスト（i9）でも実施されます。

※「標準型」「時短型」は、本書の2023年度版まで、「従来型」「新型」と呼んでいたものです。

TG-WEBの構成と出題内容

科目名			問題数	制限時間	出題内容	詳しい対策
能力	標準型	計数	9問	18分	「図形」「推論」「暗号」など。「推論」の難易度は高め	P.38
		言語	12問	12分	「空欄補充」「並べ換え」「長文読解」	P.122
	時短型	計数	36問	8分	「四則逆算」「図表の読み取り」	P.170
		言語	34問	7分	「同義語・対義語」など語彙の問題と「長文読解」	P.196
	英語		10問	15分	「長文読解」。難易度は高め	P.288
性格	A8		98問	15分	コンピテンシー（仕事に必要な行動特性）を測定	P.299
			156問	30分		
	G9		60問	10分	「ストレス状態」と「ストレス対処法」を測定	P.303
	W8		40問	10分	社会性を「自尊」「共感」の軸で測定	P.306
	T4		35問	10分	エンゲージメント（仕事にのめり込む力）を測定	P.309
	CAM		161問	20分	社会的な場面で、能力を円滑に発揮できるかを測定	P.311
	CP		125問	15分	キャリアパーソナリティ（仕事の成果につながる性格）を測定	P.316
	Vision		54問	20分	会社と受検者の働き方との適合度を測定	P.319

※性格テストは、これ以外に「B5」「U1」「P8」「Scope」があります。
※企業により、問題数や制限時間が異なることがあります。

英語の有無は企業により異なる

TG-WEBの英語はオプションです。実施の有無は企業によって異なります。

※英語は、10問15分のタイプのほかに、20問15分のタイプもあります。

性格テストは1～数種類が実施される

性格テストの内容や目的は、種類ごとに異なります。通常は、企業が求める人材に応じて、適した性格テストが1～数種類実施されることがほとんどです。

電卓が使える

TG-WEBでは、電卓が使えます。**計数科目では電卓を用意しましょう。**

TG-WEBには画面が2種類ある

・1画面に1問ずつ表示されるタイプ

このタイプでは、原則として受検開始前に例題があります。

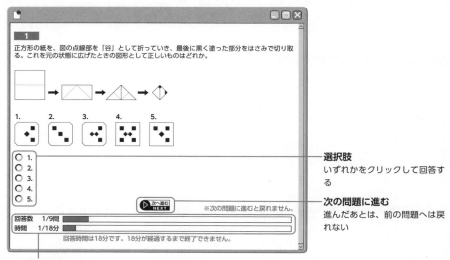

選択肢
いずれかをクリックして回答する

次の問題に進む
進んだあとは、前の問題へは戻れない

回答数と時間
回答数：全体の問題数と、現在何問目かが表示される
時間：制限時間と、経過した時間が表示される

・全問がまとめて1画面に表示されるタイプ

このタイプでは、原則として受検開始前に例題はありません。

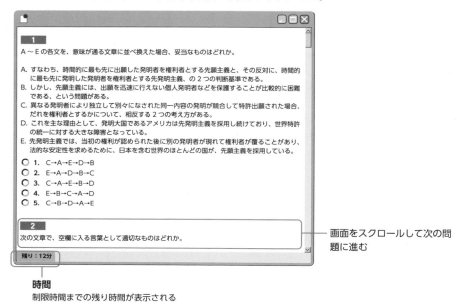

画面をスクロールして次の問題に進む

時間
制限時間までの残り時間が表示される

🔘 TG-WEBの動作環境

	Windows10 ／ 11 ・Microsoft Edge ・Google Chrome Mac OS12 ・Safari ・Google Chrome
OS・ブラウザ	Windows10 ／ 11 　・Microsoft Edge 　・Google Chrome Mac OS12 　・Safari 　・Google Chrome

※動作環境は、受検年度や企業によって変わることがあります。動作環境は、実際の受検時に必ずご確認ください。

TG-WEBに新デザインの画面が登場

　TG-WEBに新しいデザインの画面が登場しています。1画面に1問ずつ表示されるタイプでは、問題番号の一覧や、「戻る」「次へ」で問題を行き来できます。

※全問がまとめて1画面に表示されるタイプでは、新デザインの画面に問題番号の一覧や「戻る」「次へ」はありません。従来通り、画面をスクロールして次の問題に進みます。

新デザインの画面例（1画面に1問ずつ表示されるタイプ）

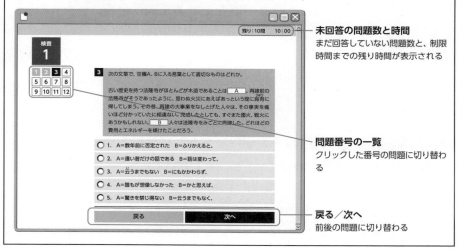

未回答の問題数と時間
まだ回答していない問題数と、制限時間までの残り時間が表示される

問題番号の一覧
クリックした番号の問題に切り替わる

戻る／次へ
前後の問題に切り替わる

AI監視型の「TG-WEB eye」が登場

　2021年6月に、AI監視型Webテストの「TG-WEB eye」が登場しています。TG-WEB eyeでは、受検者がTG-WEBを受けるときに、オンライン上でAIが不正行為がないか監視します。不正を検知すると、その旨を実施企業に知らせる仕組みです。

　TG-WEB eyeは能力テストと性格テストで構成されます。能力テストはTG-WEBの標準型、または時短型の言語、計数です。電卓は使えません。性格テストはG9とB5です（企業により別の種類のことがあります）。

TG-WEBの攻略法

◖● まずは「標準型」から対策を始めよう

　現在、TG-WEBの主流は標準型です。時短型を実施する企業はそれほど多くありません。これから就活を行う皆さんは、**まずは標準型の対策をし、その次に時短型の対策をしましょう。**

※過去に、標準型と時短型をミックスしたタイプのTG-WEBが実施されたという報告が寄せられています。このようなときのためにも、標準型と時短型の両方を対策するのがベストです。

◖● コツをつかむことと、計算速度を上げる工夫が必要

　標準型では、難解そうに見えたり、見たことがない問題が多く出題されます。**解き方のコツをつかむことが大事**です。また、時短型では、大量の問題を短時間で解く必要があります。**特に計数では、計算速度を上げる工夫が必要**です。

　まずは出題内容を知り、解いてみることから始めましょう。

◖● テスト概要と各科目の「攻略ポイント」には目を通しておこう

　対策の前には、本書掲載のテストの概要（例：「標準型とは？」）と、各科目ごとの概要（例：「計数の概要」）に目を通しておきましょう。特に、科目ごとの概要の「問題の特徴と攻略ポイント」は、問題の種類ごとに出題傾向と特徴、解き方の工夫などをまとめています。まずは概要を読んでから、「分野別解説」「模擬テスト」に取り組んでください。

◖● 性格テストは特徴を理解しよう

　性格テストは、**テストごとの特徴をつかんでおきましょう。**志望企業に自分を正しく知ってもらうためにも、それぞれの性格テストの特徴を把握した上で回答をすることが大切です。

■□● テスト開始後も工夫をしよう

1. 筆記具とメモ用紙を用意し、活用する

画面上の問題から、ポイントとなるキーワードや数値をメモ用紙に書き出して整理すると、解きやすくなります。

2. わからない問題でも、未回答にはしない

時間不足で回答に至らなかった問題や、わからない問題があっても、未回答のままにしてはいけません。必ず答えを選ぶようにしましょう。

3. 制限時間を意識しながら解く

1画面に1問ずつ問題が表示されるタイプでは、制限時間と経過した時間が表示されます。また、全問が1画面に表示されるタイプでは、残り時間が表示されます。これらの表示を参考に、上手に時間配分して解きましょう。

4. 制限時間になって突然次に進んでも、あわてない

TG-WEBでは、制限時間を超過すると、何のメッセージも表示されずに画面が切り替わってしまいます。例えば言語を受検しているときに、突然、計数の表紙に変わったというようなケースがこれに該当します。

制限時間を超過して、次の画面（テスト）に変わっても、それまで答えた内容はすべて送信されています。あわてず、落ち着いて次のテストに取り組みましょう。

「テストセンター方式のTG-WEB」 ヒューマネージ社のテストセンターとは？

● TG-WEBをテストセンターに出向いて受けるテスト

ヒューマネージ社のテストセンターは、TG-WEBを専用の会場（テストセンター）に出向いて受けるテストです。

ヒューマネージ社のテストセンターの構成と出題内容

科目名		問題数	制限時間	出題内容	詳しい対策
能力	計数 検査1	40 問	7 分	TG-WEB の時短型の「四則逆算」と同じだが、電卓が使えない	P.226
	計数 検査2	13 問	8 分	TG-WEB の時短型の「図表の読み取り」と、標準型の「推論」と同じだが、電卓が使えない	P.246
	言語	30 問	15 分	2 種類の「長文読解」（「主旨」を判定する独自のタイプと、TG-WEB の標準型の「主張合致」と同じタイプ）	P.266
性格		TG-WEBの性格テストと同じ。実施されるテストは企業により異なる			P.298

※問題数と制限時間は、これ以外にも複数の情報が寄せられています。
※これ以外に、オプションとして英語があります。英語の有無は企業により異なります。
※上表のデータは、SPIノートの会の独自調査によるものです。無断転載を禁じます。
©SPIノートの会

● ヒューマネージ社のテストセンターの特徴

1. 性格テストは自宅で事前に受検する

ヒューマネージ社のテストセンターは、受検者が予約サイトにアクセスして受検予約をします。このときに性格テストを受検します。会場では能力テストを受検します。

2. 電卓は使えない

ヒューマネージ社のテストセンターでは電卓は使えません。会場では筆記用具とメモ用紙などが貸し出され、必要に応じてこれらを使って筆算します。

3. 受検結果を他の企業に使い回せる

　ヒューマネージ社のテストセンターは、一度受検してしまえば、次に他の企業から受検を求められたときに、前回の受検結果を使い回すことができます。使い回せるのは能力テストの結果のみで、使い回せる期間は1年間です。

■○ テストセンターの画面

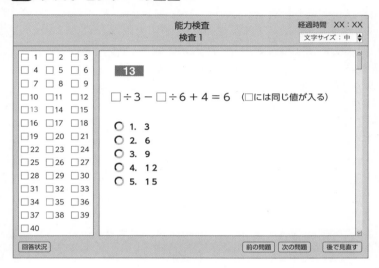

■○ テストセンターの攻略法

　本書のテストセンターの再現問題に繰り返し取り組み、慣れておきましょう。

　計数は、電卓が使えないので、筆算でどれだけ要領よく答えが出せるかが問われます。本書では、テストセンターの計数を筆算で素早く解くための方法を解説しています。ぜひ参考にしてください。

再現テストについて

　本書では、実際に受検した複数の受検者の情報から、採用テスト（能力・性格テスト）を再現しています。ただし、採用テストの作成会社、および、その他の関係者の知的財産権等が成立している可能性を考慮して、入手した情報をそのまま再現することは避けています。

　本書に掲載している問題は、「SPIノートの会」が情報を分析して、採用テストの「意図」を盛り込んで新たに作成したものです。また、採用テストの尺度、測定内容、採点方法などにつきましては、公開されているもの以外は、「SPIノートの会」の長年にわたる研究により、推定・類推したものです。この点をご了承ください。

第**2**部

「Web テスト」
種類特定の
「裏技」大公開！

Webテスト
種類特定の「裏技」大公開！

⬛⚪ Webテストの受検指示が届いてからでも対策は可能！

　早い時期から本書で対策を始めておけば、充分な対策ができることでしょう。しかし、対策が後手に回ってしまったり、思ったよりも早い時期にWebテストの受検指示が届いてしまうことがあるかもしれません。そのようなときのために、**受検前にWebテストの種類を特定する方法**を紹介します。特定したらそのWebテストの対策をして、受検期間内に改めて受け直せばいいのです。

⬛⚪ 受検指示から「自宅受検型」「テストセンター」を見分ける

　Webテストの種類を判別するときは、最初に「自宅受検型か」「会場受検型（テストセンター）か」を見分けます。

　まずは企業からの受検指示をよく読んでください。最も簡単な見分け方は、**「テストセンター」「受検予約」に関する記載があるかどうか**です。これらがあればテストセンターです。これらの情報がなければ、自宅受検型Webテストの可能性が高いと考えてよいでしょう。

※会場受検型（テストセンター）には、会場で受けるか、オンライン監視のもと自宅で受けるかを選べるものがあります。その場合、企業の受検指示には「テストセンターまたは自宅PCで受検」などと記載されている可能性があります。

※2023年10月現在、自宅受検を選べるテストセンターは、「SPIのテストセンター」「C-GAB（一部の企業で自宅受検を選択可能）」「SCOA cross」です。

⬛⚪ 見分けたらテストの種類を判別する

● **自宅受検型の判別は→「自宅受検型Webテスト 種類特定法」（22ページ）**

● **テストセンターの判別は→「テストセンター 種類特定法」（30ページ）**

※受検指示だけでは自宅受検型かテストセンターかわからないこともあります。その場合は特定法のページを両方とも見て、テストの種類を判別してください。

●テストセンターの受検指示（イメージ）

選考にご応募いただき、ありがとうございました。
次のステップとして、テストセンターで適性検査を受検していただきたく、
ご連絡いたします。

「テストセンター」と書かれている

●ご注意
・適性検査には性格検査と能力検査があります。
・ご都合のよい時間と会場を選んでご予約いただけます。
・ご予約は、日程に余裕をもって行ってください。

「会場」「予約」など、テストセンターと推測できる情報が書かれている

●あなたのID
　1234567890
　手続きは以下のURLより行ってください。
　https://xxx.xx.xx/xxxxx_xxx/xxxx/xx/......

●受検期間
　20XX年XX月XX日　0時00分～20XX年XX月XX日　23時59分
　　　　　　　　　　　⋮

●自宅受検型Webテストの受検指示（イメージ）

『WEB適性検査』受検のご案内です。以下の内容をご確認ください。

■受検方法

下に記載のURLを開くと、テスト受検用ページが表示されます。
表示される指示に従って、テストを受検してください。

https://webxxx.xx.jp/xxxxx/xxxx/......

Webサイトにアクセスして受検するための情報が書かれている

※以前に弊社よりお知らせしたIDとパスワードをご用意ください。
　上記アドレスにアクセスしたら、IDとパスワードを入力し、受検画面に
　お進みください。

■受検期日

【締切】20XX/XX/XX　23：59
　※締め切りを過ぎると、受検ができなくなります。
　※テストは、一度始めると中断することができません。
　　　　　　　　　⋮

自宅受検型Webテスト 種類特定法

 「実施説明」ページでテストの種類がわかる！

　自宅受検型Webテストで、能力テストがあるときは、多くの場合、受検指示の段階でその旨が告知されます。まずは指示の通りにWebテストのサイトにアクセスしてください。能力テストの場合、いきなりWebテストが始まることはほとんどなく、事前に「実施説明」ページが表示されます。

　この「実施説明」ページに書かれている内容、実施時間などから、Webテストの種類を判別することができます。

　なお、「実施説明」ページが表示されたからといって、そのまま受検する必要はありません。種類が判別できたらそこでいったん中止して、テスト対策をしてから改めて受検してください。

企業からの受検指示に従ってWebテストのサイトにアクセス

使用許諾ページ、個人情報の入力などに続いて、Webテストの「実施説明」ページが表示される【ここまでは中止可能】

　　　◆ 「実施説明」ページから、Webテストの種類が判断できる！
　　　　→次ページ以降参照
　　　◆ 性格テストのみの場合、「実施説明」ページなしでテストが始まることもあるので注意。ただし結果を送信せず中断すれば、あとで受け直せるものが多い。

Webテスト開始【ここから先は中止不可能】

　　　◆ 「開始」ボタンを押した後は中止できないテストが多い。
　　　◆ 科目単位で中断できるものもある。ただし、テストを開始した科目は中断不可能！

「動作テスト」の時間と、「計数」「言語」「英語」「パーソナリティ」などが書いてあったら「玉手箱」

○○株式会社

受検科目の確認

○○さん(ID:○○)

受検科目は以下の4科目です。1〜4の順に受検してください。

1) 計数理解テスト ・・・・・・・・・・・・・・・ 受検する
→ 実施時間 約11分（動作テスト:2分） テスト時間:9分）

2) 言語理解テスト ・・・・・・・・・・・・・・・
→ 実施時間 約12分（動作テスト:2分） テスト時間:10分）

3) 英語理解テスト ・・・・・・・・・・・・・・・
→ 実施時間 約12分（動作テスト:2分） テスト時間:10分）

4) パーソナリティ ・・・・・・・・・・・・・・・
→ 実施時間 約20分（動作テスト:0分） テスト時間:20分） ※各科目とも受検を開始したら、途中で中断はしないで最後まで終えてください。

・科目名に「計数」「言語」「英語」「パーソナリティ」などがあれば、そのWebテストは「玉手箱」
・「動作テスト」の時間が書かれているのも「玉手箱」の特徴

注意事項
● テストの受検期間中は、いつでも受検することができ、また1科目ごとに好きな時間に受検することが可能ですが、全科目が受検期間内に終了するようにしてください。各科目の受検は1回のみです。
● トラブルなどの理由によって、テストが中断してしまったときは、再度ログインし直して受検してください。
● 回線の状況によっては、問題の表示に5分から10分程度かかることがありますが、テスト時間には影響しませんのでご安心ください。
● 正しく受検できなかったときは、【FAQ】をご確認ください。

「実施時間」には、「動作テスト」の時間と「テスト時間」が併記される

※科目名は、これが標準的な表記ですが、企業によっては異なることがあります。

科目名と時間から、出題テストがわかる！

科目名	テスト時間	出題されるテスト	対策
計数理解テスト	15分/35分	図表の読み取り	『これが本当のWebテストだ！①』（講談社）掲載
	9分	四則逆算	
	20分/35分	表の空欄の推測	
言語理解テスト	15分/25分	論理的読解（GAB形式の言語）	
	10分	趣旨判定（IMAGES形式の言語）	
英語理解テスト	10分	長文読解（IMAGES形式）または論理的読解（GAB形式）	
パーソナリティ	約20分	性格の本格版	
モチベーションリソース	約15分	意欲の本格版	

※テスト時間が計数で35分、英語で10分のときは、その科目の「受検する」を選んだ後の画面に、テスト内容と設問数が表示されます。それで判断します。
※言語には、これ以外に「趣旨把握」がありますが、近年では出題が確認されていません。
※性格・意欲には簡易版もありますが、Webテストの能力テストと一緒には出題されません。

「動作テスト」の時間と、「法則性」「命令表」「暗号」などが書いてあったら「Web-CAB」

科目名と時間から、出題テストがわかる！

科目名	テスト時間	出題されるテスト	対策
四則逆算テスト	9分	四則逆算	『これが本当のCAB・GABだ！』（講談社）掲載
法則性テスト	12分	法則性	
命令表テスト	15分	命令表	
暗号テスト	16分	暗号	
パーソナリティ	約20分	性格の本格版→玉手箱と同じ	『これが本当のWebテストだ！①』（講談社）掲載

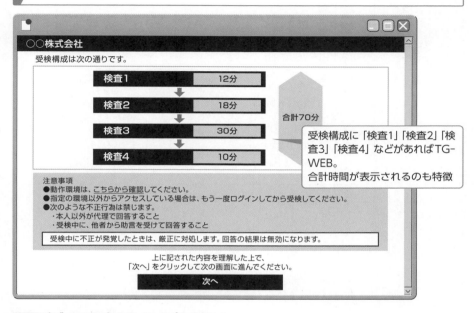

受検構成に「検査1」「検査2」「検査3」「検査4」などがあればTG-WEB。
合計時間が表示されるのも特徴

画面デザインを変えたタイプもある！

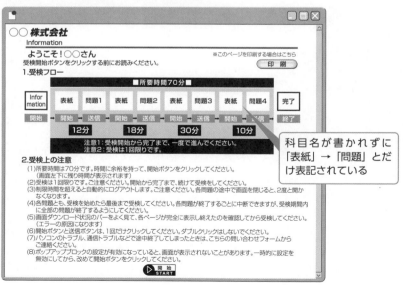

科目名が書かれずに「表紙」→「問題」とだけ表記されている

TG-WEBは、テスト時間から出題テストを判別する！

科目名	テスト時間	出題されるテスト	対策
※実施説明ページに科目名は表示されない。テスト時間から判断する	12分	言語（標準型）	P.122
	7分	言語（時短型）	P.196
	18分	計数（標準型）	P.38
	8分	計数（時短型）	P.170
	15分	英語 A8 CP　のいずれか	P.288（英語） P.299（A8） P.316（CP）
	10分	G9 W8 T4　のいずれか	P.303（G9） P.306（W8） P.309（T4）
	20分	CAM　または Vision	P.311（CAM） P.319（Vision）
	30分	A8	P.299

※A8、CP、G9、W8、T4、CAM、Visionは性格テストの名前です。
※テスト時間が15分、10分、20分のときは、開始後に内容を判断するしかありません。
※A8には、15分98問のタイプと、30分156問のタイプがあります。
※これ以外に、「B5」「U1」「P8」「Scope」という性格テストがあります。

「非言語検査」とあったら「WEBテスティング」

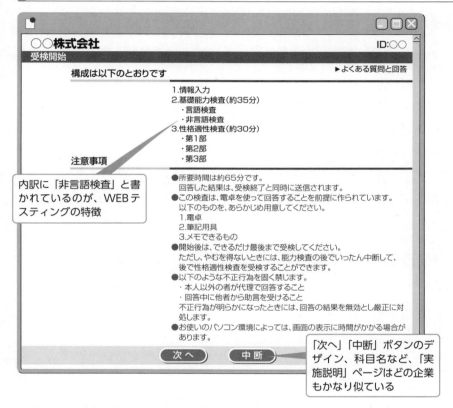

○○株式会社   ID:○○
受検開始
構成は以下のとおりです   ▶よくある質問と回答

        1.情報入力
        2.基礎能力検査(約35分)
          ・言語検査
          ・非言語検査
        3.性格適性検査(約30分)
          ・第1部
          ・第2部
注意事項   ・第3部

内訳に「非言語検査」と書かれているのが、WEBテスティングの特徴

●所要時間は約65分です。
  回答した結果は、受検終了と同時に送信されます。
●この検査は、電卓を使って回答することを前提に作られています。
  以下のものを、あらかじめ用意してください。
  1.電卓
  2.筆記用具
  3.メモできるもの
●開始後は、できるだけ最後まで受検してください。
  ただし、やむを得ないときには、能力検査の後でいったん中断して、
  後で性格適性検査を受検することができます。
●以下のような不正行為を固く禁じます。
  ・本人以外の者が代理で回答すること
  ・回答中に他者から助言を受けること
  不正行為が明らかになったときには、回答の結果を無効とし厳正に対
  処します。
●お使いのパソコン環境によっては、画面の表示に時間がかかる場合が
  あります。

[次へ]   [中断]

「次へ」「中断」ボタンのデザイン、科目名など、「実施説明」ページはどの企業もかなり似ている

科目名と時間から、出題テストがわかる!

科目名	テスト時間	出題されるテスト	対策
基礎能力検査 ・言語検査 ・非言語検査	約35分	言語、非言語	『これが本当のWebテストだ!③』(講談社)掲載
性格適性検査	約30分	性格	

「個人特性分析」「数理」「図形」「論理」とあったら「CUBIC」

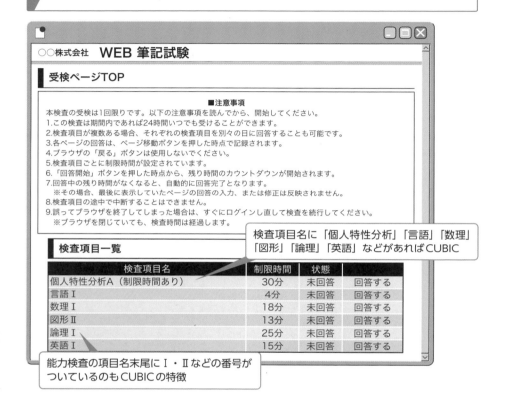

○○株式会社　**WEB 筆記試験**

受検ページTOP

■注意事項
本検査の受検は1回限りです。以下の注意事項を読んでから、開始してください。
1. この検査は期間内であれば24時間いつでも受けることができます。
2. 検査項目が複数ある場合、それぞれの検査項目を別々の日に回答することも可能です。
3. 各ページの回答は、ページ移動ボタンを押した時点で記録されます。
4. ブラウザの「戻る」ボタンは使用しないでください。
5. 検査項目ごとに制限時間が設定されています。
6. 「回答開始」ボタンを押した時点から、残り時間のカウントダウンが開始されます。
7. 回答中の残り時間がなくなると、自動的に回答完了となります。
　※その場合、最後に表示していたページの回答の入力、または修正は反映されません。
8. 検査項目の途中で中断することはできません。
9. 誤ってブラウザを終了してしまった場合は、すぐにログインし直して検査を続行してください。
　※ブラウザを閉じていても、検査時間は経過します。

> 検査項目名に「個人特性分析」「言語」「数理」「図形」「論理」「英語」などがあればCUBIC

検査項目一覧

検査項目名	制限時間	状態	
個人特性分析A（制限時間あり）	30分	未回答	回答する
言語Ⅰ	4分	未回答	回答する
数理Ⅰ	18分	未回答	回答する
図形Ⅱ	13分	未回答	回答する
論理Ⅰ	25分	未回答	回答する
英語Ⅰ	15分	未回答	回答する

> 能力検査の項目名末尾にⅠ・Ⅱなどの番号がついているのもCUBICの特徴

科目名と時間から、出題テストがわかる！

科目名	テスト時間	出題されるテスト	対策
個人特性分析	30分〜制限なし	性格	『これが本当のWebテストだ！③』（講談社）掲載
言語	4〜10分	言語	
数理	15〜40分	数理	
図形	5〜15分	図形	
論理	15〜40分	論理	
英語	10〜15分	英語	

「検査Ⅰ-1」「検査Ⅱ」などとあったら「TAP」

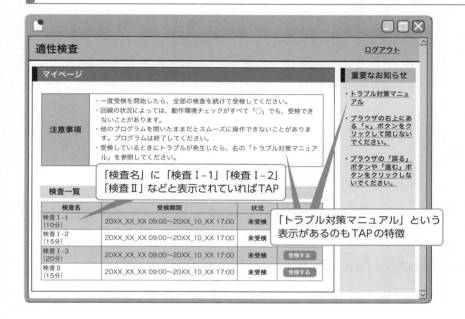

適性検査　　　　　　　　　　　　　　　　　　　　　　ログアウト

マイページ

注意事項
・一度受検を開始したら、全部の検査を続けて受検してください。
・回線の状況によっては、動作環境チェックがすべて「○」でも、受検できないことがあります。
・他のプログラムを開いたままだとスムーズに操作できないことがあります。プログラムは終了してください。
・受検しているときにトラブルが発生したら、右の「トラブル対策マニュアル」を参照してください。

重要なお知らせ
・トラブル対策マニュアル
・ブラウザの右上にある「×」ボタンをクリックして閉じないでください。
・ブラウザの「戻る」ボタンや「進む」ボタンをクリックしないでください。

「検査名」に「検査Ⅰ-1」「検査Ⅰ-2」「検査Ⅱ」などと表示されていればTAP

「トラブル対策マニュアル」という表示があるのもTAPの特徴

検査一覧

検査名	受検期間	状況	
検査Ⅰ-1 (10分)	20XX_XX_XX 09:00～20XX_10_XX 17:00	未受検	
検査Ⅰ-2 (15分)	20XX_XX_XX 09:00～20XX_10_XX 17:00	未受検	
検査Ⅰ-3 (20分)	20XX_XX_XX 09:00～20XX_10_XX 17:00	未受検	受検する
検査Ⅱ (15分)	20XX_XX_XX 09:00～20XX_10_XX 17:00	未受検	受検する

科目名と時間から、出題テストがわかる！

科目名	テスト時間	出題されるテスト	対策
検査Ⅰ-1	10分	言語	『これが本当のWebテストだ！③』(講談社) 掲載
検査Ⅰ-2	15分	数理	
検査Ⅰ-3	20分	論理	
検査Ⅱ	15分	性格	

※このほか、オプション検査として英語テストがあります。

テストセンター 種類特定法

■● 「予約サイト」でテストセンターの種類がわかる！

　会場受検型Webテスト（テストセンター）では、受検予約をするための「予約サイト」にアクセスするように指示があります。まずは指示の通りに予約サイトにアクセスしてください。

　この予約サイトに書かれているテスト名や科目構成、テストセンターの会場の名前などから、テストセンターの種類を判別することができます。

企業からの受検指示に従って予約サイトにアクセス

↓

使用許諾や受検の流れなどの説明ページが表示される

◆予約サイトのページから、テストセンターの種類が判断できる！
　→次ページ以降参照

↓

受検会場や日時を選んで受検予約をする

「パーソナリティ」「知的能力」などが書いてあり、「ピアソンVUE」のテストセンターで受けるなら「C-GAB」

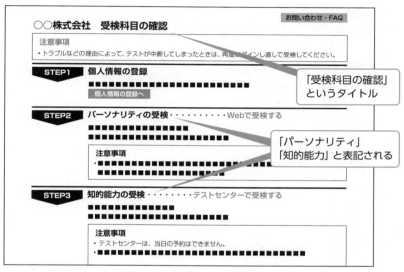

○○株式会社　受検科目の確認

お問い合わせ・FAQ

注意事項
・トラブルなどの理由によって、テストが中断してしまったときは、再度ログインし直して受検してください。

STEP1　個人情報の登録
■■■■■■■■■■■■■■■■■■■■■■■■■■
個人情報の登録へ

STEP2　パーソナリティの受検・・・・・・・・Webで受検する
■■■■■■■■■■■■■■■■■■■■■

注意事項
・■■■■■■■■■■■■■■■■■■■■■■■■■■■■■

STEP3　知的能力の受検・・・・・・・テストセンターで受検する
■■■■■■■■■■■■■■■■■■■■■

注意事項
・テストセンターは、当日の予約はできません。
■■■■■■■■■■■■■■■■■■■■■■■■■■■■■

「受検科目の確認」というタイトル

「パーソナリティ」「知的能力」と表記される

※このほか、ページ上部に「SHL」と表示されることもあります。
※一部の企業では、C-GABをテストセンターで受けるか、オンライン監視のもと自宅で受けるかを選べます。自宅受検が可能な企業では、「知的能力の受検」の横に、「テストセンターとオンライン監視型Webテストから選択する」などと表示されます。

● **科目構成**

「受検科目の確認」ページで、「パーソナリティ」「知的能力」と表記される
※テスト名は「総合適性検査」と表記されます。

● **テストセンターの会場の名前**

「ピアソンVUE（PEARSON VUE）」のテストセンター
※能力テストの受検予約ページで「ピアソンVUE」と表記されます。

● **C-GABの対策は**

『これが本当のWebテストだ！①』（講談社）

> **「性格検査と基礎能力検査の2部構成」などが書いてあり、「プロメトリック社」のテストセンターで受けるなら「SPI」**

テストセンター 　　　　　　　　　　　　　　　　　　　○○株式会社

こちらはテストセンターのページです。
初めてテストセンターを受検されるときは、■■■■■■■■■■■■■■■
■■■■■■■■■■■■■■■■■
テストセンターIDとパスワードをお持ちのときは、■■■■■■■■■■■■■
■■■■■■■■■■■■■■■■■■■■■■

| 予約サイトのデザインは、「WEBテスティング」（27ページ）に似ている |

初めてテストセンターを受検されるとき>> テストセンターIDを取得してください。　（ID取得）
　※ ■■■■■■■■■■■■■■■■■■■■■■■■

テストセンターIDをお持ちのとき>> テストセンターログインをしてください。

▼よくあるご質問

テストセンターID	
	※ ■■■■■■■■■■■■■■■
テストセンターパスワード	
	※ ■■■■■■■■■■■■■■■
企業別の受検ID	（ログイン）

よくあるご質問
■■■■■■■■■■■■■■■■■■■■■■

※ SPIのテストセンターでは、ログイン後の受検予約画面で、会場で受けるか、オンライン監視のもと自宅で受けるかを選べます。

● 科目構成

ログイン後の受検予約画面の「検査内容」に、**テストの構成が「性格検査と基礎能力検査の2部構成」のように表記される**

● テストセンターの会場の名前

「プロメトリック社」のテストセンター

● SPIのテストセンター方式の対策は

『これが本当のSPI3テストセンターだ！』（講談社）

「ヒューマネージテストセンター」と書いてあったら「ヒューマネージ社のテストセンター」

ヒューマネージテストセンター

「ヒューマネージテストセ
ンター」と表記される

ヒューマネージテストセンター予約

ヒューマネージテストセンターをはじめて利用する場合は、「テストセンター利用IDを取得」ボタンをクリックして、
「テストセンター利用ID」を取得してください。
テストセンター利用IDとパスワードをすでに持っている場合は、■■■■■■■■■■■■■■■■
■■■■■■■■■■■■■■■■■■■■■■■■

はじめて利用する場合	テストセンター利用 ID を持っている場合
テストセンター利用 ID を取得	※ ■■■■■■■■■■■■ ※ ■■■■■■■■■■■■
■■■■■■■■■■■ ■■■■■■■■■■■ ■■■	テストセンター利用ID [ ]
	テストセンター利用パスワード [ ]
	企業名(受検 ID) ■■■■■■■■■■■■■■
	ログイン

● **テストの名前**

テストセンターの受検予約のページで、「ヒューマネージテストセンター」と表記される

● **テストセンターの会場の名前**

「シー・ビー・ティ・ソリューションズ社」のテストセンター

※SCOAのテストセンター(次ページ)も、シー・ビー・ティ・ソリューションズ社のテストセンター
で実施されます。見分けるときは注意してください。

● **ヒューマネージ社のテストセンターの対策は**

本書221ページを参照

> ## 「テストセンター試験 (90分)」などが書いてあり、「シー・ビー・ティ・ソリューションズ社」のテストセンターで受けるなら「SCOA」

テスト名と時間が「テストセンター試験 (90分※)」と表記される

ページ下部にシー・ビー・ティ・ソリューションズ社 (CBT-Solutions) のコピーライト表記がある

表内:
試験の種類	テストセンター試験(90分)
申込期間	20XX年 X月 X日 ～ 20XX年 X月 X日
試験実施期間	20XX年 X月 X日 ～ 20XX年 X月 X日

確認する

● **テストの名前、時間**

個人情報の入力・確認の次に行う「受検情報確認」で、「テストセンター試験 (90分※)」と表記される

※実施されるテストの種類によって、表示される時間は変わります。

● **テストセンターの会場の名前**

「シー・ビー・ティ・ソリューションズ社」のテストセンター

※ヒューマネージ社のテストセンター（前ページ）も、シー・ビー・ティ・ソリューションズ社のテストセンターで実施されます。見分けるときは注意してください。

● **SCOAのテストセンターの対策は**

『これが本当のSCOAだ！』（講談社）

※SCOAには、上記の会場受検のみのテストセンターのほか、自宅受検が選べるテストセンター方式のテスト「SCOA cross」があります。SCOA crossの予約サイトは上記とは異なります。

TG-WEB
標準型
計数・言語

TG-WEB
標準型とは？

🔘 最も多くの企業で実施されている

　TG-WEBの「標準型」は、TG-WEBで最も多く実施されているタイプです。言語では、「空欄補充」「並べ換え」「長文読解」が出題されます。計数では、「図形」「推論」「暗号」などが出題されます。

※「標準型」は、本書の2023年度版まで、「従来型」と呼んでいたものです。
※以下の画面のほかに、新しいデザインの画面が登場しています（13ページ参照）。

🔘 問題数と制限時間

科目名	問題数	制限時間
計数	9問	18分
言語	12問	12分

※これ以外に、性格が実施されます。また、オプションとして英語があります。

　出題される問題の内訳は、企業によって異なります。多くの企業で、言語は約半数が「長文読解」、計数は約半数が「図形」です。

🔘 標準型の画面（1画面に1問ずつ表示されるタイプ）

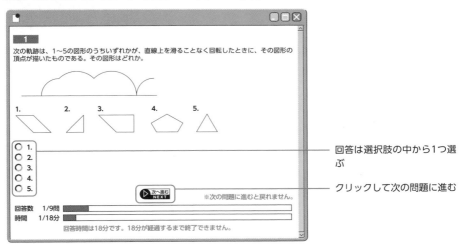

回答は選択肢の中から1つ選ぶ

クリックして次の問題に進む

このタイプでは、原則として、受検前に例題があります。**例題に取り組み、問題の体裁や、問題を解くのにかかる時間の感覚などを知っておきましょう。**

◼️ 標準型の画面（全問が1画面に表示されるタイプ）

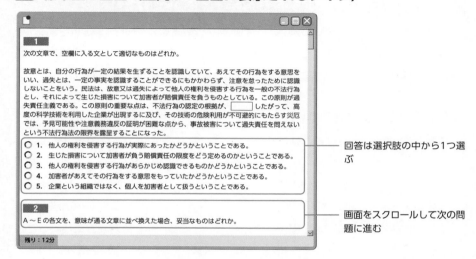

回答は選択肢の中から1つ選ぶ

画面をスクロールして次の問題に進む

このタイプでは、苦手な問題を飛ばして得意な問題から解くなどの方法で、時間を効果的に使うことができます。

◼️ 最大の攻略法は、コツをつかむこと

標準型の言語や計数は、一見、難解な問題や見たことがない問題が多いのですが、あきらめる必要はありません。**実は、クセのある問題ほど、解き方のコツを事前につかんでしまえば、次からはすんなり解けることが多いのです。**この点で、TG-WEBの標準型は、対策がきわめて有効なWebテストだといえます。**コツをつかむために、本書で繰り返し問題に取り組みましょう。**

■● 「図形」「推論」など公務員試験の「判断推理」と似た傾向

　標準型の計数では、公務員試験の「判断推理」分野と似た傾向の問題が出題されます。計数9問の内訳は、企業によって異なりますが、**多くの企業では「図形」が4問程度、それ以外の問題（「推論」「暗号」など）が5問程度出題されます。**

■● 問題の特徴と攻略ポイント

① 「図形」でよく出題されるのは、「展開図」「軌跡」「タイル」「立体の積み重ね」などです。

　　ほかにも「平面図形」「立体の切断」「投影図」「サイコロ」「一筆書き」「折り紙」「多面体」などが出題されます。このように「図形」は幅広い範囲から出題されますが、問題の傾向はある程度限られています。まずは、**本書で解き方に慣れることが大切**です。

　　「図形」が苦手な人でも、解き方のテクニックを覚えれば、格段に解けるようになります。難しそうな問題は、応用がきくように詳しく解説しましたので、あきらめずに取り組んでください。

② 「推論」でよく出題されるのは、「ウソつき」「勝負」「配置」「対応関係」などです。ほかにも「手順」「内訳」「順位」などが出題されます。

　　「推論」は、SPIなど他の採用テストでもよく出題されますが、それらと比べて難易度は高めです。SPIでは、あまり出題されない「ウソつき」「対応関係」「手順」なども出題されます。特に「ウソつき」「手順」などでは、日頃なじみのない問題が出題されます。**解き方がわからないとなかなか解けませんが、反対に、一度解き方を理解してしまえば次回からはすんなり解ける問題が多いのが特徴です。**本書の問題に挑戦して、わからなかったものは、解説をよく読んでしっかりと理解してください。

③「暗号」では、「暗号をローマ字に置き換えると解ける問題」がよく出題されます。

「暗号」は、解き方を覚えてしまえば得点源になります。しっかりと対策をしてください。

④ このほか、「命題」「論理」「人数」「組み合わせ」「数列」などの問題も出題されます。

「命題」は、対偶や三段論法などの知識がないと解けません。本書に取り組んで、しっかりと解き方を覚えましょう。「人数」「組み合わせ」「数列」などは、計算の要素がある問題です。

以上のように、対策をすればするほど効果が上がるのが、標準型の計数です。**本書の分野別対策は、頻出度の高さと、学習効率とを考えた順番で掲載しています。**読者のみなさんは、本書の目次順に学習を進めていけば、効果のよい対策ができます。

◼️◯ 電卓も用意しておく

TG-WEBの標準型の計数は、「図形」「推論」「暗号」などの問題が中心のため、電卓が必要な問題はあまり多くはありません。ただ、人数を求める問題では、2桁程度の計算が必要になります。念のため、電卓を用意しておいて、必要に応じて使うようにするとよいでしょう。

◼️◯ 学習後には時間を計って模擬テストに挑戦を

模擬テストとして、本番と同じ「9問18分」を1セット掲載します。「図形」とそれ以外の問題の比率も、本番と同様に再現してあります。時間を計りながら挑戦して、自分に合った時間配分を考えてみてください。

1 展開図

● 展開図を組み立てた立体を答える。立体から展開図を答える問題も出る
● 正四面体、立方体、正八面体など、よく出る立体の展開図に慣れておく

例題

立方体の6つの面のうち、3つの面を赤色で塗った。次の1〜5の展開図のうち、組み立てた立方体の色の配置が、他の4つと異なる展開図はどれか。

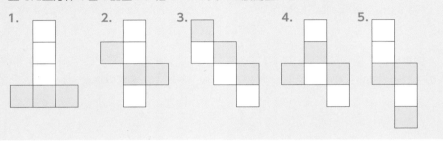

赤色の面がどのように配置されるのか、まず、選択肢1と2の展開図を組み立ててみる。立方体を完全に組み立てる必要はない。赤色の面の配置がわかればよい。

※組み立てるのが苦手な人は、展開図のまま面を移動する方法もある。別解で紹介する。

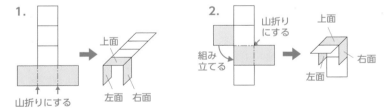

どちらも赤色は、左面、上面、右面と一列に並ぶ。選択肢3を組み立ててみる。

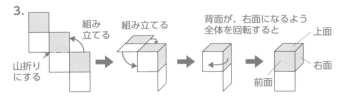

赤色は、上面、前面、右面なので、一列には並ばない。他と配置が異なるのは、選択

肢**3**だとわかる。念のため、選択肢**4**と**5**も組み立てると、どちらも赤色の面が一列に並ぶ。

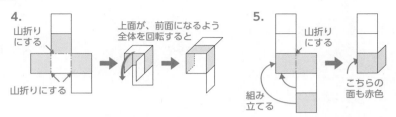

別解 展開図のまま、面を移動させて、見比べてもよい

立方体の展開図では、以下の面移動をしても、できる立方体は同じ。

①展開図の面を90度回転移動しても、できる立方体は同じ。

②展開図で4面が一直線に並んでいるときに、端の面を、もう一方の端に移動しても、できる立方体は同じ。

これを覚えておけば、展開図の面を移動させて、配置を比べることができる。選択肢**1**の展開図は、赤色が一列に並んでいる。選択肢**2**~**5**の赤色の面を移動して一列に並ぶかどうかを見比べる。今回使うのは、①の「面を90度回転移動」だけ。

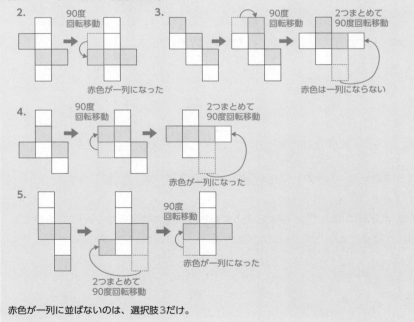

赤色が一列に並ばないのは、選択肢**3**だけ。

正解　3

練習問題① 展開図

1 次の展開図を組み立てた立方体として、正しいものはどれか。

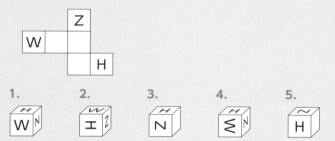

2 次の図のような8つの正方形がつながった図形がある。この8つの正方形のうち2つの正方形を切り取ると、立方体の展開図を作ることができる。このとき、正方形の切り取り方は何通りあるか。

ただし、切り取った後、全体が2つ以上の部分に分かれたり、頂点だけでつながっていたりするものは、展開図と考えないものとする。

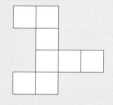

1. 1通り   2. 2通り   3. 3通り   4. 4通り   5. 5通り

---

1 展開図で90度の2辺が接するように組み立てる。組み立てによって90度になった2辺が接するように、さらに組み立てる。

組み立てた立方体を回転させると、以下のようになる。正しいのは選択肢 **4**。

背面のWが前面にくるよう、背面を右面へ、右面を前面へ回転　左面のHが上面にくるよう、左面を上面へ回転

別解 展開図のまま、文字の書かれている面をL字形に並べる

文字の面が接するよう、展開図の面を、「90度回転移動」「4面が一直線に並んでいるときに端から端に移動」を使って移動する。

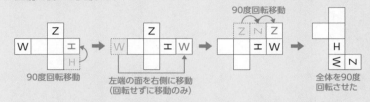

90度回転移動

90度回転移動　左端の面を右側に移動（回転せずに移動のみ）　全体を90度回転させた

Hを上面とすると、前面は90度回転したW、右側面はN。当てはまる選択肢は**4**。

---

2 立方体の展開図は、側面（前面、右面、背面、左面）が4つ、底面（上面と下面）が2つ必要。設問の展開図の縦並びの4面を側面とした場合、底面を2つ作るには、以下の2通りの切り取り方がある。

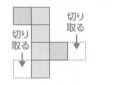

横並びの3面を側面とする場合、以下の切り取り方がある。切り取ったあとで、下の面を上に向かって「90度回転移動」すると、側面が4つになる。

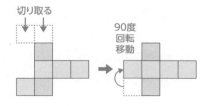

切り取る　90度回転移動

よって、切り取り方は3通り。

正解	**1** 4	**2** 3

練習問題② 展開図

1 図のように、正八面体の1つの頂点の周りを黒く塗った。展開図として正しいものはどれか。

 1. 2. 3. 4.  5.

2 次の展開図を組み立てた正四面体として、正しいものはどれか。

 1.   2.   3.   4.   5.

---

1 説明のため、正八面体のそれぞれの頂点をA〜Fとする。黒塗りの頂点Aは、4つの面の三角形の頂点。つまり、展開図には黒塗りの三角形が4つある。

正しい展開図を探すには、頂点AとFを利用。展開図で頂点AとFは、右のように、辺BCをはさんで対角の位置にある。展開図のどこかを頂点Aとして、対角をたどれば「A→F→A→F…」と、頂点AとFの位置が決まる。

選択肢**1**の場合は、以下のようになる。Aが黒塗りでないところがあるので、正しい展開図ではない。

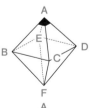

44

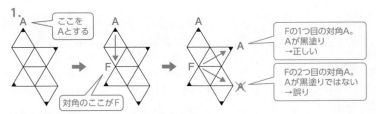

1. ここをAとする / 対角のここがF / Fの1つ目の対角A。Aが黒塗り→正しい / Fの2つ目の対角A。Aが黒塗りではない→誤り

他の選択肢も同様に、一番上の黒塗りの頂点をAとして、「A→F→A→F…」とたどっていくと、以下のようになる。正しいのは、選択肢**2**。

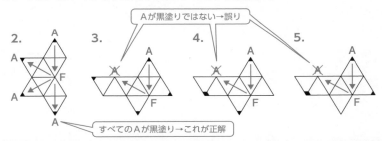

Aが黒塗りではない→誤り

2. 3. 4. 5.

すべてのAが黒塗り→これが正解

2 展開図で180度の2辺が接するように組み立てる。組み立てによって180度になった2辺が接するように、さらに組み立てると、選択肢**5**の正四面体になる。

※以下では、どちらの矢印の面なのか、区別がつきやすいよう、赤と灰色に塗った。

組み立てる / 組み立てる / 灰色の面が右にくるよう回転

> **別解** 展開図のまま、矢印の書かれている面を隣に並べる
>
> 正四面体の展開図の面を「180度回転移動」しても、できる正四面体は同じ。2つの矢印の面が隣り合うよう、展開図の面を移動する。
>
>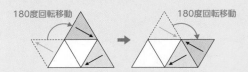
>
> 180度回転移動　　180度回転移動
>
> あとは、選択肢と見比べる。右面（展開図で灰色）の矢印が上向きのとき、右面に接する辺の真ん中から、前面（展開図で赤色）の矢印の棒が出る。当てはまる選択肢は**5**。

正解	**1** 2	**2** 5

2 軌跡

- 図形が回転するときの軌跡を答える。軌跡から当てはまる図形を答える問題も出る
- 多角形の軌跡では、1辺につき1つの円弧が描かれる。何回目の回転で地面に着くのかに注目する

例題

三角形ABCの辺ACの中点をMとする。いま、この三角形が直線の上を滑ることなく回転するとき、点Mはどのような軌跡を描くか。

図形が回転するときに描く軌跡を答える問題。点Mの軌跡は、以下の通り。見やすいよう、回転ごとに図形の色を灰色→赤色→灰色…と交互に変えて表している。正しい選択肢は**5**。

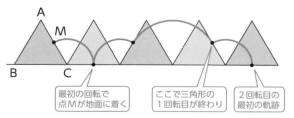

|最初の回転で点Mが地面に着く|ここで三角形の1回転目が終わり|2回転目の最初の軌跡|

上記のような正解を導くために、「直線の上を回転する多角形」が描く軌跡のルールを

理解しておこう。この問題だけでなく、多角形の軌跡の問題全般に使うことができる。

●「直線の上を回転する多角形」が描く軌跡のルール

[1] 多角形の軌跡は、地面に着いた頂点を中心とする円弧（円周の一部）となる

例：この問題の最初の回転と次の回転の場合

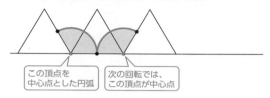

この頂点を中心点とした円弧 次の回転では、この頂点が中心点

[2] 図形が1回転する間に、軌跡として描かれる円弧の数は以下のいずれか

・軌跡を描く点が、多角形の頂点にあるときは、「地面に着く頂点の数－1」

例：三角形の場合、地面に着く頂点は3。円弧の数は「3－1＝2」

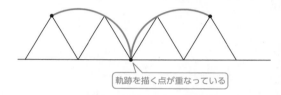

軌跡を描く点が重なっている

・軌跡を描く点が、辺の途中や図形の内側にあるときは、「地面に着く頂点の数」

例：三角形の場合、地面に着く頂点は3。円弧の数は3

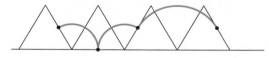

速解 軌跡のルールを使って、選択肢を絞り込む

点Mは、軌跡の1つ目の円弧が地面に着く。選択肢のうち、当てはまるのは、1、2、5。1回転する間に点Mが地面に着くのは、そのときだけ。よって、2つ目の円弧も地面に着いている1、2はあり得ず、5が正解。

※辺の途中にある点なので、図形が1回転する間に描く円弧は3つ。選択肢5は円弧が4つあるが、3つ目の時点で図形は1回転しており、4つ目は2回転目の最初の円弧。

正解　5

1 次の軌跡は、**1～5**の図形のうちいずれかが、直線上を滑ることなく回転したときに、その図形の頂点が描いたものである。その図形はどれか。

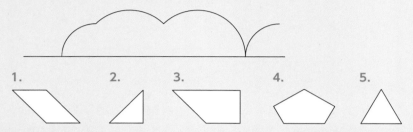

2 ある図形が直線上を滑ることなく1回転するとき、図形上の点Pは図のような軌跡を描く。その図形は次のうちどれか。

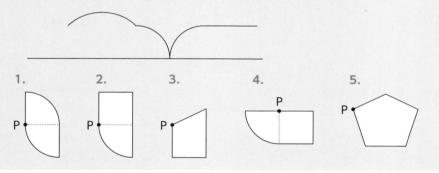

1 設問の軌跡は、円弧が4つ。1つ目と4つ目の円弧は、どちらも地面から始まり形も同じ。ここから、3つ目の円弧で、図形が1回転を終えていることが予想できる。例題で説明したように、頂点が描く軌跡の円弧の数は、「地面に着く頂点の数－1」。円弧が3つということは、地面に着く頂点の数は「3＋1＝4」。図形は四角形だとわかる。選択肢は**1**か**3**に絞られる。

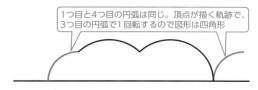

1つ目と4つ目の円弧は同じ。頂点が描く軌跡で、3つ目の円弧で1回転するので図形は四角形

円弧は3つ目が一番大きい。当てはまるのは3の図形で、左下の頂点の軌跡のとき。

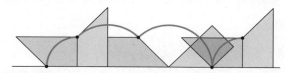

2 軌跡の特徴から、選択肢を絞り込む。直線（地面）に対して、平行の線に注目しよう。

この赤線の部分

地面と平行の線（上の赤線）は、**円が回転するときに、円の中心の軌跡**として現れる。

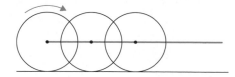

このことから、設問の図形が**円弧を含み、点Pが円の中心にある**ことがわかる。

※完全な円ではない。なぜなら、平行線以外の軌跡が現れているため。設問の図形は、円弧と他の線とが組み合わさった形。

これをヒントに選択肢を絞り込む。3、5は直線だけの図形で、円弧がないので除く。

1、2、4は、点Pの位置を確認する。点Pが円の中心にあるのは、1、4だけ。

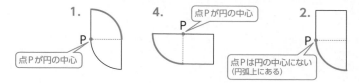

1. 点Pが円の中心
4. 点Pが円の中心
2. 点Pは円の中心にない（円弧上にある）

候補が2つに絞り込まれたので、あとは軌跡を考える。以下のように**4**が正解。

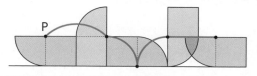

> **速解** 選択肢1か4かを手早く見分けるには、地面と平行の線に注目
> 設問は「円弧→円弧→円弧→地面と平行線」という軌跡。選択肢1は2つ目が地面と平行線になるので不適切。消去法で4が残る。

正解	**1** 3	**2** 4

3 タイル・平面図形

● タイルを敷き詰めたり、平面図形を塗りつぶしたり回転させたりする問題
● 実際に図を描いてみる。方眼紙を手元に用意しておくと便利

例題

1 図のように合同な4個の直角二等辺三角形がある。これらを全部使ってある図形を作ったとき、あり得ない図形は次のうちどれか。

1. 台形　　2. 正三角形　　3. 長方形　　4. 平行四辺形
5. 直角二等辺三角形

2 次の図形をすき間なく敷き詰めて正方形を作りたい。図形は最低何枚必要か。

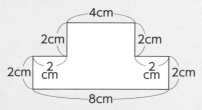

1. 4枚　　2. 8枚　　3. 16枚　　4. 24枚　　5. 32枚

1 直角二等辺三角形の内角の角度は「90度、45度、45度」。

選択肢のうち、**2**の正三角形は、内角がいずれも「60度」で、45度と90度の組み合わせでは作ることができない。
他の選択肢の図形は、例えば、以下のように作ることができる。

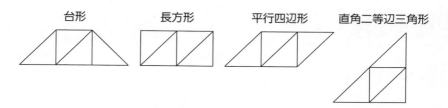

台形　　　　　長方形　　　　平行四辺形　　直角二等辺三角形

2 まず、図形4枚で、12cm×8cmの長方形ができる。

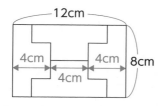

この長方形を組み合わせて正方形が作れるのは、1辺が12cmと8cmの最小公倍数の24cmになるとき。上記の12cm×8cmの長方形（使う図形は4枚）を6セット組み合わせると、1辺24cmの正方形になる。使う図形の枚数は、「4枚×6セット＝24枚」。

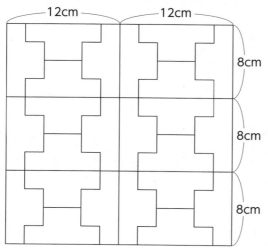

| 正解 | **1** 2 | **2** 4 |

1 次の図の円A、Bに色を塗りたい。線で隣接している領域を、異なる色で塗り分ける場合、それぞれ、最低でも何色が必要か。

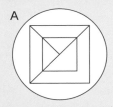

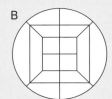

1. Aは3色、Bは3色　　**2.** Aは3色、Bは4色　　**3.** Aは4色、Bは3色

4. Aは4色、Bは4色　　**5.** Aは5色、Bは5色

2 次のような図形P、Qがある。P、Qの片方を時計回りまたは反時計回りに90度回転させ、もう片方を180度回転させてから、2つの図形をぴったりと重ね合わせた。このときにできる図形として、正しいものはどれか。

1.　　2.　　3.　　4.　　5.

1 最初に図形のどこかを①とする。①と隣接する領域に②、③とできるだけ少ない色数になるように配置すると以下のようになる。必要な色は、Aは4色、Bは3色。

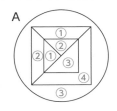

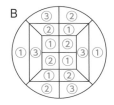

2 Pを時計回りに90度、反時計回りに90度、180度回転させたときの形は以下の通り。

これを、選択肢1〜5に当てはめると、以下の通り。

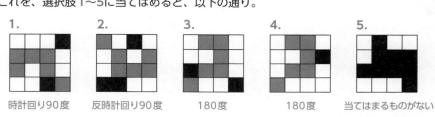

設問から「P、Qの片方を時計回りまたは反時計回りに90度回転させ、もう片方を180度回転」。選択肢のうちPが90度回転しているのは、**1**と**2**。この2つは、180度回転したQが重なっていれば正しい。確かめると、どちらも当てはまらない。

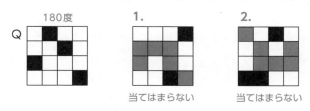

選択肢のうち、Pが180度回転しているのは、**3**と**4**。この2つは、時計回りまたは反時計回りに90度回転したQが重なっていれば正しい。確かめると、選択肢**3**は当てはまるものがないが、選択肢**4**は、反時計回りに90度回転したものが当てはまる。正しいのは選択肢**4**。

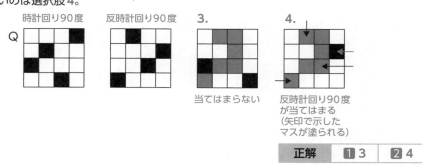

正解	**1** 3	**2** 4

4 立体の積み重ね・切断・投影図

●立体を積み重ねたときの形や使われている数、切断したときの形などを答える
●積み重ねた立体の数は、一段ずつに分けると考えやすい

例題

P、Qの2種類の積み木がたくさんある。Pの底面は縦9cm、横18cmの長方形で、高さは6cmである。Qの底面は1辺が9cmの正方形で、高さは6cmである。これらの積み木を何個かずつ組み合わせて、1辺が18cmの立方体を作った。次の図は、作られた立方体の4つの側面を、順に表したものである。P、Qの積み木を、それぞれ何個ずつ使ったか。

1. Pが6個、Qが1個　　2. Pが5個、Qが2個　　3. Pが4個、Qが4個
4. Pが3個、Qが6個　　5. Pが2個、Qが8個

設問から、PとQは、以下のような直方体である。

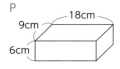

設問から、PとQを組み合わせて「1辺が18cmの立方体を作った」ので、設問の4つの側面の図に寸法を書き込むと、以下の通り。それぞれA～D面とする。

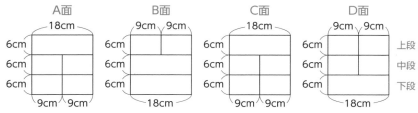

どれがPで、どれがQなのかは、側面を、上段、中段、下段に分けると考えやすい。

●上段

18cmの辺があるものはPと決まる。図は、4つの側面を順に表したものなので、18cmの辺は、次の側面では必ず9cmになる。よって、上段はPが2個とわかる。

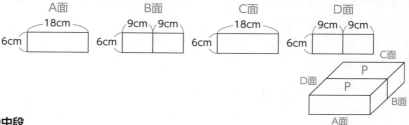

●中段

18cmの辺は1つで、ここはPと決まる。このほかに9cmが2個という側面が2つ続く。縦横とも9cmの直方体はQ。中段はPが1個と、Qが2個。

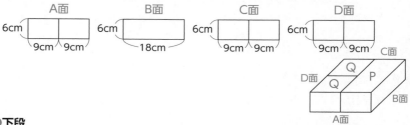

●下段

上段と同じく、18cmの辺の側面が1つおきに登場。計2つあるので、上段と同じくPが2個。

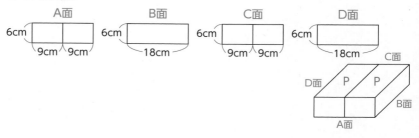

Pは上段に2個、中段に1個、下段に2個なので、足し算すると「2+1+2＝5個」。
Qは上段に0個、中段に2個、下段に0個。Qは2個。

正解 2

1 図のような立方体があり、点Pは、1辺の中点である。この立方体を、点Pを通る平面で2つの立体に切断する。ア～オのうち断面の形としてあり得るものをすべてあげているのは、**1**～**5**のうちどれか。

ア　直角三角形　　イ　正三角形　　ウ　台形

エ　正方形　　　　オ　正六角形

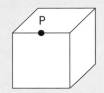

1. ア、イ、ウ　　2. ア、イ、エ、オ　　3. イ、ウ、エ

4. イ、エ　　　　5. イ、ウ、エ、オ

2 底面が縦1cm、横2cmで、高さが1cmの直方体が3個ある。この3個を接着剤でつなぎ合わせて、1個の立体を作った。次の図は、作られた立体を、正面、真上、右側面から見たものである。この立体を左側面から見た図として正しいものは、次のうちどれか。

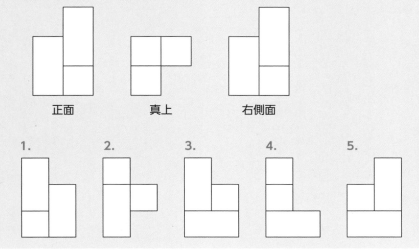

正面　　　　　　真上　　　　　　右側面

1.　　　　2.　　　　3.　　　　4.　　　　5.

1 ア〜オのうち、断面の形としてあり得るのは、「イ　正三角形」「ウ　台形」「エ　正方形」「オ　正六角形」。それぞれ、以下のように切断する。

中点3ヵ所で切断。
切断面は正三角形。

中点2ヵ所と頂点2ヵ所
で切断。切断面は台形。

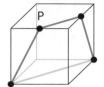

中点4ヵ所で切断。
切断面は正方形。

中点6ヵ所で切断。
切断面は正六角形。

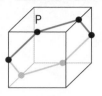

補足 直角三角形は断面の形としてあり得ない

断面が直角（90度）のある図形になるのは、断面が正方形と長方形のときだけ。長方形は、選択肢にはないが、中点2ヵ所と頂点2ヵ所で右図のように切断すると、断面の形としてあり得る。

切断面が長方形の例

2 正面の図から、直方体のうち2個は縦長、1個は横長になるように配置されている。正面から見たときに、縦長の直方体を赤色と灰色、横長の直方体を白色に塗ると、以下のようになる。

正面

真上

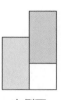

右側面

ここから、赤色の直方体は正面から見たときに手前にあり、灰色の直方体は正面から見たときに奥にあることがわかる。白色の直方体は、灰色の直方体の下なので、正面から見たときに奥の位置。左側面から見ると、向かって右は縦長の長方形、左は正方形の上に縦長の長方形が並ぶ。

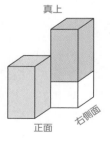

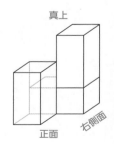

正解	**1** 5	**2** 1

TG-WEB　標準型　計数

5 サイコロ

- サイコロの目を考える
- 向かい合った目の和が7のサイコロでは、「1と6」「2と5」「3と4」が向かい合う

例題

ア～オのサイコロは、いずれも向かい合った面の目の和が7であるが、1個だけ目の配置が異なる。他の4個と、目の配置が異なるサイコロはどれか。

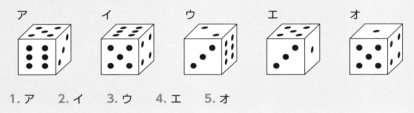

1. ア　2. イ　3. ウ　4. エ　5. オ

イとオは、前面が5、右面が4と同じで、上面が6と1で異なるので、異なる配置。

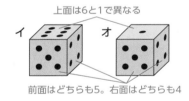

上面は6と1で異なる

前面はどちらも5。右面はどちらも4

他のサイコロのどれか1個を、前面が5、右面が4になるよう回転させて、上面が6ならオが正解だし、上面が1ならイが正解。

アを使うことにする。「向かい合った面の目の和が7」なので、「1と6」「2と5」「3と4」がそれぞれ向かい合う面。

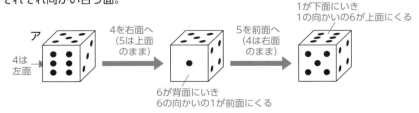

回転後のアの上面は6で、イと同じ配置。配置が異なるのはオ。

58

見える3つの面の目の数を、展開図を作って書き込む。残りの3つの面は、「向かい合った面の目の和が7」を使って目を求める（「1と6」「2と5」「3と4」がそれぞれ向かい合う）。展開図で向かい合う面は、1つ抜かしの面になる。以下では同じ色の面が、向かい合う面。

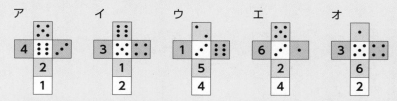

配置が違うものを探す。イとオは、灰色・白・灰色の横並びが「3・5・4」と同じだが、5の上の目が6と1で異なる。どちらかが、他と配置が異なるものだとわかる。アの展開図で「3・5・4」を横並びにして、5の上の目が6と1のどちらなのかを確認する。

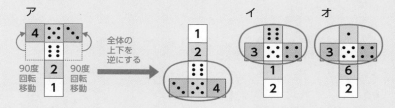

5の上の目は6なので、イと配置が同じ。配置が異なるのはオ。

| 正解 | 5 |

図1のサイコロは、向かい合った面の目の和が7である。図1と同じサイコロ4個を、互いに接する2つの面の目の和が4または11となるようにして、図2のように重ねた。灰色のトーンがかかった面の目の和はいくつか。

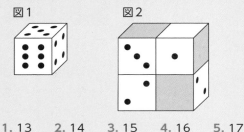

図1   図2

1. 13　　2. 14　　3. 15　　4. 16　　5. 17

図1から展開図を作る。この展開図と、「向かい合った面の目の和が7」「互いに接する2つの面の目の和が4または11」を使って、図2の見えない目を①～⑬の順に判明させる。和が4または11になる目は、

　　和が4　 ：「1と3」「2と2」
　　和が11：「5と6」

説明のため、4つのサイコロをA、B、C、Dとする。

図1の展開図

図2

●Dのサイコロ

①Dの右面は2。向かい合った面の和は7なので、Dの左面は5。

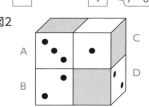

D

① 左面 5　　　右面 2
〔2の向かい　7－2＝5〕

●Bのサイコロ

②Dの左面は5。接するBの右面の目を考える。接する面の和で5が含まれるのは、和が11で「5と6」のとき。Bの右面は6。

③Bの右面は6。向かい合った面の和は7なので、Bの左面は1。

④左面・前面・右面が1・2・6と並ぶよう展開図を見る。Bの上面は3。

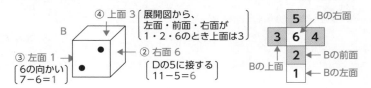

●Aのサイコロ

同様に⑤〜⑧の順で、見えない目を、接する面の和と、向かい合った面の和、展開図を使って求める。⑥から、**Aの上面（灰色の面）は6**。

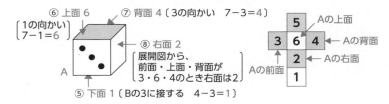

●Cのサイコロ

同様に⑨〜⑪の順で、見えない目を、接する面の和と、向かい合った面の和、展開図を使って求める。⑩から、**Cの右面（灰色の面）は5**。

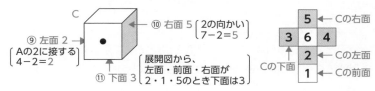

●Dのサイコロ

同様に⑫〜⑬の順で、見えない目を、接する面の和と、展開図を使って求める。⑬から、**Dの前面（灰色の面）は4**。

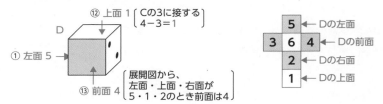

灰色の面の目は、Aは6、Cは5、Dは4。灰色の面の目の和は「6＋5＋4＝15」。

正解 3

6 一筆書き

●道順や、図形の対角線を、一筆書きで進む問題
●一筆書きができるのは「奇点（点に集まる線が奇数本）が0個か2個」のとき

例題

図のような道と、A〜Gの7つの建物がある。スタート地点から歩き出し、ある建物の前の道だけを通らずに、それ以外の道はすべて1回ずつ通って、ゴール地点に着いた。このとき、通らなかった道にある建物はどれか。

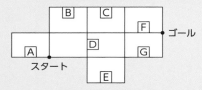

1. A　　2. C　　3. D　　4. E　　5. G

ある建物の前の道以外は、すべて1回ずつ通るので、一筆書きの問題と考えるとよい。一筆書きができるのは、以下のとき。

> ●一筆書きができるのは「奇点が0個か2個」のときに限られる
> **奇点が0個**：どの点からスタートしても、元の点に戻れる
> **奇点が2個**：奇点からスタートして、もう1個の奇点がゴール

まず「奇点」「偶点」とは何かということから説明する。右図のように、道を「線」と考え、曲がり角や交差点などの「点」に、線が何本集まっているかを数える。**点に集まる線が奇数本のとき「奇点」、偶数本のとき「偶点」**と呼ぶ。

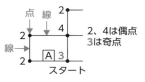

この問題では、**スタートとゴールが異なる位置なので、一筆書きができるのは奇点が2個のとき。**すべての点について、線が何本集まっているのかを数える。

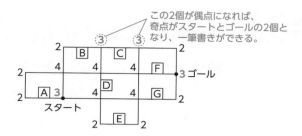

奇点は4個（いずれも赤字の3）。これがすべての道を通った場合であり、一筆書きにはならない。これを、**建物A〜Gのうち、1つの建物の前の道だけを通らないことで、奇点を2個にすればよい**。通らなかったのは、建物Cの前の道。以下のように、建物Cの左右の奇点が偶点になり、全体の奇点が2個になる。

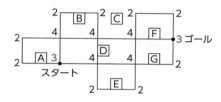

参考 一筆書きで進むときの道順の例

一筆書きの道順は複数あるが、以下に一例を紹介する。

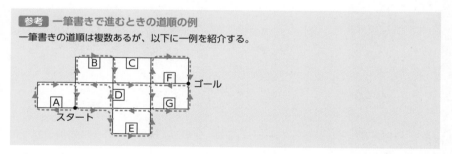

正解 2

1 図のような1辺が10mの正三角形を組み合わせてできた道がある。今、A地点から出発してすべての道を1回以上通って、再びA地点に戻りたい。最短距離は次のどれか。

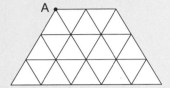

1. 340m　　2. 360m　　3. 380m　　4. 400m　　5. 420m

2 次の図は、正方形と正五角形に対角線を書き込んだものである。同様に、正六角形、正七角形、正八角形、正九角形、正十角形、正十一角形、正十二角形、正十三角形に、対角線をすべて書き込んでいく。この10個の図形のうち、一筆書きができるものはいくつあるか。

1. 2個　　2. 3個　　3. 4個　　4. 5個　　5. 6個

1 一筆書きで、「どの点からスタートしても、元の点に戻れる」のは奇点が0個のとき。まず、奇点を探すと、以下のように2個ある。

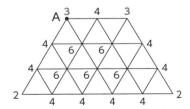

奇点どうしを新たな線でつないで、奇点を偶点にする（奇点を0個にする）。増えた線が、

複数回通る道に相当する。

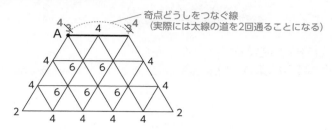

道の全長を求める。

・10mの横線が「5本＋4本＋3本＋2本＝14本」。「10m×14本＝140m」。

・10mの右上がり斜め線が「(3本×3)＋2本＋1本＝12本」。「10m×12本＝120m」。

・10mの右下がり斜め線も同じ本数なので120m。

足し算すると「140m＋120m＋120m＝380m」。これに2回通る20mを足して400m。

2 一筆書きができるのは、「奇点が0個か2個」のときに限られる。まず、正方形、正五角形、正六角形の場合を調べてみる。

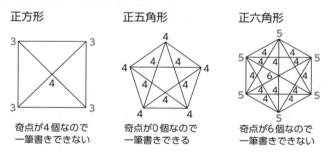

上の図から、対角線どうしの交点は必ず「偶点」になることがわかる。各頂点に集まる線の数は「多角形の角数−1」なので、正方形は3、正五角形は4、正六角形は5…。各頂点に集まる線の数が偶数(偶点)なら、「奇点が0個」となり、一筆書きができる。当てはまるのは、多角形の角数が奇数のとき。よって、「正五角形」「正七角形」「正九角形」「正十一角形」「正十三角形」の5個。

| 正解 | 1 4 | 2 4 |

7 折り紙

● 折り畳んだ紙を切って開いたときの形を答える問題
● 紙を開いていくつもりで、対応する切り抜き部分を塗りつぶしていくとよい

例題

正方形の紙を、図の点線部を「谷」として折っていき、最後に黒く塗った部分をはさみで切り取る。これを元の状態に広げたときの図形として正しいものはどれか。

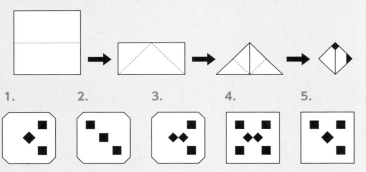

右の図形から、左の図形に向かって、紙を開いていくつもりで、対応する黒い部分を塗りつぶしていく。

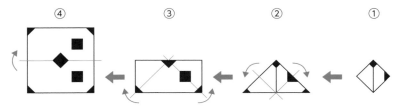

黒く塗った部分がはさみで切り取られる。正しい図形は、選択肢1。

実際に図を描くときは、①から④を個別に描くのではなく、まず①の図を描いて、そこに描き足して②、さらに描き足して③…と、まとめて1つを描くほうが時間短縮になる。練習段階では、実際に折り紙を用意して折ったり切ったりして、どのように切り抜かれるのか慣れておくのもよいだろう。

最初に紹介した塗りつぶし方が難しく感じるようなら、①の図形を左右2つの三角形と考えて、片方ずつ開くことを考えよう。このほうが簡単だ。以下に説明する。

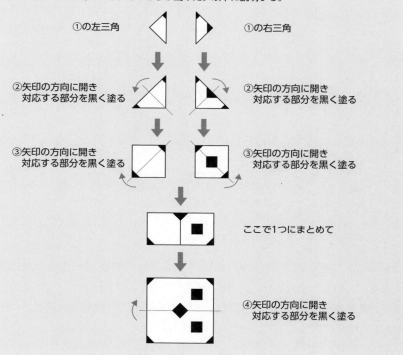

ここで1つにまとめて

正解   1

1 正方形の紙を、図の点線部を「谷」として折っていき、最後に黒く塗った部分をはさみで切り取る。これを元の状態に広げたときの図形として正しいものはどれか。

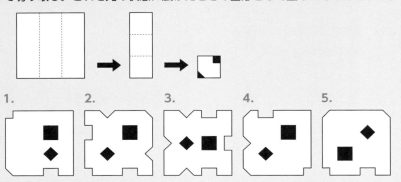

1.　　　2.　　　3.　　　4.　　　5.

2 縦1cm、横96cmの細長くて薄い紙がある。この紙を横の長さがちょうど半分になるように折り曲げる作業を5回繰り返すと、紙の大きさは縦1cm、横3cmになる。この状態で、紙を1辺が1cmの正方形3個になるよう2ヵ所を切断する。切断された紙をすべて元通りに広げると、1辺が1cmの正方形の紙と、縦1cm、横2cmの長方形の紙の2種類ができる。このとき、縦1cm、横2cmの長方形の紙は何枚あるか。

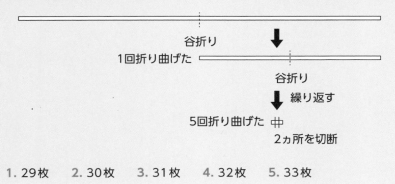

1. 29枚　　2. 30枚　　3. 31枚　　4. 32枚　　5. 33枚

1 右の図形から、左の図形に向かって、紙を開いていくつもりで、対応する黒い部分を塗りつぶしていく。正しい図形は、選択肢 **2**。

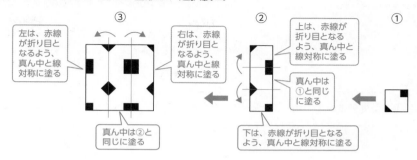

③

左は、赤線が折り目となるよう、真ん中と線対称に塗る

右は、赤線が折り目となるよう、真ん中と線対称に塗る

真ん中は②と同じに塗る

②

上は、赤線が折り目となるよう、真ん中と線対称に塗る

真ん中は①と同じに塗る

下は、赤線が折り目となるよう、真ん中と線対称に塗る

①

2 1回折り曲げると、折り目は1つで、紙は2枚が重なる。もしも、このときに1辺が1cmの正方形になるよう切断すると（縦1cm横48cmの紙を1cmの正方形48個に切断）、折り目のある1ヵ所だけが、縦1cm、横2cmの長方形になる（他は1cmの正方形）。

2枚が重なる（1回折り曲げた）

2回折り曲げると、折り目は3つで、紙は4枚が重なる。もしも、このときに1辺が1cmになるよう切断すると、折り目のある3ヵ所が縦1cm、横2cmの長方形になる。

4枚が重なる（2回折り曲げた）

以降も折り曲げる回数が1回増えるごとに、重なる枚数は倍になっていく。折り目は、上記から「重なる枚数−1」であり、以降も同じである。

折り曲げる回数	1	2	3	4	5
重なる枚数	2	4	8	16	32
折り目の数	1	3	7	15	31

1辺1cmの正方形になるよう切断すると、折り目の数だけ、縦1cm、横2cmの長方形ができる。よって、5回折り曲げたあとに切断すると、縦1cm、横2cmの長方形は31枚。

正解	**1** 2	**2** 3

8 多面体

● 多面体の頂点の数や、構成する面の形などが問われる
● 正多面体は、正四面体、正六面体、正八面体、正十二面体、正二十面体の5種類

例題

正六面体の頂点の数と正二十面体の頂点の数の和はいくつか。

正六面体　　　　　　正二十面体

1. 16　　**2.** 18　　**3.** 20　　**4.** 24　　**5.** 26

正六面体と正二十面体は、どちらも正多面体。**正多面体は、すべての面が同じ正多角形で、どの頂点も接する面の数が同じ。**ここから、**正多面体の頂点の数は、「1つの面の頂点の数×面の数÷1つの頂点が接する面の数」**で求められる。

● **正六面体**

図から正六面体の1つの面は正方形。正方形の頂点の数は4。正六面体の面の数は6。1つの頂点が接する面の数は3。

1つの面につき頂点は4つ　　　1つの頂点は3面に接している

1つの面の頂点の数　　面の数　1つの頂点が接する面の数　　正六面体の頂点の数

4　　　　　×　　6　÷　　　　3　　　　　= 8

● **正二十面体**

図から正二十面体の1つの面は三角形。三角形の頂点の数は3。正二十面体の面の数は20。1つの頂点が接する面の数は5。

1つの面につき頂点は3つ

1つの頂点は5面に接している

| 1つの面の頂点の数 | 面の数 | 1つの頂点が接する面の数 | 正二十面体の頂点の数 |

$$3 \quad \times \quad 20 \quad \div \quad 5 \quad = \quad 12$$

最後に、正六面体と正二十面体の頂点の数を足し算する。

| 正六面体の頂点の数 | 正二十面体の頂点の数 | 頂点の数の和 |

$$8 \quad + \quad 12 \quad = \quad 20$$

参考 正多面体は5種類

正多面体は、「正四面体」「正六面体」「正八面体」「正十二面体」「正二十面体」の5種類しかない。それぞれの面の数、面の形、頂点の数、辺の数、1つの頂点が接する面の数は、以下の通り。

	面の数	面の形	頂点の数	辺の数	1つの頂点が接する面の数
正四面体	4	正三角形	4	6	3
正六面体	6	正方形	8	12	3
正八面体	8	正三角形	6	12	4
正十二面体	12	正五角形	20	30	3
正二十面体	20	正三角形	12	30	5

また、「頂点の数－辺の数＋面の数＝2」(オイラーの多面体定理) が成り立つ。

| 正解 | 3 |

1 正八面体と正十二面体の辺の数の和はいくつか。

正八面体　　　　　　正十二面体

1. 36　　2. 38　　3. 40　　4. 42　　5. 44

2 多面体に関するア〜オの記述のうち、正しいものをすべて選んだものはどれか。

ア　2枚の三角形と3枚の四角形を組み合わせて、五面体を作ることができる

イ　5枚の三角形を組み合わせて、五面体を作ることができる

ウ　正二十面体の面の形は、正三角形である

エ　6枚の三角形を組み合わせて、六面体を作ることができる

オ　1辺の長さが2の正八面体の体積は、1辺の長さが2の正四面体の体積の2倍である

1. ア、イ　　2. ア、ウ　　3. ア、ウ、エ　　4. イ、エ　　5. ウ、エ、オ

1 正多面体の辺の数は、「1つの面の辺の数×面の数÷2」で計算できる。最後に2で割るのは、1つの辺が2つの面に属しているため。

正八面体　　　　　　正十二面体

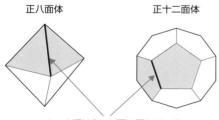

1つの辺は2つの面に属している

●正八面体

図から、正八面体の1つの面は三角形で、辺の数は3。面の数は8。

1つの面の辺の数		面の数			正八面体の辺の数
3	×	8	÷	2	= 12

●正十二面体

図から、正十二面体の1つの面は五角形で、辺の数は5。面の数は12。

1つの面の辺の数		面の数			正十二面体の辺の数
5	×	12	÷	2	= 30

最後に、正八面体と正十二面体の辺の数を足し算する。

正八面体の辺の数		正十二面体の辺の数		辺の数の和
12	+	30	=	42

2 ア〜オの正誤は以下の通り。

(ア) 2枚の三角形と3枚の四角形を組み合わせると、例えば、右図のような五面体を作ることができる。

✗ 五面体を作ることができるのは、アの条件か、4枚の三角形と1枚の四角形の組み合わせ。5枚の三角形から作ることはできない。

(ウ) 正二十面体の面の形は、正三角形で正しい。なお、正多面体のうち、面の形が正三角形なのは、正四面体、正八面体、正二十面体である。

(エ) 6枚の三角形を組み合わせると、右のような六面体を作ることができる。

✗ 正八面体は、正四角錐(底が正方形)を2つ組み合わせた形である。正四面体は底が三角形なので、2つ組み合わせても正八面体にならない。よって、1辺の長さが同じであっても、正八面体の体積は2倍にはならない。

正解	**1** 4	**2** 3

9 推論（ウソつき）

- 発言者のうち、何人かがウソ（事実に反すること）を言う。どの発言がウソかを見破って、正しい情報を導き出す
- 矛盾する発言を探すと、ウソを見つけやすい

例題

1組のトランプから、ハートの3〜7の札を取り出した。この5枚を、A〜Eの5人が1枚ずつ引いて、誰がどの札を持っているかを見せ合った。その結果について、5人が発言したが、本当のことを言っているのは3の札を持っている人だけで、残りの4人はウソを言っている。Dが持っている札の数はいくつか。

A 「私の札は7ではない」
B 「私の札はDより大きい数だ」
C 「Aの札は3だ」
D 「私の札はCより大きい数だ」
E 「Aの札は7だ」

1. 3の札　　2. 4の札　　3. 5の札　　4. 6の札　　5. 7の札

ウソを見破る問題は、矛盾する発言を手がかりにするのがうまく解くコツ。「本当のことを言っているのは3の札を持っている人だけ」であることに注目して、矛盾する発言を探そう。

3の札を持っている人は本当のことを言う。3の札を持っている人がしないのは、「私以外の人が3の札を持っている」という発言（ウソを言っていることになるから）。

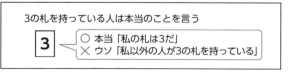

「自分以外の人が3の札を持っている」という発言があれば、それはウソ。このことから、Cの「Aの札は3だ」という発言がウソだとわかる。

ウソがわかったら、ウソの発言を正しい情報に直す。Cの場合は、「Aの札は3ではな

い」が正しい情報。

「Aの札は3ではない」を手がかりに、次を考える。3以外の札の人はウソを言うのだから、Aはウソを言う。Aの「私の札は7ではない」はウソであり、正しい情報は**「Aの札は7である」**。

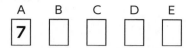

Aが7なので、Eの「Aの札は7だ」は正しい。**Eが本当のことを言っている人で、Eの札は3。**

まだ発言を検討していないのは、BとDで、2人ともウソを言っている（本当のことを言っているのはEだけ）。BとDの発言を正しい情報に直すと**「Bの札はDより小さい数」「Dの札はCより小さい数」**。つまり、B、C、Dの3人を小さい順から並べると、「B＜D＜C」で、Dは真ん中。残りの札は「4、5、6」なので、Dの札は5。

```
A   B   C   D   E
7   4   6   5   3
```

正解　3

1 P〜Tの5人が絵画展に作品を出し、何人かが入賞した。このことに関して、P〜Sの4人がそれぞれ2つのことを発言したが、片方は本当で、もう一方はウソであることがわかっている。

> P「入賞したのは1人だ。私は入賞していない」
> Q「Sは入賞した。私は入賞していない」
> R「Qは入賞した。入賞したのは2人だ」
> S「Pは入賞した。私は入賞していない」

入賞した人を全員あげているのは、次のうちどれか。

1. P 　　2. QとS 　　3. QとRとT 　　4. QとRとSとT 　　5. RとT

2 A、Bの2人が、目的地に向かって歩いていると、途中で右と左に道が分かれており、そこに1組の兄弟がいた。2つの道のどちらか一方だけが正しい道であること、その兄弟は1人が正直者、もう1人がウソつきであることがわかっている。AとBが1回ずつ質問することにした。Aが弟に、「右の道でよいか」とたずねたところ、弟は「はい」と答えた。このとき、確実にいえるのは次のうちどれか。

1. Bが兄に「左の道でよいか」とたずねれば目的地にいける
2. Bが兄に「右の道でよいか」とたずねれば目的地にいける
3. Bが弟に「あなたはウソつきですか」とたずねれば目的地にいける
4. Bが弟に「私が兄に『右の道でよいか』と質問したら、兄は何と答えるか」とたずねれば、目的地にいける
5. A、Bの2人は目的地にはいけない

1 Pの「入賞したのは1人だ」という発言に注目する。本当なら、Pの「私は入賞していない」がウソで、入賞したのはPだけとなる。しかし、この場合、Sの発言が、両方とも本当になるのであり得ない（発言の片方はウソ）。ここから、Pの発言は「入賞したのは1人」がウソで、正しい情報に直すと「入賞したのは2人以上」。「私(P)は入賞していない」は本当。あとは、わかったことをつなげて考えていく。

Pは入賞していないので、Sの発言は「Pは入賞した」がウソで、「私(S)は入賞していない」が本当。Sは入賞していないので、Qの発言は「Sは入賞した」がウソで、「私(Q)は

入賞していない」が本当。

ここまでに、P、Q、Sは入賞していないことがわかった。入賞は2人以上なので、残るRとTが入賞と決まる。

※検証しなかったRの発言は、「Qは入賞した」がウソで、「入賞したのは2人だ」が本当。

2 相手が正直者なのかウソつきなのかによって、異なる答えが返ってくる質問をすれば、正しい道がわかる。同じ答えになる質問では、ウソの見分けがつかず、正しい道はわからない。選択肢の質問について、相手が正直者の場合とウソつきの場合の答えを考えてみよう。考える上でのポイントは以下の2点。

●正しい道は、弟が正直者なら右、ウソつきなら左
●弟が正直者なら兄はウソつき、弟がウソつきなら兄は正直者

	弟が正直者の場合 (右の道が正しい)	弟がウソつきの場合 (左の道が正しい)
1 「左の道でよいか」とたずねられた兄の答え	はい ※兄はウソつきなので、わざと間違える	はい ※兄は正直者なので、正しく答える
2 「右の道でよいか」とたずねられた兄の答え	いいえ ※兄はウソつきなので、わざと間違える	いいえ ※兄は正直者なので、正しく答える
3 「あなたはウソつきですか」とたずねられた弟の答え	いいえ ※弟は正直者なので、正しく答える	いいえ ※弟はウソつきなので、わざと間違える
4 「私が兄に『右の道でよいか』と質問したら、兄は何と答えるか」とたずねられた弟の答え	いいえ ※兄のわざと間違った答え「いいえ」を、正直者の弟はそのまま答える	はい ※兄は「いいえ」と、正しいことを答えるが、ウソつきの弟はわざと「はい」と間違った答えをする

相手が正直者なのかウソつきなのかによって、異なる答えが返ってくるのは、**4**の質問だけ。

※答えが「いいえ」なら正しい道は右、「はい」なら正しい道は左だとわかる。

正解 **1** 5 **2** 4

10 推論（勝負）

●リーグ戦、トーナメント戦などの勝ち負けや、対戦相手を推論する
●リーグ戦は自分以外の全員と対戦する。トーナメント戦は勝ち抜き戦

例題

A〜Fの6人が卓球の個人リーグ戦（総当たり戦）をした。その結果について、A、B、F
の3人が発言した。

A「私はCに勝った」

B「私は1位だったが、Fに勝てば全勝だった」

F「私はAに負け、A、D、Eと同じ2勝3敗だ」

このとき、確実にいえるのは次のうちどれか。ただし、引き分けはないものとする。

1. AはEに勝った　　2. CはDに負けた　　3. DはAに勝った

4. EはBに勝った　　5. FはDに負けた

リーグ表を作って、A、B、Fの発言からわかる勝ち負けを書き込む。まず、Aの「私
はCに勝った」から。AはCに勝ったので〇、CはAに負けたので×をつける。

CはAに負けた　　　　　　AはCに勝った

	A	B	C	D	E	F	
A			〇				
B							
C	×						
D							
E							
F							

次にBの「私は1位だったが、Fに勝てば全勝だった」。BはFには負けたので×、F以
外に〇。FはBに勝ったので〇、A、C、D、EはBに負けたので×。

	A	B	C	D	E	F	
A		×	〇				
B	〇		〇	〇	〇	×	1位（4勝1敗）
C	×	×					
D		×					
E		×					
F		〇					

最後にFの「私はAに負け、A、D、Eと同じ2勝3敗だ」。FはAに負けたので×、Aは
Fに勝ったので○。Aは対C、Fで2勝となり、残りのD、Eには負けたことがわかる
ので×。D、EはAに勝ったので○。

	A	B	C	D	E	F	
A		×	○	×	×	○	2勝3敗
B	○		○	○	○	×	1位(4勝1敗)
C	×	×					
D	○	×					2勝3敗
E	○	×					2勝3敗
F	×	○					2勝3敗

ここまでにわかったことで、選択肢で確実にいえることはないか見てみる。すると、
選択肢3が確実にいえることがわかる。これが正解。

※選択肢のうち、1、4は確実に誤り。2、5はこの時点では不明（さらに求める方法は、補足を参照）。

補足 ここでは求めなかったが、さらにCの勝敗もわかる

まず、A～Fの6人が、自分以外の5人と対戦するので「6人×5戦＝30戦」。2人で1対戦なので、
「30戦÷2人＝15対戦」。
設問から「引き分けはない」ので、勝ちは15、負けも15。問題を解く過程で、Bは4勝、A、D、E、
Fは2勝と判明。合計すると12勝。残るCの勝ちは「15－12＝3勝」なので、D、E、Fに勝ったこ
とになる。

	A	B	C	D	E	F	
A		×	○	×	×	○	2勝3敗
B	○		○	○	○	×	1位(4勝1敗)
C	×	×		○	○	○	3勝2敗
D	○	×	×				2勝3敗
E	○	×	×				2勝3敗
F	×	○	×				2勝3敗

CはDに勝ったので、選択肢2は確実に誤り。DとFの対戦結果は決まらないので、選択肢5は不明
のまま。

正解　3

P～Tの5人は5日間で将棋の総当たり戦を行った。1日目から5日目まで毎日2回の対局を行い、同じ人が1日に2回の対局をすることはなかった。対局について次のことがわかっている。

　　ア　Tは3日目にRと対局した

　　イ　Qは2日目に対局がなく、4日目にRと対局した

　　ウ　Sは5日目に対局がなかった

　　エ　Pと5日目に対局した相手は、2日目にSと対局していた

このとき、確実にいえるのは次のうちどれか。

1. 1日目にPとSの対局があった　　　**2.** 2日目にRとTの対局があった

3. 3日目にQとSの対局があった　　　**4.** 4日目にPは対局がなかった

5. 5日目にRとTの対局があった

総当たりなので、自分以外の4人と1回ずつ対局する。同じ人が1日に行う対局は1回までなので、どの人も5日のうち4日は対局をして、残り1日は対局なし。日にちごとに2回の対局と、対局なしの人の表を作り、ア～エの情報を書き込む。

	対局	対局	対局なしの人
1日目			
2日目	エS － □		イQ
3日目	アT － R		
4日目	イQ － R		
5日目	エP － □		ウS

同じ人

2日目と5日目は、あと3人で表が埋まる。どちらも1人は□に入り、残り2人が対局となる。□以外の2人の対局を考える。

　　2日目 ➡ 表にないのはP、R、T。対局は「P－R」「P－T」「R－T」のいずれか。このうち、「R－T」は3日目に対局しているので、2日目に同じ相手との対局はあり得ない（総当たりなので、同じ相手とは1回だけ対局）。

　　　　　　「R－T」を除くと、2日目は、「P－R」「P－T」のいずれか。

　　5日目 ➡ 表にないのはQ、R、T。対局は「Q－R」「Q－T」「R－T」のいずれか。「R－T」は3日目、「Q－R」は4日目に対局なので除くと、「Q－T」と決まる。

5日目は「Q－T」と決まった。5日目の残りはR。Rが□に入って「P－R」となる。2日目の「S－□」も「S－R」と決まる。

	対局	対局	対局なしの人
1日目	.		
2日目	S － R		Q
3日目	T － R		
4日目	Q － R		
5日目	P － R	Q － T	S

同じ人

2日目の残りはPとTで、この2人が対局となる。また、Rは4日分すべての対局が決まったので、1日目が対局なしと決まる。

	対局	対局	対局なしの人
1日目			R
2日目	S － R	P － T	Q
3日目	T － R		
4日目	Q － R		
5日目	P － R	Q － T	S

1日目の対局なしはRなので、残りのP、Q、S、Tは対局をしている。このうち、Tは、他の日にP、R、Qと対局している。Tの残る相手はSだけ。1日目は「S－T」「P－Q」と決まる。

Tはすべての対局日が決まったので、4日目は対局なし。4日目の残る対局は「P－S」。
Pはすべての対局日が決まったので、3日目は対局なし。3日目の残る対局は「Q－S」。

	対局	対局	対局なしの人
1日目	S － T	P － Q	R
2日目	S － R	P － T	Q
3日目	T － R	Q － S	P
4日目	Q － R	P － S	T
5日目	P － R	Q － T	S

以上から、確実にいえる選択肢は**3**。

※他の選択肢は、いずれも確実に誤り。

正解 3

1 次の4つの説明とトーナメント表から判断して、正しいものは**1～5**のうちどれか。

・CはBに勝った

・EはBに負けた

・Cは2回戦でAに勝った

・DとEは対戦した

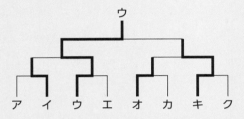

1. Aはオである　　2. Bはエである　　3. Cはキである

4. Dはカである　　5. Eはイである

2 P、Qの2人がジャンケンの10回勝負をした。Pはグーを4回、チョキを3回、パーを3回出した。Qはグーを2回、チョキを7回、パーを1回出した。あいこがなかったとすると、この10回勝負でPは何勝何敗したか。

1. 2勝8敗　　2. 3勝7敗　　3. 4勝6敗　　4. 5勝5敗　　5. 6勝4敗

1 トーナメント表から、ウは3回勝って、優勝している（3勝したのはウだけ）。

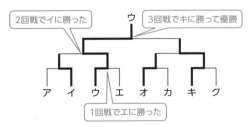

「Cは2回戦でAに勝った」とあるので、「CはBに勝った」のは1回戦か3回戦。「EはBに負けた」ので、「CはBに勝った」のが1回戦ということはあり得ない（Bは少なくとも1勝はしている。その後にCと対戦して負ける）。「CはBに勝った」のは3回戦であり、Cが優勝だ

と決まる。トーナメント表で優勝しているウがC。ウに2回戦で負けたイがA。3回戦でウに負けたキがB。

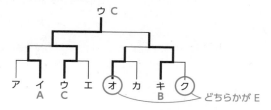

Eは「EはBに負けた」ので、キと対戦して負けているオかクのどちらか。どちらなのかを考える。「DとEは対戦した」とあり、クがEだと、Dとは対戦しないのであり得ない（クは1回戦でBと対戦して敗退）。オがEだと決まる。また、対戦相手のDは、カと決まる。

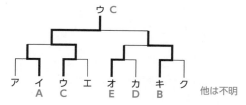

以上から、正しい選択肢は**4**。

2　出した回数が最も多いのは、Qのチョキ7回。あいこがないので、Pが出したのはグーかパー。Pのグーは4回、パーは3回で合わせて7回でちょうど合う。

　　Q　チョキ7回　➡　P　グー4回（Pの4勝）、パー3回（Pの3敗）

Pの残りはチョキ3回。これにQの残りの手を当てはめる。

　　P　チョキ3回　➡　Q　グー2回（Pの2敗）、パー1回（Pの1勝）

以上から、Pは5勝5敗。

正解	**1** 4	**2** 4

11 推論（配置・手順）

● 人、物、建物の配置や、目標に達するまでの手順を考える
● 配置は図を描いて整理。確実に選ぶ手順は、最もうまくいかない場合を考える

例題

右の図は、A〜Gの7つの店の配置を示したものである。
どの店も、道路に面した部分はすべて店先となっており、
道路をはさんだ店の店先は見えるが、隣接する店の店先
は見えない。さらに、次のことがわかっている。

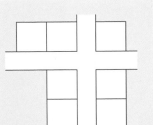

- ・D店の真向かいは、B店とF店である
- ・G店の店先から見えるのは、B店とC店の店先だけ
  である
- ・A店とC店、B店とE店、F店とG店は、それぞれ隣接している

このとき、正しいといえるのは次のうちどれか。

1. A店の店先からは、B店、D店、E店、G店の店先が見える
2. C店の店先からは、A店、B店、D店、F店、G店の店先が見える
3. D店の店先からは、B店、C店、E店、F店の店先が見える
4. E店の真向かいはA店である　　5. G店の真向かいはB店である

設問の図を見ると、隣接する店がないのは、以下の赤色の店だけ。他の6つの店には
隣接した店がある。

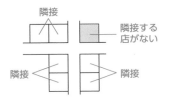

設問には「A店とC店、B店とE店、F店とG店は、それぞれ隣接」とある。ここに登場
しないのはD店だけ。隣接する店がないのはD店。

84

D店の位置がわかったので、設問の「D店の真向かいは、B店とF店」は、以下の赤色の2つの店（どちらがB店で、どちらがF店かはまだ不明）。

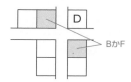

BかF

次に、「G店の店先から見えるのは、B店とC店の店先だけ」を考える。設問に「道路をはさんだ店の店先は見えるが、隣接する店の店先は見えない」とあるが、道路をはさんだ店が2つだけなのは、以下の赤色の店。赤色の店からは斜線の2つの店の店先が見える。

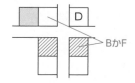

BかF

ここから、赤色がG店。B店とF店の位置は、B店が斜線のほうに決まる。F店はG店の隣。残る斜線の店はC店。

あとは、隣接する店の情報から、A店はC店の隣、E店はB店の隣。

以上から、正しいといえる選択肢は4。

正解　4

1 赤、白、黒のカードが10枚ずつあり、それぞれ1〜10の数字が書かれている。カードをよくまぜて裏返し、1枚ずつ引いていったとき、同じ数字が確実に3枚出てくるためには、最低何枚引けばよいか。

1. 20枚　　2. 21枚　　3. 22枚　　4. 23枚　　5. 24枚

2 1番から6番まで6つのロッカーがあり、A〜Eの5人がそれぞれ1つずつ使っている。次のことがわかっているとき、Eが使っているロッカーは何番か。

　　・BとDはロッカーの番号が2つ違う
　　・AとCのロッカーの番号を足すと7になる
　　・2番のロッカーは誰も使っていない

1. 1番　　2. 3番　　3. 4番　　4. 5番　　5. 6番

3 重さ2gと5gの分銅を1個ずつ用いて重さを測定する場合、2g、5g以外に3g、7gを測定できる。いま、8gと13gの分銅が無数にある。これらの分銅を用いて重さを測定するとき、最も軽い重さは何gを測定することができるか。

1. 1g　　2. 2g　　3. 3g　　4. 4g　　5. 5g

1 同じ数字が確実に3枚出てくるためには、最低何枚引けばよいかを答える。「最初に3枚続けて1が出た」というような、運が良い場合の最低枚数ではないので気をつけよう。同じ数字3枚の組み合わせは、以下の10通り。

「同じ数字が確実に3枚」なので、最もうまくいかない場合（できるだけ同じ数字が3枚出ない場合）を考える。同じ色のカードが出続けている間は、同じ数字は出ない。

同じ色のカードが10枚連続（例えば、赤の1〜10）、次に2色目のカードが10枚連続（例えば、白の1〜10）で出たとする。20枚目で2色のカードがすべて出尽くす。21枚目は、必ず3色目のカード（例えば、赤と白が出尽くした場合は黒）であり、どの数字が出ても、確

実に同じ数字が3枚揃う。

2 わかることを書き出していく。ロッカーの番号は1〜6番で、2番は誰も使っていない。「AとCのロッカーの番号を足すと7」なので、AとCは「1と6」か「3と4」。

ここに、「BとDはロッカーの番号が2つ違う」を当てはめる。まず、AとCが「1と6」のときは、BとDが「3と5」。

次に、AとCが「3と4」のときは、BとDを2つ違いにできないので、あり得ない。
AとCが「1と6」、BとDが「3と5」と決まり、2番はいないので、Eは残った4番。

3 13gと8gの分銅の差は「13g − 8g = 5g」。それぞれ1個使ったときには、差から5gを測定することができる。

分銅を増やして、もっと差を小さくできないか検討する。例えば、8gの分銅だけ2個にすると、「8g×2個− 13g = 3g」。選択肢の中で一番軽いのは1gなので、8と13の倍数で差が1になるものを探してみる。13の倍数を列挙していき、8の倍数との一番小さい差を求める。

13の倍数	13	13	26	26	39	39
8の倍数	8	16	24	32	32	40
差	5	3	2	6	7	1

8gの分銅が5個、13gの分銅が3個のときに「8g×5個− 13g×3個＝1g」となり、1gを測定することができる。

正解	**1** 2	**2** 3	**3** 1

12 推論（内訳・順位・対応関係）

●所持金、出かけた場所、曜日などの内訳や、得点や競技の順位を考える
●複数の項目の対応関係を考える問題は、わかるものから表にまとめるとよい

例題

1 貯金箱の中に15枚の硬貨が入っている。その合計金額は760円であり、1円玉、5円玉、10円玉、50円玉、100円玉、500円玉の6種類すべてが入っている。このとき、10円玉は何枚入っているか。

1. 3枚　　**2.** 4枚　　**3.** 5枚　　**4.** 6枚　　**5.** 7枚

2 ある日、P〜Rの3人がそれぞれ、海水浴場、遊園地、博物館のいずれか1ヵ所に出かけた。ただし、同じ場所へ出かけた人はいない。1人は電車で、1人はバスで、1人は徒歩で行った。海水浴場へ行った人は麦わら帽子をかぶっており、電車で行った。Pは徒歩で行った。Qは麦わら帽子をかぶっておらず、遊園地には行かなかった。このとき、確実にいえるのは次のうちどれか。

1. Rはバスで行った　　　　**2.** Pは麦わら帽子をかぶっている
3. Qは海水浴場へ行った　　**4.** Rは麦わら帽子をかぶっていない
5. Pは遊園地に行った

---

1 6種類の硬貨は、少なくとも1枚は入っている。まず、合計金額から、6種類1枚ずつの金額を引く。枚数も15枚から6枚を引く。

合計金額　　　　　　6種類1枚ずつを足した金額　　　　　　　　残金
金額　760円 － （1円＋5円＋10円＋50円＋100円＋500円）＝ 94円

合計枚数　6種類1枚ずつを足した枚数　残り枚数
枚数　15枚 －　　　　　6枚　　　　＝ 9枚

残金94円。そのうち、他の硬貨で代替できないのは、4円の「1円玉が4枚」。金額と枚数から引く。

金額　94円－4円＝90円

枚数　9枚－4枚＝5枚

残金90円で5枚。金額と枚数から、「50円玉が1枚と10円玉が4枚」と決まる。

10円玉の枚数は、最初の1枚と、次の4枚を足した「1枚＋4枚＝5枚」。

> **補足** 硬貨の内訳は
> 1円玉、10円玉が各5枚。5円玉、100円玉、500円玉が各1枚。50円玉が2枚。

2 設問から、具体的に誰なのかわかるのは、「Pは徒歩」「Qは麦わら帽子をかぶっておらず、遊園地には行かなかった」。

	P	Q	R
場所		（遊園地以外）	
移動手段	徒歩		
麦わら帽子		かぶっていない	

ここから、「海水浴場へ行った人は麦わら帽子をかぶっており、電車で行った」のは、PでもQでもないので、Rだとわかる。

※Pは徒歩、Qは麦わら帽子をかぶっていないので条件に当てはまらない。

	P	Q	R
場所		（遊園地以外）	海水浴場
移動手段	徒歩		電車
麦わら帽子		かぶっていない	かぶっている

3人は別々の場所、別々の乗り物であり、Qが遊園地ではないのでPが遊園地。残る博物館がQ。移動手段は不明のQがバス。

	P	Q	R
場所	遊園地	博物館	海水浴場
移動手段	徒歩	バス	電車
麦わら帽子		かぶっていない	かぶっている

Pが麦わら帽子をかぶっているかどうかは不明だが、それ以外は決まった。確実にいえる選択肢は**5**。

※選択肢のうち、**1**、**3**、**4**は確実に間違い。**2**は不明。

正解	**1** 3	**2** 5

1 A～Eの5人が水泳の自由形100mで順位を競った。その結果について、次のことがわかっている。

　　・5人のうち、2人は男、3人は女である
　　・Aは2人の男より順位が下だった
　　・CとEの間の順位の人が1人いた
　　・4位の人は女である
　　・Eは2人の男の間の順位だった
　　・同じ順位の人はいない

このとき、次のア～エのうち確実に正しいといえるものはいくつあるか。

　　ア　Aは5位ではない　　イ　Bは3位である
　　ウ　Cは4位である　　　エ　Dは男である

1. 0個　　2. 1個　　3. 2個　　4. 3個　　5. 4個

2 A～Eの5人が英語のテストを受けた。同じ得点だった人はおらず、得点の差については、次のア～オのことがわかっている。

　　ア　AとCは45点差だった　　　イ　BとDは40点差だった
　　ウ　DとEは35点差だった　　　エ　BはAより30点上だった
　　オ　CはEより20点上だった

左から順に、得点が低かった人から高かった人へと正しく並べてあるのは、次のうちどれか。

1. B→D→A→E→C　　2. D→A→E→B→C　　3. D→E→C→A→B
4. E→C→D→A→B　　5. E→C→A→B→D

1 Eに関する情報が2つあるので、そこから考えていく。Eは「2人の男の間の順位」。設問から「5人のうち、2人は男、3人は女」なので、Eは女。

上位 | 男 | E | 男 | 下位
女

ここに、「CとEの間の順位の人が1人いた」を加える。Eから1人あけてCとなるので、Cは以下の①②のいずれか。男2人は、すでに出尽くしているので、Cは女。

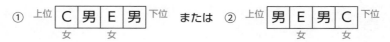

① 上位 [C|男|E|男] 下位 または ② 上位 [男|E|男|C] 下位

男をヒントに「Aは2人の男より順位が下」を考える。①の場合、2人の男より順位が下は5位。②の場合、2人の男より順位が下は4位か5位。ただし、「CとEの間の順位の人は1人」なので、4位はCで、Aは5位。男は2人なので、Aは女。

①   1位 2位 3位 4位 5位
       [C|男|E|男|A] または ②   1位 2位 3位 4位 5位
                                      [男|E|男|C|A]

最後に「4位の人は女」から、①は不適切で、②と決まる。女はA、C、Eなので、男はBとD（どちらが1位でどちらが3位かは不明）。

②   1位 2位 3位 4位 5位
       [男|E|男|C|A]
       片方がBでもう一方がD

以上から、確実に正しいのはウとエの2個。

※Aが5位なので、アは確実に間違い。Bは1位か3位なので、イは正誤どちらもあり得る。

2 得点の差を図に書き出していく。まず高低がはっきりしているエ、オから。

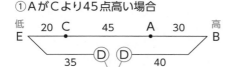

この2つをつなげるには、アの「AとCは45点差」。Aのほうが高い場合と、低い場合を考える。それぞれイ、ウも使って、図を仕上げる。以下のように、AはCより45点低く、得点は低い順に「D→A→E→B→C」と決まる。

①AがCより45点高い場合

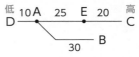

Dの得点が1つに決まらないので、あり得ない

②AがCより45点低い場合

低い順に「D→A→E→B→C」

正解	**1** 3	**2** 2

1 P〜Tの5人は、月曜日から金曜日のうち2日、英会話教室に通っている。各曜日とも5人のうち2人が一緒だったが、いずれも同じ組み合わせはなかった。また、2日連続して通っている人はいなかった。通っている曜日について、次のことがわかっている。

　　ア　Rは金曜日に通っていない　　　　イ　Tは火曜日に通っていない
　　ウ　水曜日にはQとSが通っている

このとき、確実にいえるのは次のうちどれか。

1. Pは木曜日に通っている　　　**2.** Qは月曜日に通っている
3. Rは火曜日に通っていない　　　**4.** Sは月曜日に通っていない
5. Tは木曜日に通っている

2 山田、佐藤、川口、中村の4人の趣味は、園芸、乗馬、写生、野球のうちどれか1つであり、同じ趣味の人はいない。最近4人は、それぞれ、仙台、徳島、金沢、日光のうち1ヵ所に旅行に行った。ただし、同じ所へ行った人はいない。趣味と旅行について、次のことがわかっている。

　　ア　園芸が趣味の人は仙台へ行かなかった　　イ　山田は徳島へ行った
　　ウ　佐藤の趣味は野球か園芸だ　　　　　　　エ　金沢へ行った人の趣味は写生だ
　　オ　乗馬を趣味にしている人は佐藤か中村だ
　　カ　山田の趣味は園芸でも写生でもない

このとき、正しいといえるのは次のうちどれか。

1. 日光へ行った人の趣味は園芸だ　　**2.** 佐藤は仙台へ行った
3. 川口の趣味は園芸だ　　　　　　　**4.** 金沢へ行った人の趣味は乗馬だ
5. 中村の趣味は園芸だ

1 「水曜日にはQとSが通って」いる。2日連続はいないので、Q、Sは火曜日と木曜日には通っていない。火曜日は「Tは火曜日に通っていない」ので、5人のうち残る2人のP、Rと決まる。

月	火	水	木	金
	P、R	Q、S		

Rは「金曜日に通っていない」し、火曜日に通っているので月曜日と水曜日（2日連続）に

は通っていない。残る木曜日にRは通っている。また、同じ組み合わせはないので、木曜日が「P、R」はあり得ない（火曜日と同じになる）。よって、Pは木曜日以外で、火曜日と2日連続にならない曜日なので金曜日と決まる。

月	火	水	木	金
	P、R	Q、S	R	P

水曜日に通っているQ、Sが、2日連続にならないのは月曜日と金曜日。同じ組み合わせはないので、QとSのうち、1人が月曜日で、もう1人が金曜日。Tは空いている曜日におさまるので、月曜日と木曜日。

月	火	水	木	金
T、(QかS)	P、R	Q、S	R、T	P、(QかS)

以上から、確実にいえる選択肢は**5**。

※選択肢のうち、**1**、**3**は確実に誤り。**2**、**4**は正誤どちらもあり得る。

2 「乗馬を趣味にしている人は佐藤か中村」だが、「佐藤の趣味は野球か園芸」。ここから、乗馬は中村と決まる。「山田の趣味は園芸でも写生でもない」ので、乗馬か野球だが、乗馬は中村なので、山田は野球。山田が野球なので、佐藤は園芸。残る川口が写生。

	山田	佐藤	川口	中村
趣味	野球	園芸	写生	乗馬

「金沢へ行った人の趣味は写生」なので、写生が趣味の川口が金沢へ行った。「山田は徳島へ行った」、「園芸が趣味の人は仙台へ行かなかった」ので、園芸が趣味の佐藤の行き先は、残る日光。中村が仙台。

	山田	佐藤	川口	中村
趣味	野球	園芸	写生	乗馬
旅行	徳島	日光	金沢	仙台

以上から、正しいといえる選択肢は**1**。

正解	**1** 5	**2** 1

13 暗号

●暗号が表す言葉を答える。言葉から暗号を答える問題も出る
●よく出るのは、暗号をローマ字に置き換えると解ける問題

例題

ある暗号で「川越」を「11,19,510,40」、「釧路」を「31,22,58」と表すとき、
「50,21,14,19」と表される都市はどこか。

1. 横浜　　2. 沖縄　　3. 福岡　　4. 鹿児島　　5. 山形

暗号の問題では、繰り返し登場する文字や、文字数に注目する。

川越の読みは「かわごえ」と4文字で、暗号の数字もコンマ区切りで4つ。釧路の読みは
「くしろ」と3文字で、暗号の数字もコンマ区切りで3つ。

よく出る「ローマ字を暗号にした」タイプではないかと予想。読みをローマ字(訓令式)に
して、数字の上に割り振って共通点を探す。

※ローマ字は、子音は大文字、母音は小文字で表した。

元の単語	川越				釧路		
ローマ字	Ka	Wa	Go	e	Ku	Si	Ro
暗号	11	19	510	40	31	22	58

川越の「Ka」が「11」、釧路の「Ku」が「31」。ここから、K(か行)は、1の位の「1」だとわ
かる。また、1の位は子音(五十音でいうと、あ行・か行・さ行…)だと推測できる。

母音(五十音でいうと、あ段・い段・う段…)は、10の位以上と推測して、共通点を探す。

元の単語	川越				釧路		
ローマ字	Ka	Wa	Go	e	Ku	Si	Ro
暗号	11	19	510	40	31	22	58

川越の「Ka」が「11」、「Wa」が「19」なので、a(あ段)は10の位の「1」。しかし、川越の
「Go」が「510」と、10の位の「1」があるのに、a(あ段)ではない。

もう少し、別の共通点を探す。川越の「Go」が「510」、釧路の「Ro」が「58」。o(お段)は
10の位または100の位の「5」。ここから、母音は一番上の位だとわかる。

母音の暗号は10の位または100の位。川越と釧路にはすべての母音が登場する。

ローマ字	a（あ段）	i（い段）	u（う段）	e（え段）	o（お段）
暗号	1	2	3	4	5

子音はG（が行）以外は1の位。川越と釧路に登場するのは、以下の通り。

ローマ字	K（か行）	S（さ行）	R（ら行）	W（わ行）	G（が行）
暗号	1	2	8	9	10

ここから、あ行が0、か行が1、さ行が2…と行が進むごとに1増えていくことがわかる。

暗号「50,21,14,19」を解読する。最初の「50」は、1の位が「0」で「あ行」、10の位が「5」で「o（お段）」。合わせると「お」。選択肢のうち、「お」で始まる都市名は「沖縄」だけ。

参考 きちんと暗号解読をした場合の子音の解読表は、以下の通り

子音の暗号	0	1	2	3	4	5	6	7	8
元の文字	あ行	か行	さ行	た行	な行	は行	ま行	や行	ら行
子音の暗号	9	10							
元の文字	わ行	が行							

正解 2

練習問題① 暗号

1 ある暗号で「ピザ」を「k4e5」、「遊び」を「a5d1j4」と表すとき、「微生物」を表す暗号は次のうちどれか。

　1. j4d2b4j3f3　　2. j4d2a4j3h3　　3. j4d1b4k3

　4. j4d1a3j4h3　　5. j4d2a4j3f3

2 ある暗号で「犬」を「011 120 021」、「音」を「201 120 210 112 011」と表すとき、「波」を表す暗号は次のうちどれか。

　1. 212 001 211 012　　2. 120 202 012　　　　　3. 121 012 112 022

　4. 011 001 102 200　　5. 210 001 111 202

1 ピザは2文字で、暗号はアルファベットと数字が2文字ずつ。遊びは「あそび」と3文字で、暗号はアルファベットと数字が3文字ずつ。ピザと遊びを、ローマ字に直して、暗号のうち片方が子音、もう片方が母音に当てはまるか検討する。

元の単語	ピザ		遊び		
ローマ字	Pi	Za	a	So	Bi
暗号	k4	e5	a5	d1	j4

共通点から、「a＝5」「i＝4」とわかる。残りの母音は「o＝1」から、「u＝3」「e＝2」と推測できる。

子音は、登場する暗号をアルファベット順に並べると、「（あ行）＝a」「S（さ行）＝d」「Z（ざ行）＝e」「B（ば行）＝j」「P（ぱ行）＝k」。ここから、子音の暗号は、アルファベットが1文字ずつ順番に進むものとわかる。

暗号	a	b	c	d	e	f	g	h
元の文字	あ行	か行	が行	さ行	ざ行	た行	だ行	な行
暗号	i	j	k	l	m	n	o	
元の文字	は行	ば行	ぱ行	ま行	や行	ら行	わ行	

判明した暗号を「微生物（びせいぶつ）」に当てはめると「j4d2a4j3f3」となる。

2 「犬」と「音」の両方に登場する暗号は「011」「120」。この部分が共通するつづり方を考える。ひらがなやローマ字ではだめだが、「犬」を「dog」、「音」を「sound」と英単語に

置き換えるとうまくいく。

漢字	犬			音				
英単語	d	o	g	s	o	u	n	d
暗号	011	120	021	201	120	210	112	011

判明した「犬」と「音」の暗号を手がかりに、「波」の暗号を考える。

「波」は、英単語に置き換えると「wave」。「wave」は、「dog」「sound」とは、アルファベットが1つも重ならない。そこで発想を逆転させる。アルファベットが重ならない、つまり、「dog」「sound」の暗号は、「wave」の暗号には登場しないということに注目して、消去法で選択肢を絞り込む。

以下のように、「dog」「sound」の暗号が登場しない選択肢は1だけ。1が正解。

1. 212　001　211　012

2. <u>120</u>　202　012　　　※赤字の暗号は「dog」「sound」に登場
　　o

3. 121　012　<u>112</u>　022
　　　　　　　　n

4. <u>011</u>　001　102　200
　　d

5. <u>210</u>　001　111　202
　　u

参考 きちんと暗号解読をした場合の解読表は、以下の通り

暗号	001	002	010	011	012	020	021	022	100	101	102	110	111	112
元の文字	a	b	c	d	e	f	g	h	i	j	k	l	m	n
暗号	120	121	122	200	201	202	210	211	212	220	221	222		
元の文字	o	p	q	r	s	t	u	v	w	x	y	z		

※解読のヒント
・暗号に登場する数字が「0」「1」「2」だけなので、三進数(2の次が10に繰り上がる)だと予想できる。
・三進数を小さい順に書き出した上で、「dog」「sound」と対応する数字に、アルファベットを書き込んでいくと、数が1つ増えるごとにアルファベットが1つ進むことに気づく。

正解　❶ 5　　❷ 1

14 論理・命題

● 「AならばB」が成り立つかどうかや、確実にいえるものは何かを考える
● 命題において成り立つのは「対偶」と「三段論法」だけ

例題

ア～エの命題により、正しいといえるのはどれか。

　ア　コーヒーが好きな人は、クッキーが好きである

　イ　団子が好きな人は、クッキーが嫌いである

　ウ　日本茶が好きな人は、団子が好きである

　エ　コーヒーが好きな人は、紅茶が嫌いである

1. クッキーが嫌いな人は、日本茶が嫌いである

2. 団子が好きな人は、日本茶が好きである

3. 団子が嫌いな人は、コーヒーが好きである

4. 日本茶が好きな人は、コーヒーが嫌いである

5. 紅茶が好きな人は、クッキーが好きである

「命題」とは、正しいか、正しくないかが判断できる文や式のこと。解くためには、以下の命題の知識が必要だ。

● **命題の知識**(しっかり暗記)：命題において成り立つのは、「対偶」と「三段論法」だけ。「裏」や「逆」は成り立たない。

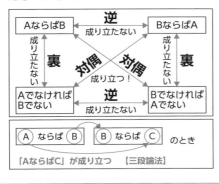

・仮定（～ならば）と結論を、入れ替えたのが「逆」

・（順番は元のまま）仮定と結論を、それぞれ否定したのが「裏」

・仮定と結論を入れ替えた上で、それぞれ否定したのが「対偶」

対偶と三段論法を使えば、鎖のようにつながる限り、仮定をどんどん展開していける。
命題は、略記の仕方を覚えると格段に解く速度が上がるので、覚えてほしい。

●命題の略記の仕方

・「ならば」は「→」で代用。
　「AならばB」は「A→B」と書く。

・否定するときは、文字の上に「￣」と書く。
　「AでなければBでない」は「$\overline{A}$→$\overline{B}$」と書く。

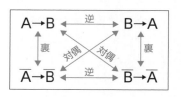

さて、いよいよ問題を解く。最初にア〜エを略記に変え、対偶も書き出す。

	命題	対偶
ア　コーヒーが好きな人は、クッキーが好きである	コ→ク	$\overline{ク}$→$\overline{コ}$
イ　団子が好きな人は、クッキーが嫌いである	団→$\overline{ク}$	ク→$\overline{団}$
ウ　日本茶が好きな人は、団子が好きである	日→団	$\overline{団}$→$\overline{日}$
エ　コーヒーが好きな人は、紅茶が嫌いである	コ→$\overline{紅}$	紅→$\overline{コ}$

あとは選択肢1〜5の仮定と結論がつながるかどうかを検証する。

🗶 クッキーが嫌いな人は、日本茶が嫌いである

　　$\boxed{\overline{ク}→\overline{コ}}$ ➡ コで始まる命題も対偶もなし。**1**は成り立たない。
　　アの対偶

🗶 団子が好きな人は、日本茶が好きである

　　$\boxed{団→\overline{ク}}$ ➡ $\boxed{\overline{ク}→\overline{コ}}$ ➡ コで始まる命題も対偶もなし。**2**は成り立たない。
　　イの命題　　アの対偶

🗶 団子が嫌いな人は、コーヒーが好きである

　　$\boxed{\overline{団}→\overline{日}}$ ➡ 日で始まる命題も対偶もなし。**3**は成り立たない。
　　ウの対偶

④ 日本茶が好きな人は、コーヒーが嫌いである

　　$\boxed{日→団}$ ➡ $\boxed{団→\overline{ク}}$ ➡ $\boxed{\overline{ク}→\overline{コ}}$ ➡ **4**は成り立つ。
　　ウの命題　　イの命題　　アの対偶

🗶 紅茶が好きな人は、クッキーが好きである

　　$\boxed{紅→\overline{コ}}$ ➡ コで始まる命題も対偶もなし。**5**は成り立たない。
　　エの対偶

正解　　4

次の5つの命題から確実にいえるのはどれか。

・「企業が求める人は、誠実で、前向きな人である」

・「誠実か、勤勉な人は、責任感がある人である」

・「前向きで、楽天的な人は、明るい人である」

・「責任感がある人は、自立している人か、計画的な人である」

・「ユーモアのない人は、明るくない人である」

1. 自立している人は、企業が求める人である

2. 明るい人は、企業が求める人ではない

3. 企業が求める人は、責任感のある人である

4. 前向きな人は、ユーモアのある人である

5. 勤勉な人は、自立している人である

例題で説明した命題の知識(対偶、三段論法、命題の略記の方法など)に加えて、「かつ」「または」の言い換えの知識が必要となる。

●「かつ」「または」の言い換え

「AならばBかつC」 ➡ 「AならばB」と「AならばC」

「AまたはBならば、C」 ➡ 「AならばC」と「BならばC」

まず、命題を略記して、「かつ」「または」を言い換える。

命題	言い換え
企→誠かつ前	企→誠
	企→前
誠または勤→責	誠→責
	勤→責
前かつ楽→明	言い換え
責→自または計	られない
ユ→明	

・企業が求める人は、誠実で、前向きな人である

・誠実か、勤勉な人は、責任感がある人である

・前向きで、楽天的な人は、明るい人である

・責任感がある人は、自立している人か、計画的な人である

・ユーモアのない人は、明るくない人である

次に対偶を作るのだが、実はこの問題では、対偶を作る必要があるのは最後の命題だ

け。なぜなら、これ以外の命題はすべて肯定形で、選択肢もすべて肯定形で始まるため。肯定形の命題だけ作れば、選択肢の仮定が結論につながるかどうかが検証できる。最後の命題の対偶は「明→ユ」。あとは、選択肢1〜5の仮定と結論がつながるかどうかを検証する。

✗ 自立している人は、企業が求める人である

➡ 「自」で始まる命題なし。**1は成り立たない。**

✗ 明るい人は、企業が求める人ではない

$\boxed{明→ユ}$ ➡ 「ユ」で始まる命題なし。**2は成り立たない。**

③ 企業が求める人は、責任感のある人である

$\boxed{企→誠}$ ➡ $\boxed{誠→責}$ ➡ **3は成り立つ。**

✗ 前向きな人は、ユーモアのある人である

➡ 「前」で始まる命題なし。**4は成り立たない。**

※「前かつ楽」なら「明」につながるが、「前」だけからはつながらない。
「前かつ楽」と「前」とは別のものと考えよう。

✗ 勤勉な人は、自立している人である

$\boxed{勤→責}$ ➡ $\boxed{責→自または計}$ ➡ 「自または計」で始まる命題なし。**5は成り立たない。**

※「自または計」につながることから、「勤勉な人は、自立している人か、計画的な人である」となる。しかし、ここから「勤勉な人は、自立している人である」が確実にいえると考えてはならない。勤勉な人は、計画的だが自立していない人の可能性があるからだ。

参考 「かつ」「または」が含まれる命題での対偶の作り方

・「AかつB」の対偶は、「$\overline{A}$または$\overline{B}$」
・「AまたはB」の対偶は、「$\overline{A}$かつ$\overline{B}$」 ※対偶では「かつ」と「または」が変わる

すべての命題を1つにつなぐ

それぞれを否定に変えて、矢印の向きを反対にし、「かつ」と「または」を入れ替える

※変わったのは赤の部分

正解 3

練習問題② 論理・命題

1 W～Zの4種類の菓子について、次の2つのことがわかっている。

- 菓子Wが好きな人のうち、ある人は菓子Xも好きであり、また、ある人は菓子Yも好き
- 菓子Yが好きな人は、菓子Zも好き

このとき、確実にいえるのは次のうちどれか。

1. 菓子Wと菓子Zの両方とも好きな人は、菓子Xも好き
2. 菓子Zを好きな人のうち、ある人は菓子Wも好き
3. 菓子Wと菓子Xの両方とも好きな人は、菓子Yも好き
4. 菓子Wと菓子Xの両方とも好きな人は、菓子Zも好き
5. 菓子Yを好きな人のうち、ある人は菓子Xも好き

2 P～Tの5種類の雑誌を読んだことがあるか調査したところ、次のことがわかった。

- Pを読んだことがある人の中には、Tを読んだことがある人がいる
- Qを読んだことがある人の中には、Rを読んだことがある人がいる
- Pを読んだことがある人は、みな、Sを読んだことがある
- Qを読んだことがある人は、みな、Sを読んだことがない

このとき、ア～エのうち確実にいえるもののみをすべてあげているのは1～5のうちどれか。

ア　Rを読んだことがある人の中には、Tを読んだことのない人がいる
イ　Qを読んだことがある人は、みな、Pを読んだことがない
ウ　Rを読んだことがある人の中には、Sを読んだことのない人がいる
エ　Sを読んだことがある人の中には、Rを読んだことのない人がいる

1. ア、イ　　2. ア、ウ、エ　　3. イ　　4. イ、ウ　　5. イ、ウ、エ

1 「ある人は」と一部の人を指すときには、「AならばB」の命題の略記はできない。こういうときは、ベン図（集合の図）に表す。WとXのように好きなものが重なっている部分のうち、該当者が確実にいるのは赤色の部分。

Wが好きな人のうち、ある人はXも好き
Yが好きな人はZも好き

Wが好きな人のうち、ある人はYも好き

Yが好き
＝Zも好き

※細かい条件が決まっていないので、ベン図は
違う重なり方で描くこともできる。
答えさえ導き出せればよいので、考えやすい
形に描けばよい。

確実にいえる選択肢は**2**。図の「Wが好きな人のうち、ある人はYも好き」が該当する

（Yが好きな人はZも好き。よって、Zを好きな人のうち、ある人はWも好きといえる）。

※選択肢のうち、**1**、**3**、**4**、**5**は確実ではない（違う場合もあり得る）。

2 調査結果をベン図にすると、例えば、以下のように描ける。説明のため①～④の番号
をふった。

①Pを読んだことがある人の中には、Tを読んだことがある人がいる

②Qを読んだことがある人の中には、Rを読んだことがある人がいる

③Pを読んだことがある人は、みな、Sを読んだことがある

④Qを読んだことがある人は、みな、Sを読んだことがない

これをもとに、ア～エが確実にいえるかどうかを1つずつ検討する。

~~ア~~ 上記からは、RとTの関係は不明。Rを読んだことがある人の中にTを読んだこ
とがある人は、いるかもしれないし、いないかもしれない。

㋑ ③④をまとめると、右図になる。Qを読んだ人とPを読ん
だ人は重ならない。イは確実にいえる。

㋒ ②④をまとめると、例えば、右図の3つの囲み
のいずれか。少なくとも赤色の部分の人は、確
実にウに当てはまる（Rを読んでSを読んでいない）。

~~エ~~ ウで考えた図のうち右下は、Sを読んだ人はす
べてRを読んでいる。エは確実にはいえない。

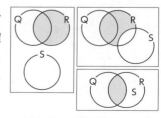

| 正解 | **1** 2 | **2** 4 |

15 人数・組み合わせ

● 人数などの計算や、組み合わせが何通りかを求める
● 人数は線分図やベン図を描くとわかりやすい。組み合わせは具体的に列挙する

例題

1 40代と50代の男女、合わせて60人が、あるイベントに参加した。参加者のうち、男は40人、40代は28人、帽子をかぶっている人は14人だった。また、50代の女は11人、帽子をかぶっている40代は9人だった。このとき、40代の男は何人いるか。

　1. 18人　　2. 19人　　3. 20人　　4. 21人　　5. 22人

2 はしごの登り方が1段ずつと、2段（1段飛ばし）の2種類があるとき、はしごの7段目までの登り方は、全部で何通りか。

　1. 19通り　　2. 20通り　　3. 21通り　　4. 22通り　　5. 23通り

---

1 40代の女の人数がわかれば、40代の28人から引き算して、40代の男の人数が求められる。まず全体の60人から、男40人を引き、女の人数を求める。次に女の人数から、50代の女を引くと、40代の女の人数が求められる。

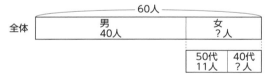

全体	男		女	50代の女	40代の女
60人 −	40人 =	20人 ➡	20人 −	11人 =	9人

40代の女は9人。これを40代の人数から引けば、40代の男の人数がわかる。

40代	40代の女	40代の男
28人 −	9人 =	19人

2 はしごの登り方は、「すべて1段ずつ」「1回だけ2段で、残りは1段ずつ」「2回2段で、残りは1段ずつ」「3回2段で、残り1回は1段」のいずれか。それぞれ、何通りの登り方があるかを列挙する。はしごの段を下から①②③④⑤⑥⑦とする。

●すべて1段ずつ

1通り。

●1回だけ2段で、残りは1段ずつ

はしごのどの段を2段登るのかを考えれば、残りは自動的に1段ずつに決まる。2段になる組み合わせは、「①②」「②③」「③④」「④⑤」「⑤⑥」「⑥⑦」の**6通り**。

●2回2段で、残りは1段ずつ

はしごのどの段を2段登るのか、2回分の組み合わせを考える。

最初が「①②」のとき、2回目は「③④」「④⑤」「⑤⑥」「⑥⑦」の4通り。

最初が「②③」のとき、2回目は「④⑤」「⑤⑥」「⑥⑦」の3通り。

最初が「③④」のとき、2回目は「⑤⑥」「⑥⑦」の2通り。

最初が「④⑤」のとき、2回目は「⑥⑦」の1通り。

足し算すると「4通り＋3通り＋2通り＋1通り＝**10通り**」。

●3回2段で、残り1回は1段

はしごのどの段を2段登るのか、3回分の組み合わせを考える。

最初が「①②」で2回目が「③④」のとき、3回目は「⑤⑥」「⑥⑦」の2通り。

最初が「①②」で2回目が「④⑤」のとき、3回目は「⑥⑦」の1通り。

最初が「②③」で2回目が「④⑤」のとき、3回目は「⑥⑦」の1通り。

足し算すると「2通り＋1通り＋1通り＝**4通り**」。

> **速解** 「3回2段」は、1段登るのがどの段かを考える
> 1段登る段としてあり得るのは「①」「③」「⑤」「⑦」の奇数の段(2段登りの前か後に1回だけ入るので)。あり得るのは4通り。

以上で、列挙した組み合わせを足し算する。

1通り＋6通り＋10通り＋4通り＝**21通り**

正解	**1** 2	**2** 3

1 あるクラスで、国語、数学、英語の3科目についてテストを行った。3科目のうち、少なくとも1科目が70点以上の人は26人おり、これらの人について、次のことがわかった。

・国語が70点以上の人は14人だった
・数学が70点以上の人は19人だった
・英語が70点以上の人は18人だった
・国語と数学が70点以上の人は10人だった
・国語と英語が70点以上の人は11人だった
・数学と英語が70点以上の人は12人だった

3科目すべてが70点以上の人は何人いるか。

1. 5人　　2. 6人　　3. 7人　　4. 8人　　5. 9人

2 ある仕事を仕上げるのにPが1人で行うと30日、Qが1人で行うと40日かかる。P、Qの2人で8日間仕事をし、残りをPが1人で仕上げたとき、Pが1人で仕事をしたのは何日か。

1. 12日間　　2. 13日間　　3. 14日間　　4. 15日間　　5. 16日間

1 各科目が70点以上の人数を足すと、70点以上の延べ人数(実際の人数ではなく、70点以上の科目があるたびに数えられる人数。例えば、国語と数学の両方が70点以上の人は2人と数えられる)が求められる。以下の図のうち、2科目が70点以上の人は、a、b、c。3科目が70点以上の人はd。延べ人数から、a、b、cの人数を1回、dの人数を2回引くと、「少なくとも1科目が70点以上の人」の26人となる。

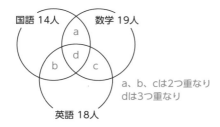

「国語と数学が70点以上」の10人はa＋d。

「国語と英語が70点以上」の11人はb＋d。

「数学と英語が70点以上」の12人はc＋d。

> この3つを足すと、a、b、cが1回ずつ、dが3回（dは2回分を引きたいので1回分多い）

国語　　　数学　　　英語　　　70点以上の延べ人数

14人　＋　19人　＋　18人　＝　51人

延べ人数　国数　　国英　　数英　　少なくとも1科目が70点以上の人数からdを1回多く引いた人数

51人　－　10人　－　11人　－　12人　＝　18人

少なくとも1科目が　　少なくとも1科目が70点以上の
70点以上の人数　　　人数からdを1回多く引いた人数　　dの人数

26人　　　－　　　　　　18人　　　　　　　＝　8人

---

2 仕事全体を1として、各自が1日で全体のどれだけの仕事ができるかを考える。

P ➡ 1人で仕上げると30日。1日にできる仕事は、全体の $\dfrac{1}{30}$

Q ➡ 1人で仕上げると40日。1日にできる仕事は、全体の $\dfrac{1}{40}$

2人が8日間にする仕事を求め、全体から引くと、残りの仕事がわかる。残りの仕事を、Pが1日にできる仕事量で割れば、Pが1人で仕事をした日数が求められる。

$$\underset{\text{Pの1日分　Qの1日分}}{\left(\frac{1}{30}+\frac{1}{40}\right)}\times 8\text{日間}=\left(\frac{4}{120}+\frac{3}{120}\right)\times 8=\frac{7\times \overset{1}{8}}{\underset{15}{120}}=\underset{\text{PとQの8日間}}{\frac{7}{15}}$$

$$\underset{\text{全体}}{1}-\underset{\text{PとQの8日間}}{\frac{7}{15}}=\underset{\text{残り}}{\frac{8}{15}}$$

$$\underset{\text{残り}}{\frac{8}{15}}\div \underset{\text{Pの1日分}}{\frac{1}{30}}=\frac{8\times \overset{2}{30}}{\underset{1}{15}\times 1}=\underset{\text{Pが1人で仕事をした日数}}{16\text{日間}}$$

正解	**1** 4	**2** 5

16 数列

- ●隣り合った数字を比べて規則を見つける
- ●基本的な規則性は、同じ数ずつ増える（等差）、同じ数をかける（等比）

例題

1 次の数字は、ある規則にしたがって並んでいる。□の中に入る数の和はいくつか。

$$-3, -2, 0, 4, □, 28, 60, □$$

1. 132　　2. 134　　3. 136　　4. 138　　5. 140

2 次の◎と◇は、ある規則にしたがって並んでいる。

◎◇◎◎◎◇◎◇◇◇◎◎◇◎◎◎◇◇◇◎◇◎◎◇…

左から数えて86個目の◎は全体では何番目か。

1. 168番目　　2. 169番目　　3. 170番目　　4. 171番目　　5. 172番目

---

1 数列の解き方は、以下の通り。

　①隣り合った数字の差を書き出す

　②規則性を見つける

隣り合った数字の差は、−3と−2は「＋1」、−2と0は「＋2」、0と4は「＋4」で、いずれも足す数が2倍になっている。数列は「＋1、＋2、＋4、＋8…と、足す数が2倍になっていく」という規則で並んでいると予想が立つ。

以降も同じ規則で、「＋8」「＋16」「＋32」「＋64」を当てはめると、以下の通り。

よって、□に入る数の和は

　12＋124＝136

数列の基本となる規則性は、同じ数ずつ増える、同じ数をかける

数列の基本となる規則性は2つ。
- ●等差数列…同じ数ずつ増える　例：3,5,7,9,11…(2ずつ足し算)
- ●等比数列…同じ数をかける　　例：3,6,12,24,48…(2ずつかけ算)

これの応用として、足し算とかけ算が交互に登場する、足す数が1つずつ増えるなど、さまざまな数列がある。

2 ◎と◇は、「◎◇」と「◎◎◎◇◇◇」が交互に並んでいる。

◎◇｜◎◎◎◇◇◇｜◎◇｜◎◎◎◇◇◇｜◎◇｜◎…

「◎◇◎◎◎◇◇◇」までを1セットと考えると、8個のうち◎は4個。86個目の◎が何セット目にあるのかを計算する。

　86個　　　1セットの◎個数　　86個目の◎が何セット目にあるのか
86個　÷　　　4個　　＝　21セット余り2個　➡　22セット目(の2番目の◎)

21セットまでに、全体が何個あったのかを計算。

　1セットの個数　　　セット数　　21セットの個数
　　8個　　×　21セット　＝　168個

22セット目の2番目の◎は、以下のように22セット目の中では3番目。

　22セット目　1　2　3　番目
　　　　　　　◎　◇　◎

21セットの個数と、22セット目の3個を足し算すると、86個目の◎が全体で何番目かわかる。

　21セットの個数　　22セット目の個数　　86個目の◎が全体の何番目か
　　168個　　＋　　　3個　　＝　171番目

| 正解 | **1** 3 | **2** 4 |

1 図のように、長さ4aの線分の先に、半径がaの半円がついた図形がある。この図形が直線の上を滑らないよう回転したとき、半円の中心Qの軌跡として正しいものはどれか。

1.

2.

3.

4.

5.

2 A〜Dの4人が待ち合わせをした。4人はそれぞれ異なる色の服を着ており、その内訳は茶、白、黒、緑だった。4人の到着時間は異なり、同時に着いた人はいなかった。4人が着ていた服と到着順について、次のことがわかっている。

ア　Dの次に黒の服の人が着いた　　　イ　Cは緑の服の人より先に着いた

ウ　茶の服の人はBより先に着いた　　エ　緑の服の人の次にAが着いた

オ　Bの服の色は黒ではなかった

このとき、確実にいえるのは次のうちどれか。

1. AはDの次に着いた　　　　　2. Bは最後に着いた

3. Cは2番目に着いた　　　　　4. 黒の服の人は3番目に着いた

5. 茶の服の人が最初に着いた

3 図のように、小立方体を64個積み重ねて、大きな立方体を作る。図の黒い点から、その面に垂直に穴を突き通すとき、穴のあいていない小立方体は何個あるか。

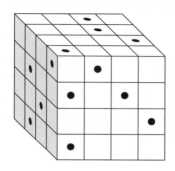

1. 28個　　2. 26個　　3. 24個　　4. 22個　　5. 20個

---

4 A～Eの5つのチームが、勝つと3点、引き分けは1点、負けると0点が与えられるリーグ戦方式でサッカーの試合を行った。その結果について、次の4つの事実がわかっている。

・事実1：BとDはAに負けた

・事実2：Eの最終得点は9点であった

・事実3：Bの最終得点は7点であった

・事実4：Dの最終得点は3点であった

このとき、確実にいえるのは次のうちどれか。

1. AはCに勝った　　2. CはEに勝った　　3. CはBと引き分けた

4. EはAに負けた　　5. DはCに負けた

---

5 A～Fの6人が、丸いテーブルのまわりに等間隔で座っている。AとBが隣り合っており、EとFが隣り合っている。Bの向かいがCで、Aの向かいはEではない。このとき、確実にいえるのは次のうちどれか。

1. BとDは隣り合っている　　2. BとFは隣り合っている

3. Aの右隣はDである　　4. EはFの右隣である

5. DとEは向かい合っている

6 次の図のように、正方形の大きなタイルを縦横8枚ずつ敷き詰めた床がある。A〜Eの5人が、それぞれ図の位置のタイルの上に立っている。A〜Eの5人は、4秒ごとに同時に上下左右の隣り合ったタイルへの移動をくり返す。2人同時に同じタイルの上に立つ可能性のない者の組み合わせとして正しいものはどれか。ただし、1つのタイルは2人以上が同時に立つことができる充分な大きさのものとする。また、斜めおよびタイルの外へは移動できない。

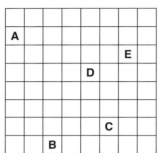

1. AとB　　　2. AとC　　　3. AとD　　　4. BとD　　　5. BとE

---

7 見た目がまったく同じコインが9枚ある。このうち1枚は偽物である。偽物は、本物とは重さが異なるが、本物より重いのか軽いのかはわからない。天秤ばかりを使って、偽物を見つけ出したい。確実に見つけ出すためには、最低何回、天秤ばかりを使えばよいか。

1. 2回　　　2. 3回　　　3. 4回　　　4. 5回　　　5. 6回

---

8 次のうち、正八面体の展開図として正しいものはどれか。

1.　　　　　2.　　　　　3.　　　　　4.　　　　　5.

---

9 「この町」を暗号で「それほれやれにれ」と表すとすると、「きれけれられつれ」と表されるのは何か。

1. 信長　　　2. 秀吉　　　3. 家康　　　4. 頼朝　　　5. 清盛

計数　模擬テスト

1 図形が回転したときの半円の中心Qの軌跡は、以下の通り。見やすいよう、回転ごとに図形の色を灰色→赤色→灰色…と交互に変えて表している。選択肢**1**が正しい。

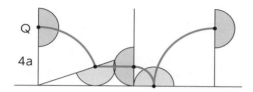

以下に、2図形ごとに、それぞれどのような軌跡なのかを説明する。

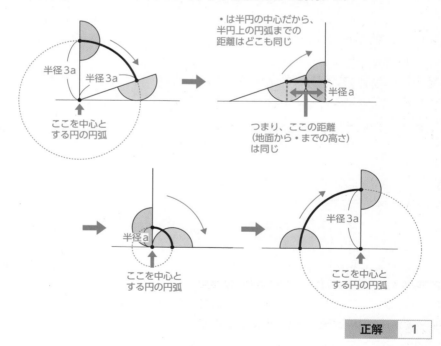

正解 1

2 ア～オからわかる順番は、以下の通り。

ア　Dの次に黒の服の人が着いた

オ　Bの服の色は黒ではなかった

```
先 ◄──► 後
┌───┬───┐
│ D │ 黒 │── B以外（AかC）
└───┴───┘
```

イ　Cは緑の服の人より先に着いた

エ　緑の服の人の次にAが着いた

```
┌───┬───┬───┐      ┌───┬───┬───┬───┐
│ C │ 緑 │ A │ または │ C │   │ 緑 │ A │
└───┴───┴───┘      └───┴───┴───┴───┘
```

ウ　茶の服の人はBより先に着いた

```
┌───┐     ┌───┐
│ 茶 │ … │ B │
└───┘     └───┘
```

まず、イ、エでわかった「C、緑、A」の順番に、ア、オでわかった「D、黒」の順番を組み合わせる。あり得る順番は、以下のいずれか。

```
┌───┬───┬───┬───┐      ┌───┬───┬───┬───┐      ┌───┬───┬───┬───┐
│ D │ C │   │ A │      │ C │ D │ A │      │ C │   │ D │ A │
│   │ 黒 │ 緑 │   │ または │   │ 緑 │ 黒 │ または │   │   │ 緑 │ 黒 │
└───┴───┴───┴───┘      └───┴───┴───┴───┘      └───┴───┴───┴───┘
```

ここに、ウの「茶、B」の順番を加える。服の色が未定の人が1人残るので、残った色の白を入れる。

```
┌───┬───┬───┬───┐      ┌───┬───┬───┬───┐      ┌───┬───┬───┬───┐
│ D │ C │ B │ A │      │ C │ D │ A │ B │      │ C │ B │ D │ A │
│ 茶 │ 黒 │ 緑 │ 白 │ または │ 茶 │ 緑 │ 黒 │ 白 │ または │ 茶 │ 白 │ 緑 │ 黒 │
└───┴───┴───┴───┘      └───┴───┴───┴───┘      └───┴───┴───┴───┘
```

あり得る順番は、上記の3通り。3通りの順番いずれにも当てはまる選択肢は**5**。

※他の選択肢は、順番しだいで正誤どちらもあり得る。

正解　**5**

3 立方体のまま考えるのは難しい。全体を縦に切断して、縦4個×横4個の単純な面を4つ作り、個別に穴の位置を考える。以下のように、A面に対して平行に3回切断する。

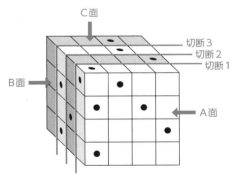

できた4つの面に対して、A面からの穴の位置を黒丸で書き込む。以下のように黒点の位置が同じ面が4つできる。

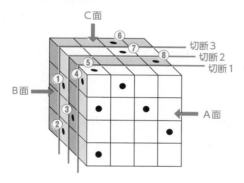

一番手前の面 　　　手前から2番目の面 　　手前から3番目の面 　　　一番奥の面

ここに、それぞれB面とC面から穴があく位置を書き足す。わかりやすいよう、立方体のB面とC面の黒点に番号をつけた。

切断後の4つの面のうち一番手前の面で、B面から穴があくのは④、C面から穴があくのは⑤。これ以外のB・C面の黒点からの穴は、一番手前の面には影響がない。同様に、手前から2番目の場合、穴があく黒点は、③と⑧だけ。

各面に関係する穴の番号を、対応するマスに配置すると以下のようになる。穴は、B面は横向きに、C面は縦向きにあくので、それぞれ横と縦に線を引く。黒点も線もない真っ白なマスが、穴のあかない立方体。

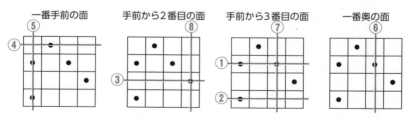

一番手前の面 　　　手前から2番目の面 　　手前から3番目の面 　　　一番奥の面

穴があかないのは7個 　穴があかないのは5個 　穴があかないのは4個 　穴があかないのは8個

穴があかない立方体は、手前から7個、5個、4個、8個。足し算する。

7個＋5個＋4個＋8個＝24個

正解 　3

④ リーグ表を作って、事実1の勝ち負けと、事実2〜4の最終得点を書き込む。

	A	B	C	D	E	最終得点
A		○				
B	×					7点
C						
D	×					3点
E						9点

B、D、Eの最終得点から、残りの試合の勝敗数を導き出す。得点は「勝つと3点、引き分けは1点、負けると0点」。

B　Aには負けて0点。残り3試合で7点なので、「2勝1引き分け」(3点×2試合＋1点＝7点)。

D　Aには負けて0点。残り3試合で3点なので、「1勝2敗」(3点＋0点×2試合＝3点)か「3引き分け」(1点×3試合＝3点)。

E　4試合で9点なので、「3勝1敗」(3点×3試合＋0点＝9点)。

	A	B	C	D	E	最終得点
A		○		○		
B	×					7点→A以外の試合は「2勝1引き分け」
C						
D	×					3点→A以外の試合は「1勝2敗」か「3引き分け」
E						9点→4試合は「3勝1敗」

残り試合の勝敗数から、対戦結果を導き出す。Bは残り試合では負けないので、EはBに負ける。Eは「3勝1敗」なので、B以外との対戦(A、C、D)は勝ち。

	A	B	C	D	E	最終得点
A		○		○	×	
B	×				○	7点→A以外の試合は「2勝1引き分け」
C					×	
D	×				×	3点→A以外の試合は「1勝2敗」か「3引き分け」
E	○	×	○	○		9点→4試合は「3勝1敗」

DはEに負けたので「3引き分け」はあり得ず、「1勝2敗」(A、E以外には「1勝1敗」)。Bは残り試合では負けないので、DはBに負ける。Dの残る1戦は勝ちなので、DはCに勝つ。Bの残る1戦は引き分けなので、B対Cは引き分け。

	A	B	C	D	E	最終得点
A		○		○	×	
B	×		△	○	○	7点→A以外の試合は「2勝1引き分け」
C		△		×	×	
D	×	×	○		×	3点→A以外の試合は「1勝2敗」
E	○	×	○	○		9点→4試合は「3勝1敗」

以上から、確実にいえる選択肢は3。

正解 3

5 丸いテーブルのどこか1ヵ所、解く人にとって都合がいい席を
仮定して、そこから他の席を特定していく。仮に一番上がAと
すると、Bは右図のいずれか。それぞれ検討する。

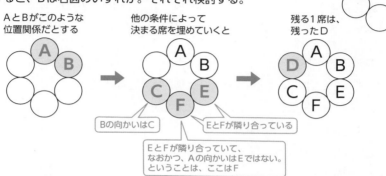

もう1つの場合は、以下のようになる。

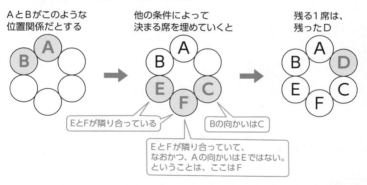

2通りの並び順があり得る。確実にいえる選択肢は、どちらの並び順でも正しい**5**。

※選択肢のうち、**1**、**2**は確実に誤り。**3**、**4**は正誤どちらもあり得る。

正解 5

6 5人が同時に移動を繰り返したときに、同じタイルに立つ可能性がない者の組み合わせを考える。まず、同じタイルに立つ可能性の有無が、どのように決まるのか、実例で考えてみよう。AとDは同じタイルに立てる。AとEは同じタイルには立てない。間にあるタイルの数の違いに注目してほしい。

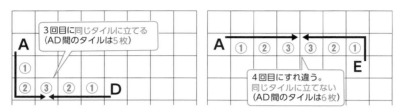

ここから、2人が同じタイルに立つためには、「2人とも同じ数のタイル（2人分を足すと偶数枚）」＋「一緒に立つタイル（1枚）」＝「奇数枚」のタイルが必要だとわかる。これは、タイル間の距離にかかわらず同じ。反対に、**間にあるタイルが偶数枚のときには、2人は同じタイルの上には立てない。**

つまり、間のタイルが偶数枚のものが正解。選択肢1～5について、間のタイルを数えると、5の「BとE」のみが偶数（8枚）。

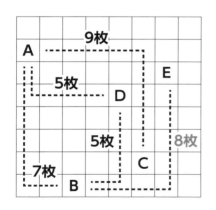

正解	5

7 選んだコインの内訳にかかわらず偽物を見つけ出せる回数を答える。**9枚を3枚ずつ3組に分けると、どんな場合でも天秤ばかりを使う回数は3回以内**ですむ。天秤ばかりの使い方は、以下の通り。

※説明しやすいようにコインに①～⑨の番号をつける。

●1回目

①②③と④⑤⑥をそれぞれ1つ のグループとして、3枚ずつ、6 枚の重さを比べる。 つり合ったら、偽物は⑦⑧⑨のいずれか。

2回目として⑦⑧を比べる。

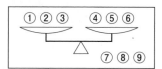

- つり合えば⑨が偽物（3回目は不要）。
- つり合わないときは、⑦か⑧が偽物。

つり合わないときは、偽物 は①②③か④⑤⑥の中に ある。

つり合わないときは、3回目として⑦⑨を 比べる。

※⑦は偽物の候補。⑨は本物と判定済み。

- つり合えば⑧が偽物。
- つり合わなければ⑦が偽物。

●2回目

片方は1回目のまま（①②③）、もう片方は先ほど比べなかった3枚に交換（⑦⑧⑨）して、 重さを比べる。

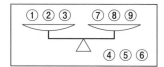

- つり合えば、偽物は④⑤⑥のいずれか。

  1回目に④⑤⑥が重ければ偽物は重く、④⑤⑥が軽ければ偽物は軽い。

- つり合わなければ、偽物は①②③のいずれか。

  2回とも①②③が重ければ偽物は重く、①②③が軽ければ偽物は軽い。

●3回目

偽物の候補として絞られた3枚のうち、2枚を天秤ばかりにのせる。

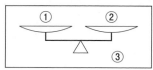

- つり合えば、残る1枚（上の図では③）が偽物。
- つり合わなければ、2回目でわかった偽物の重さ（本物より重いのか軽いのか）にもと づいて、重いほうまたは軽いほうが偽物。

正解　　2

8 説明のため、正八面体のそれぞれの頂点をA〜Fとする。

頂点Aと頂点Fは、辺BC、辺CD、辺DE、辺EBをはさんで対角の位置にある。これを使って、展開図で「A→F→A→F…」とたどっていく。すべてたどれるものが正八面体の展開図として正しい。うまくたどれるのは、選択肢**5**。他は、途中でたどれなくなる。

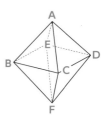

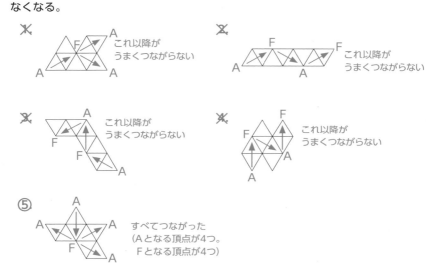

⑤ すべてつながった
（Aとなる頂点が4つ。
Fとなる頂点が4つ）

正解	5

9 暗号には、1文字ごとに「れ」が繰り返し登場する。「れ」を除くと、「そ**れ**ほ**れ**や**れ**に**れ**」は「そほやに」となり、「この町」をひらがなにした「このまち」と同じ文字数になる。同様に「き**れ**け**れ**ら**れ**つ**れ**」は「きけらつ」となり、選択肢をひらがなにした文字数と同じになる。

「このまち（KoNoMaTi）」と、「そほやに（SoHoYaNi）」は母音がすべて同じ。このことから、この設問は、母音だけで解読できることが推測できる。

選択肢	信長	秀吉	家康	頼朝	清盛
よみ	のぶなが	ひでよし	いえやす	よりとも	きよもり
ローマ字	NoBuNaGa	HiDeYoSi	ieYaSu	YoRiToMo	KiYoMoRi

「きけらつ(KiKeRaTu)」と同じ母音になるのは、「いえやす(ieYaSu)」。

正解　3

> **参考** きちんと暗号解読をした場合の解読表は、以下の通り

暗号	か行　さ行　た行　な行　は行　ま行　や行　ら行
元の文字	あ行　か行　さ行　た行　な行　は行　ま行　や行

元の文字が「あ」なら暗号は「か」、元の文字が「い」なら暗号は「き」というように、暗号は1つ後ろの行にずれて同じ母音となる。そのうえで、1文字ごとに「れ」が入る。

■● 「空欄補充」「並べ換え」「長文読解」が出題される

　標準型の言語では、「空欄補充」「並べ換え」「長文読解」が出題されます。12問の内訳は、企業によって異なりますが、多くの企業では「空欄補充」「並べ換え」が各3問、「長文読解」が6問程度出題されます。

■● 問題の特徴と攻略ポイント

① 「空欄補充」は、長文の空欄に入る単語や文節、文を選択する問題です。

　選択肢や、空欄の前後の文章を参考にして、適切な内容を見つけます。

　多く出題されるのは、空欄が1つの問題です。企業によっては、空欄が複数の問題も出題されます。空欄が複数あるときは、どれか1つの空欄で適切な内容を見つけ、その答えを含む選択肢から、他の空欄を検証する方法で解くとよいでしょう。

② 「並べ換え」は文章を並べ換えて意味の通るものにする問題です。

　選択肢にある並び順から妥当なものを選択します。文章を並べ換えて、長文内の空欄に補充する問題が出ることもあります。どちらも、先頭から全部を並べ換えるよりも、選択肢を見ながら部分的に並び順を決めるほうが早く解けます。

③ 「長文読解」は、「主張合致」「要旨」「解釈」が出題されます。

　・「主張合致」

　　筆者の主張と合致するものを選択します。選択肢を本文と照らし合わせ、合致しているかどうかを見ます。本文と合致する選択肢は通常1つだけです。合致するものが見つかったら、以降の照らし合わせは省略してもかまいません。

　　なお、1つの選択肢に、2つ以上の内容が書かれていることがあります。1つでも合致しないものがあれば、その選択肢は不正解です。

- **「要旨」**

  本文の要旨（主要な点）を選択します。選択肢を本文と照らし合わせ、合致しているかどうかを見ます。標準型では、本文と合致する選択肢は通常1つだけです。時短型の「要旨」では、本文と合致する選択肢が複数の問題が出題されることがあります。**標準型でもこのタイプが出る可能性を考慮して、全選択肢を照らし合わせましょう。**

  ※本文と合致する選択肢が複数のときは、要旨として妥当なものを1つ決めます。

- **「解釈」**

  本文の内容をもとにした設問の答えを選択します。設問は長文ごとに違います。本書ではこのタイプの問題を「解釈」と呼びます。選択肢を本文と照らし合わせ、合致しているかどうかを見ます。**問題によっては、本文と合致する選択肢が複数のことがあります。全選択肢を照らし合わせましょう。本文と合致する選択肢が複数のときは、合致するものの中から最適なものを1つ決めます。**

● 昔に書かれたものや、難解な文章が出題される

　出題される文章は、エッセイや評論文などさまざまです。特に長文読解では、何十年も前の古い文章や、科学や法律の話題を扱っていて難解に見える文章が出題されることがあります。しかし、問題を解くのに専門用語の知識は必要ありません。さらに、本文の内容をすべて読み込まなくても解ける問題が多いのです。**限られた時間で全問を解くために、問題の種類と効率の良い解き方をあらかじめ知っておきましょう。**

● 「長文読解」では言い換えなども含めて臨機応変に解こう

　標準型の「長文読解」では、以前は、本文とほぼ同じ表現、文章を使った選択肢の問題がほとんどでした。**現在では、本文の内容を別の表現で言い換えた選択肢の問題が増えています。**臨機応変に解きましょう。

● 「引っ掛け」ともとれる問題に注意しよう

　「主張合致」では「主張と合致して・い・な・い・もの」、「要旨」では「要旨として適切で・な・いもの」を選択させる問題が出ることがあります。間違わないように注意しましょう。「主張合致」「要旨」では、最初に必ず問題文に目を通すようにしましょう。

1 空欄補充

●長文の空欄に入る単語や文節、文を選択する問題
●選択肢や、空欄の前後の文章を参考にして、適切な内容を見つける

例題

1 次の文章で、空欄に入る言葉として適切なものはどれか。

自分ひとりで他人とは違う考えを編み出せたと思ったとき、それがほんとうに独創的であるケースはめったにない。他人の真似をするつもりはなくても、他人がすでに考えてきたのと同じ考えにたどりついただけになるのが通常であり、この場合は独創的だとはいえない。無知だっただけだ。これまでだれも考えていなかったことだとしても、あまりに幼稚な考えだからかもしれないし、あまりに突拍子もない誤りだからかもしれないし、あまりに現実を無視しているからかもしれない。他人とは違う考えだとしても、それがほんとうの意味で独創的である場合はきわめて少ないはずだ。では、どういう条件があれば独創性があるといえるのだろうか。おそらくは、人類が蓄積してきたものを　　　　うえで、新しい考え方を生み出すことが、ひとつの条件だろう。つまり、独創性とは学習と継承を前提としたものであり、学習と継承がなければ独創性はないといえるのではないだろうか。

（『翻訳とは何か』山岡洋一、日外アソシエーツ）

1. 勇気を出して否定した　　　**2.** 無意味だと無視した　　　**3.** 存在しないと仮定した

4. 十分に吸収した　　　　　**5.** いちど棚に上げた

2 次の文章で、空欄に入る言葉として適切なものはどれか。

本というのは最も古い情報伝達システムではあるけれども、それだけに限界もある。読み手が、印刷された黒点を活字化された言葉として受けとる、言いかえるとその内包するものを頭の中に生きた記号、あるいは映像として再生させる能力がなければ、それは何1つ訴える力がないということである。映画やテレビならば、こちらが何をしないでも映像を与えてくれるし、音楽は音を聞かせてくれる。つまり人が完全な受動的状態にいても働きかけてくるが、書物だけはそうはいかない。こちらが能動的状態になって能力を働かせないと、向うからは何も訴えてこない。そこが映画やテレビや音楽と違うところで、読書という行為は人間の　　　　を要求する、つまり高等な

メディアなのだ。

（『生きることと読むことと』中野孝次、講談社現代新書）

1. 能動的能力　　**2.** 暗記能力　　**3.** 情報伝達能力　　**4.** 受動的能力
5. 筆記能力

---

1 空欄を含む文の前に「どういう条件があれば独創性があるといえるのだろうか」とある。
空欄は、それを受けて独創性の条件を述べている箇所の一部。

空欄を含む文の次を見ると、「つまり」で始まり、独創性について端的に説明している。
このことから、この文が、空欄を含む文の「人類が蓄積してきたものを[　　　]うえ
で、新しい考え方を生み出す」の言い換えと推測できる。

独創性があるといえる条件
① 人類が蓄積してきたものを ［　　　］　──→　学習と継承
② ①をしたうえで、新しい考え方を生み出す　──→　学習と継承を前提とした独創性

空欄には、選択肢のうち「学習と継承」に最も近いものが入る。適切なのは、**4**の「十分
に吸収した」。

2 本文では、本を読む行為（読書）と、映画やテレビを見たり、音楽を聞く行為を対比し
ている。空欄に入るのは、読書についての能力。

映画・テレビ・音楽
・こちらが何をしないでも映像を与えてくれたり、音を聞かせてくれる

> 人が完全な受動的状態にいても働きかけてくる

書物（本）
・読み手が、印刷された黒点を活字化された言葉として受けとる、言いかえるとその内包するもの
を頭の中に生きた記号、あるいは映像として再生させる能力がなければ、何1つ訴える力がない

> こちらが能動的状態になって能力を働かせない
> と、向うからは何も訴えてこない

映画やテレビ、音楽は、受け取る側にとって受動的なメディアだが、本は、読む側が
能動的状態になって能力を働かせる必要がある。これを言い換えたものとして当ては
まるのは、**1**の「能動的能力」。

正解　　**1** 4　　**2** 1

練習問題① 空欄補充

1 次の文章で、空欄に入る言葉として適切なものはどれか。

人類の知的活動に、コンピュータは非常に大きな影響を与え、それが新しいネットワークを産み出したのです。コンピュータサイエンティストという名前に聞き覚えのない方もいらっしゃるかもしれませんが、プログラムを研究する人ととらえていただいて結構です。また、プログラムとは何かというと、ソフトウェアです。この段階で、□□□□□□がソフトウェアの作業をし、かつ、コンピュータの中にそのソフトウェアが蓄積されていく図式が明確になってきました。特にコンピュータにおけるソフトウェアは、一度作り出して終わりではなく、別の人が改良を加える、あるいは新しい価値の創造に利用する、そのようなあり方が理想的です。それが簡単に実現できる環境、つまりソフトウェアをみなで共有できる環境を求める声が、新しいネットワークの誕生の源にあったのです。

1. ネットワーク　　2. コンピュータ　　3. ソフトウェア　　4. プログラム
5. コンピュータサイエンティスト

2 次の文章で、空欄A、Bに入る言葉として適切なものはどれか。

古い歴史を持つ法隆寺がほとんどが木造であることは　A　。再建前の法隆寺がそうであったように、思わぬ火災にあえばあっという間に烏有に帰してしまう。その昔、再建の大事業をなしとげた人々は、その事実を痛いほど分かっていたに相違ない。完成したとしても、すぐまた雷火、戦火にあうかもしれない。　B　人々は法隆寺をみごとに再建した。どれほどの費用とエネルギーを傾けたことだろう。

1. A＝数年前に否定された　B＝ふりかえると、
2. A＝遠い昔だけの話である　B＝話は変わって、
3. A＝云うまでもない　B＝にもかかわらず、
4. A＝誰もが想像しなかった　B＝かと思えば、
5. A＝驚きを禁じ得ない　B＝云うまでもなく、

1 空欄の前までの文章では、コンピュータサイエンティスト、プログラム、ソフトウェアの関係性を、何度か言い換えて説明している。言い換えを順にたどっていくと、「ソフトウェア」の作業をするのは「コンピュータサイエンティスト」とわかる。

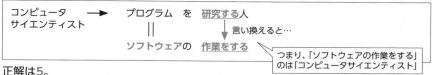

コンピュータ → プログラム を 研究する人
サイエンティスト
‖ 言い換えると…
ソフトウェアの 作業をする

つまり、「ソフトウェアの作業をする」
のは「コンピュータサイエンティスト」

正解は**5**。

補足 残りの選択肢はいずれも不適切

1. ネットワークが「ソフトウェアの作業をする」ことに結びつく具体的な説明はない。

2. コンピュータは、コンピュータサイエンティストが作業したソフトウェアが蓄積される対象。

3. 空欄に入れると意味が通らない。

4. プログラム＝ソフトウェア。空欄に入れると意味が通らない。

2 空欄が2つあるタイプ。まずはどちらか一方で適切な言葉を見つけ、その選択肢のもう一方の言葉を検証する方法が効率的。

※「烏有に帰す」は「何もなくなってしまう。特に、火災などですべてなくなる」という意味。

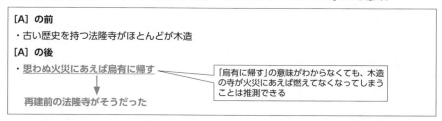

[A] の前
・古い歴史を持つ法隆寺がほとんどが木造

[A] の後
・思わぬ火災にあえば烏有に帰す

再建前の法隆寺がそうだった

「烏有に帰す」の意味がわからなくても、木造
の寺が火災にあえば燃えてなくなってしまう
ことは推測できる

「A」の後ろの文は、「法隆寺が木造」であることが前提なので、空欄を含む文が「（当然）法隆寺は木造（である）」という内容になる語句が適切。当てはまるのは**3**の「A＝云うまでもない」。次に、**3**の「B＝にもかかわらず、」が「B」に当てはまるか見る。「B」に入れると、前後で対立する内容を結ぶ言葉として適切。

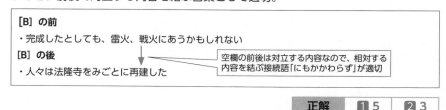

[B] の前
・完成したとしても、雷火、戦火にあうかもしれない

[B] の後
・人々は法隆寺をみごとに再建した

空欄の前後は対立する内容なので、相対する
内容を結ぶ接続語「にもかかわらず」が適切

| 正解 | **1** 5 | **2** 3 |

※言葉の定義は『大辞林第四版』（三省堂）から引用しました。

1 次の文章で、空欄に入る言葉として適切なものはどれか。

　収 穫 逓減の法則、というのがある。一定の土地で農作物を作るとき、それに投じられる資本と労力の増加につれて生産高は上がって行くが、ある限界に達すると、こんどは生産が伸びなくなって行く現象を支配する法則のことである。似たことが知識の習得についても見られるように思われる。はじめは勉強すればするほど　　　　が、かなり精通してくると、壁につき当る。もう新しく学ぶべきことがそれほどなくなってくる。なによりもはじめのころのような新鮮な好奇心が失われる。初心忘るべからず、などと言うのは無理である。

（『思考の整理学』外山滋比古、ちくま文庫）

1. 新鮮な好奇心が失われて能率がさがる
2. 初心を思い出して能率があがる
3. 精通しなければならないことが増えて能率がさがる
4. 知識の量も増大して能率があがる
5. 知識の量が減って能率がさがる

2 次の文章で、空欄に入る文として適切なものはどれか。

　高齢化社会に対応すべき社会保障が、極めて重要な課題となっている。端的に言って、「大きな選択」の問題である。給付と負担について「高福祉（給付）・高負担」「低福祉（給付）・低負担」のどちらを選ぶのか。また、「共助」を軸にした社会、「自立自助」を尊ぶ社会のどちらを選ぶのか、社会の在り方を選択することでもある。現在、こうした「大きな選択」が問われることなく、制度改革は行われている。日本は、どのような社会を志向するのか、政策を提案すべき政党の責任は大きい。目指す社会の選択の延長線上に、年金、医療、介護などの社会保障制度を位置づけていかないと、大がかりな改革も早晩にして行き詰ってしまう可能性がある。　　　　

1. 社会保障の給付と負担のバランスが大切だ。
2. 制度改革の実施に至るまでの情報公開が大切だ。
3. 将来の姿を具体的な選択肢で検討することが必要だ。
4. 制度改革のさらなるスピードアップが課題といえる。
5. 政策の内容によって政党を選択すべき時期にきている。

1 空欄は、「収穫逓減の法則」と「知識の習得」が似ていることを具体的に説明した箇所の一部。

> **収穫逓減の法則**
> 一定の土地で農作物を作るとき、それに<u>投じられる資本と労力の増加</u>につれて<u>生産高は上がって行く</u>が、ある<u>限界に達する</u>と、<u>こんどは生産が伸びなくなって行く</u>現象を支配する法則
> **知識の習得**
> <u>はじめは勉強すればするほど</u> [　　　] が、<u>かなり精通してくると、壁につき当る</u>。<u>もう新しく学ぶべきことがそれほどなくなってくる</u>。なによりもはじめのころのような新鮮な好奇心が失われる。

空欄を含む「はじめは勉強すればするほど [　　　]」は、収穫逓減の法則の説明のうち、「投じられる資本と労力の増加につれて生産高は上がって行く」に当たる。資本と労力が増えると、生産高も比例して向上している。選択肢のうち、何かが増えると別の何かも増えているのは**4**の「知識の量も増大して能率があがる」。

※ **3**の「精通しなければならないことが増えて能率がさがる」は、何かが増えたことによって、別の何かが下がるので、収穫逓減の法則の説明と同じにはならない。

2 空欄が末尾にあることと、選択肢から、空欄には本文で述べたことの結論(提案)が入ることが推測できる。本文の「社会保障」「制度改革」などの要素を、すべて「選択」という視点から見ていることが読み取れれば正解がわかる。

> **前半**
> ・端的に言って「大きな選択」
> ・社会の在り方を選択することでもある
> **後半**
> ・「大きな選択」が問われずに制度改革が行われている
> ・目指す社会の選択の延長線上に社会保障制度を位置づけないとだめ

選択肢で「選択」があるのは**3**と**5**。このうち**5**の「政党を選択」について、本文は社会のあり方の選択について述べたものであり、政党を選ぶ話はしていないので不適切。**3**は「選択」の視点によるもので、さらに「将来の姿」が「目指す社会」と同じ意味。これが正解。

正解	1	4	2	3

2 並べ換え

- ●文章を並べ換えて意味の通るものにする問題
- ●全部を並べ換えるよりも、選択肢を見ながら部分的に並び順を決めるほうが早い

例題

1 A～Eの各文を、意味が通る文章に並べ換えた場合、妥当なものはどれか。

A. もっと正確にいえば、人間の脳は記憶したことをほんのわずかしか取り出せないようにできているのだ。

B. 学ぶという中には知恵という、目に見えないが生きていく上に非常に大切なものがつくられていくと思うのである。この知恵がつくられる限り、学んだことを忘れることは人間の非とならないのである。

C. 私は、それに対して、「知恵」を身につけるためだ、と答えることにしている。

D. それなのに、なぜ人は苦労して学び、知識を得ようとするのか。

E. 人間の脳は、過去の出来事や過去に得た知識を、きれいさっぱり忘れてしまうようにできている。

(『生きること学ぶこと』広中平祐、集英社文庫)

1. E→B→A→D→C 2. E→C→B→A→D 3. E→C→D→B→A
4. E→A→D→C→B 5. E→A→C→B→D

2 A～Eの各文を、意味が通る文章に並べ換えた場合、妥当なものはどれか。

A. では、両者はいったい何のために決闘をしたのだろうか。

B. 戦国時代から間もない時代で、今とは命の重さが違うとはいっても、命をかける勝負に踏み切るほどの、いわば切所だったのだろう。

C. もともと2人は面識すらなかった。試合の当日に初めて出会ったのだから、意趣や遺恨があったとはとうてい考えられない。

D. 当時は木刀が使われていて、試合とはいえ真剣勝負と変わりなかった。生か死かで勝敗が決していたのである。

E. 巌流島の決闘は、武蔵と小次郎の間に何か意趣や遺恨となることがあったわけではない。そして、仇討ちでもない。

1. E→C→A→B→D 2. E→C→A→D→B 3. B→A→E→C→D
4. B→E→A→C→D 5. C→A→E→D→B

1 すべての選択肢で、先頭はE。Eの次はA、B、Cのいずれか。Eを受けて文がつなが

るものを探す。以下のように、Eの「人間の脳」で始まる文を受けて、「もっと正確にいえば」と言い換えているAが適切（E→A）。

> E. 人間の脳は、過去の出来事や過去に得た知識を、きれいさっぱり忘れてしまうようにできている。
>
> Ⓐ もっと正確にいえば、人間の脳は記憶したことをほんのわずかしか取り出せないようにできているのだ。

A はEの「人間の脳」で始まる文を受けて言い換えている。適切

> ❌ 学ぶという中には知恵という、目に見えないが生きていく上に非常な大切なものがつくられていく　（略）
> ❌ 私は、それに対して、「知恵」を身につけるためだ、と答えることにしている。

B、Cは「知恵」の話。人間の脳の働きについて述べたEからは、内容が直接つながらない

E→Aを含む選択肢は**4**と**5**。Aの次として、CとDのどちらが適切かを見る。

> ❌ 私は、それに対して、「知恵」を身につけるためだ、と答えることにしている。

Aの次だと文がつながらない

> Ⓓ それなのに、なぜ人は苦労して学び、知識を得ようとするのか。

E→Aの流れに対しての疑問がD。適切

適切なのはD（E→A→D）。正解は**4**。

> **補足** 残りのC→Bも適切につながる
> Dの「なぜ人は苦労して学び、知識を得ようとするのか」への答えがC。また、Cの「知恵」を掘り下げて説明するのがB。E→A→D→C→Bの流れは適切。

2 選択肢から、先頭はB、C、Eのいずれか。「巌流島の決闘は」と、テーマが明記されているEが先頭として適切。Eから始まるのは**1**と**2**で、E→C→Aまで共通。残りのBとDの並び順を見る。

> B. 戦国時代から間もない時代で、今とは命の重さが違うとはいっても、命をかける勝負に踏み切るほどの、いわば切所だったのだろう。

決闘が命がけだったことを前提にした内容。Dより前だと、つながりが悪い

> D. 当時は木刀が使われていて、試合とはいえ真剣勝負と変わりなかった。生か死かで勝敗が決していたのである。

決闘が命がけだったという説明

※Bの「切所」は「峠などの難所」という意味。ここでは「きわめて難しい局面」の意味合いで使われている。

当時の決闘が命がけだったことを説明したDに、そのような命がけの勝負に踏み切るほど難しい局面だったと述べたBが続くのが適切（D→B）。正解は**2**。

正解	**1** 4	**2** 2

※言葉の定義は『大辞林第四版』（三省堂）から引用しました。

1 A〜Eの各文を、意味が通る文章に並べ換えた場合、妥当なものはどれか。

A. その現象には、体のリズムに乱れが生じることが関係している。

B. 体のリズムは「体内時計」によって刻まれるが、ここで問題になるのは人間の1日の体温の動きだ。

C. その秘訣は、朝、昼、夜の過ごし方にある。特に朝が重要だ。起床時間は毎日同じにすること、起きたらカーテンを開けて太陽の光を浴び、栄養バランスの整った朝食をとることを心がけよう。

D. 体温は活動する日中に上昇し、夜に低下し、早朝前後に最も低くなる。体温の変動をスムーズにすることが、睡眠の質の向上につながる。生活の中で、活動時間と休息時間のメリハリをつけることを意識しよう。

E. 人間は、加齢によって睡眠の質が低下することがある。夜中に何度も目が覚めたり、眠りが浅くなるなどだ。

1. E→D→C→B→A　　2. E→A→B→D→C　　3. D→C→B→E→A

4. B→D→A→E→C　　5. D→A→E→C→B

2 A〜Eの各文を、意味が通る文章に並べ換えた場合、妥当なものはどれか。

A. また、「個の確立」は、教育において重要視されている「生きて働く力」を育てるにあたっても、欠かせないものである。

B. 「個の確立」は、人格の形成における1つの目標で、もののとらえ方や考え方、どう行動するかを確立することである。

C. 「個の確立」の実現のためには、知識をつめ込む授業、皆が一斉に同じ事をするという授業から抜け出し、児童が主体的にもののとらえ方や考え方を作り出していかなくてはならない。

D. もののとらえ方や考え方、その基盤となる知識も、他人である教師から拝借しただけというのでは、児童が1人の人間として生きていく力を得たとはいえない。

E. この問題を国際理解を促す教育問題に置き換えると、「個」が確立された個人同士によってのみ、真の国際理解が生まれると考えられる。

1. B→D→E→A→C　　2. B→D→A→C→E　　3. B→C→A→D→E

4. B→A→D→C→E　　5. B→D→C→A→E

1 選択肢から、先頭はB、D、Eのいずれか。どれが先頭になってもよさそうなので、先頭にこだわらず、選択肢どうしのつながりを見る。ここでは、Aの「その現象」が指す

内容を探す。「体のリズムに乱れが生じることが関係」とあることから、Aの「その現象」は、体（健康）にとって良くないことと推測できる。B〜Eで当てはまりそうなのは、「睡眠の質が低下」とあるE。Aにつなげてみると、意味が通る。

> E. 人間は、加齢によって睡眠の質が低下することがある。**夜中に何度も目が覚めたり、眠りが浅くなるなど**だ。
>
> A.**その現象**には、体のリズムに乱れが生じることが関係している。

> Aの「その現象」はEの「夜中に何度も目が覚めたり、眠りが浅くなるなど」を指す。意味が通って適切

E→Aを含む選択肢は**2**と**3**。BがE→Aの前後どちらに入るかで正解が決まる。

> B.**体のリズム**は「体内時計」によって刻まれるが、ここで問題になるのは人間の1日の体温の動きだ。

> Aの「体のリズム」を受けた内容。Aの後が適切

BはAの後が適切（E→A→B）。正解は**2**。

> **補足** 残りのD→Cも適切につながる
> Bの「人間の1日の体温の動き」の具体的な説明がD（B→D）。残りのCは、Dの後半の「活動時間と休息時間のメリハリをつける」を受けた「秘訣」。E→A→B→D→Cの流れは適切。

---

2 すべての選択肢で、先頭はB。Bの次はA、C、Dのいずれかだが、いずれも文はつながる。そこで、A、C、Dの役割を見て、並び順を推測する。

> B.「**個の確立**」は、人格の形成における1つの目標で、もののとらえ方や考え方、どう行動するかを確立すること（略）
>
> Ⓐ また、「**個の確立**」は、**教育**において重要視されている「生きて働く力」を育てるにあたっても、欠かせない（略）
>
> Ⓒ 「個の確立」の実現のためには、知識をつめ込む授業、皆が一斉に同じ事をするという授業から抜け出し、児童が主体的にもののとらえ方や考え方を作り出していかなくてはならない。
>
> Ⓓ もののとらえ方や考え方、その基盤となる知識も、他人である教師から拝借しただけというのでは、児童が1人の人間として生きていく力を得たとはいえない。

> Aは「個の確立」に、「教育」を結び付けている。Bの次として適切

> CはAで述べている、教育における「個の確立」の実現方法。Aの後になるのが適切

> DはCの実現方法と逆のことを述べ、否定している。Cに直接つながる内容なので、DもAの後になるのが適切

C、DはどちらもAの後になるのが適切。ここから、Bの次はA（B→A）。B→Aを含む選択肢は**4**だけ。

> **補足** 残りのD→C→Eも適切につながる
> Dで「借りること」を否定し、Cで主体的な働きかけを肯定するD→Cの流れは適切。残ったEの「この問題」はB→A→D→Cの全体を指す。B→A→D→C→Eの流れは適切。

正解	**1** 2	**2** 4

A～Gの各文を並べ換えて空欄に入れた場合、最も意味の通る文章になるものはどれか。

自分の手許（てもと）にある或るものを離れたところにいる他人の手に渡したいと思う時、いちばん単純なやり方は

情報そのものは、荷物とは違って、影も形もないものであるから、これを例えば手で持ったり、自動車に乗せるというようなやり方で相手まで運んで行くことはできない。（しかし、一方その代わりに、相手に届けたからと言って、荷物のように自分の手許にはもう残らなくなってしまうというようなこともない。）

A. 例えば車を使うとか、郵便を利用するというような場合である。

B. その情報がそっくり相手のところまで届けば、コミュニケーションが成立したことになる。

C. 自分でそれを持って他人のいるところまで行き、そこで直接相手に手渡すということである。

D. われわれが「コミュニケーション」と呼ぶ出来事において起こることも、基本的にはこの図式によって事が運ばれているように思える。

E. つまり、われわれの手許に或る情報があって、それを離れている他人に届けたいと思うわけである。

F. その際、自分で直接相手のところまで行く代わりに、何か他のものに託してあるものを相手に届けるということもよく行なわれる。

G. しかし、このような場合、われわれは荷物を自分で（あるいは何らかの手段を使って）相手のところまで運んで行くというような形で、情報そのものを運んで行くわけにはいかない。

（池上嘉彦「ことばの意味と意味作用」〈『文化記号論』池上嘉彦、山中桂一、唐須教光・講談社学術文庫〉）

1. A→G→C→B→E→D→F   2. A→F→B→E→G→C→D

3. C→F→A→D→E→B→G   4. A→D→E→B→G→C→F

5. C→F→A→E→D→B→G

空欄補充と並べ換えを組み合わせた問題。空欄の前後の内容を参考にして、選択肢を並べ換える。

本文をざっと見ると、並べ換え部分を含む本文全体は、情報を相手に届けること＝コミュニケーションの成立を、物を相手に届けることに例えて説明したものと推測できる。まず、空欄の直前にある文に続くものとして、AとCのどちらが適切かを見る。以下のように、文がつながって意味が通るのはC。

自分の手許にある或るものを離れたところにいる他人の手に渡したいと思う時、いちばん単純なやり方は

A. 例えば車を使うとか、郵便を利用するというような場合である。 ← 空欄の前の文とうまくつながらない

C. 自分でそれを持って他人のいるところまで行き、そこで直接相手に手渡すということである。 ← 空欄の前の文とつながって意味が通る

Cで始まるのは**3**と**5**で、C→F→Aまで共通。どちらも6番目と7番目はB→G。4番目と5番目に当たるDとEの並び順がわかれば、正解が決まる。

D. われわれが「コミュニケーション」と呼ぶ出来事において起こることも、基本的には**この図式**によって事が運ばれているように思える。

E. **つまり**、われわれの手許に或る情報があって、それを離れている他人に届けたいと思うわけである。

「この図式」は、C→F→Aの
・ものを届けたいときは、自分で手渡すのがいちばん単純
・他に託して届けることもある
・他に託すとは、例えば車や郵便など
を指す

「つまり」で始まるEはDの言い換え。情報を相手に届けてコミュニケーションを成立させる流れを、Dの「この図式」（C→F→A）を使って説明している。D→Eが適切

「つまり」で始まるEは、Dの内容を言い換えている。Eの「或る情報」は、Bの「その情報」ともつながるので、EはDの後ろが適切（D→E）。正解は**3**。

補足 全部を並べ換えて、並び順を検証する

人にものを渡すときの「いちばん単純なやり方」として、自分が直接相手に手渡すという方法（C）を受けて、その代わりに、他に託す方法があると述べているのがF（C→F）。その具体例が、Aの「車を使うとか、郵便を利用する」（C→F→A）。

ものを相手に届ける方法を述べたC→F→Aと、情報を相手に届けてコミュニケーションを成立させる流れを述べたE→B→Gをつなぐ役目をしているのがD（C→F→A→D→E→B→G）。

正解	3

3 長文読解（主張合致）

●筆者の主張と合致するものを選択する問題。合致する選択肢は1つ
●筆者の主張と合致しないものを選択する問題も出る

例題

次の文章について、筆者の主張に合致するものとして最も適切なものはどれか。

　紙メディアだけに情報を依存する場合とインターネットを使える場合とでは大きな情報格差が生じる。そこに「デジタル・デバイド」という問題が出てくる。個人レベルでの格差はもちろんだが、国際レベルでもインターネットにアクセスできる先進国とアクセスできない発展途上国の間に格差が生じる。そこで、先進国は発展途上国のインターネットの普及を助けるべきだという意見が出てきた。しかし、先進国で役に立ったからといって、それをそのまま発展途上国に持ち込んでうまくいくとは限らない。場合によっては宝の持ち腐れになることもあり得る。たとえば、電力が安定して供給されない地域は世界中で少なくない。停電が日常茶飯事だとすると、パーソナル・コンピュータを使ってのインターネット利用は不便である。また、公衆衛生の観念がまったく普及していない国や地域があるが、そこで必要な情報は「どこそこで伝染病が発生したから、こういう症状が出た者は隔離しなさい」とか「食中毒を起こしやすい食べ物はこれとこれだ」といったことである。こういった情報を広く流通させる場合、インターネットがなくても可能だ。多額のコストをかけて通信回線を敷設せずとも、ラジオで放送すればいいのだ。インターネットは情報の送り手と受け手が定まらず、多種多様の情報が双方向に流れる場合に適しているが、音声を一方的に流すのならラジオが最適だし、動画と音声を一方的に流すのならテレビが最適である。

（『情報文明の日本モデル』坂村健、PHP新書）

1. 先進国間に「デジタル・デバイド」という問題が出てきている。
2. 電力が安定して供給されない地域では、ラジオが主流になっている。
3. 一方的に情報を流すだけなら、必ずしもインターネットがなくてもよい。
4. 先進国は、発展途上国の紙メディアの普及を助けて格差の解消を図るべきだ。
5. 発展途上国にテレビやラジオを持ち込んでも、場合によっては宝の持ち腐れになることもあり得る。

主張と合致するものを選ぶ問題。選択肢を本文と照らし合わせ、合致しているかどうかを見る。本文と合致する選択肢は1つだけで、それが正解。合致するものが見つかったら、以降の照らし合わせは省略しても構わない。

※本書では、全選択肢について照らし合わせた解説を掲載する。

✗ 本文で述べているのは、先進国と発展途上国間の「デジタル・デバイド」。先進国間
ではない。

2〜4行目

> そこに「デジタル・デバイド」という問題が出てくる。個人レベルでの格差はもちろんだが、
> 国際レベルでもインターネットにアクセスできる先進国とアクセスできない発展途上国の間
> に格差が生じる。

✗ 本文では、電力が安定して供給されない地域で、ラジオが主流とは述べていない。

※「ラジオ」は12行目と13〜14行目に出てくるが、主流がどうかは述べていない。

③ 本文では、伝染病や食中毒の情報を広く流通させる（＝音声を一方的に流す）には、
インターネットよりもラジオが適していると述べている。一方的に情報を流すだけ
なら、必ずしもインターネットがなくてもよいといえる。

11行目〜末尾

> こういった情報を広く流通させる場合、インターネットがなくても可能だ。多額のコストを
> かけて通信回線を敷設せずとも、ラジオで放送すればいいのだ。（略）音声を一方的に流すの
> ならラジオが最適だし、動画と音声を一方的に流すのならテレビが最適である。

✗ 本文では、先進国は、発展途上国のインターネットの普及を助けるべきという意見
が出ていると述べている。紙メディアではない。

4〜5行目

> そこで、先進国は発展途上国のインターネットの普及を助けるべきだという意見が出てきた。

✗ 「宝の持ち腐れ」は、インターネットを持ち込むときのこと。テレビやラジオではな
い。

4〜6行目

> そこで、先進国は発展途上国のインターネットの普及を助けるべきだという意見が出てきた。
> しかし、先進国で役に立ったからといって、それをそのまま発展途上国に持ち込んでうまく
> いくとは限らない。場合によっては宝の持ち腐れになることもあり得る。

| 正解 | 3 |

次の文章について、筆者の主張に合致するものとして最も適切なものはどれか。

> 　新表現主義（neo expressionism）とは、1970年代末に現れ、80年代の欧米を席巻する勢い
> をみせた表現主義的な具象絵画の動向。日本ではニューペインティング、イタリアではトランス・
> アヴァンギャルディア、フランスではヌーベル・フィギュラシオン（新具象）などともよばれる。
> 国ごとに固有の性格をもちながら同時的に発生してきたかの観があるが、総じては巨大な画面、激
> しい筆触と色彩、文学的な主題などを特色としている。ミニマル・アート以来の禁欲的な美術の流
> れに対して、それを一挙に覆す過剰なまでの情念性、歴史や神話の参照、あるいは暴力や死のイメ
> ージなどは、しばしば反動的なポストモダニズムの思潮の反映とみなされもする。ドイツのキーフ
> ァー、バゼリッツ、イタリアのキア、クッキ、クレメンテ、アメリカのシュナーベル、サーレらが
> 主だった画家。日本では表現主義の復活が具象よりもむしろ抽象を中心としていたのも、興味深い。

（『現代用語の基礎知識2000』自由国民社　建畠哲「新表現主義」より一部改変）

1. 1970年代末に現れ、イタリアではトランス・アヴァンギャルディアとよばれる抽
　象絵画の動向を新表現主義という。
2. 新表現主義はフランスではヌーベル・フィギュラシオンとよばれ、この国で主だっ
　た画家はクレメンテである。
3. 新表現主義は国ごとに固有の性格をもちながら同時的に発生し、ミニマル・アート
　以来の禁欲的な美術の流れを継承した。
4. ミニマル・アート以来の禁欲的な美術の流れと新表現主義の違いは、後者が反動的
　なポストモダニズムの思潮の反映とみなされる要素を持っていることだ。
5. 日本ではミニマル・アート以来の禁欲的な美術の流れによって表現主義の復活が阻
　害された。

選択肢を本文と照らし合わせる。

✗ 「新表現主義」は具象絵画の動向のこと。抽象絵画の動向ではない。

1～2行目

> 新表現主義（neo expressionism）とは、1970年代末に現れ、80年代の欧米を席巻する
> 勢いをみせた表現主義的な具象絵画の動向。

✗ クレメンテは、イタリアの画家。フランスではない。

7〜9行目

> ドイツのキーファー、バゼリッツ、イタリアのキア、クッキ、クレメンテ、アメリカのシュ
> ナーベル、サーレらが主だった画家。

✗ 本文では、新表現主義は、ミニマル・アート以来の禁欲的な美術の流れを覆したと
述べている。継承したのではない。

5〜7行目

> ミニマル・アート以来の禁欲的な美術の流れに対して、それを一挙に覆す過剰なまでの情念
> 性、歴史や神話の参照、あるいは暴力や死のイメージなどは、しばしば反動的なポストモダ
> ニズムの思潮の反映とみなされもする。

④ 本文では、新表現主義には反動的なポストモダニズムの思潮の反映とみなされる要
素があり、それはミニマル・アート以来の禁欲的な美術の流れを覆すと述べている。
このことが、両者の違いといえる。

5〜7行目

> ミニマル・アート以来の禁欲的な美術の流れに対して、それを一挙に覆す過剰なまでの情念
> 性、歴史や神話の参照、あるいは暴力や死のイメージなどは、しばしば反動的なポストモダ
> ニズムの思潮の反映とみなされもする。

✗ 本文では、日本で表現主義の復活が阻害されたとは述べていない。

※「表現主義の復活」は9行目に出てくるが、阻害については述べていない。

正解	4

次の文章について、筆者の主張に合致しないものとして最も適切なものはどれか。

> 飲食店やコンビニエンスストアなどを中心に使用されている割り箸の国内使用量は年間で約250億膳にも上り、国民1人当たり約200膳を使っている計算になります。この内、国産の割り箸生産量は全体のわずか約2％であり、残りの約98％は輸入に頼り、さらにその99％は中国から輸入しています。主要な輸入元である中国国内の資源保護意識の高まりなどにより、輸入割り箸の価格が高騰しつつあり、日常生活に身近で、大量に消費される割り箸は、無料で際限なく使用可能なものではなくなってきています。一方、繰り返し使えるリユース箸だけでなく、個人が携帯する「マイ箸」や、国産の間伐材や国産のスギ・ヒノキ等の製材時に出る端材から製造された割り箸が改めて見直されており、箸の多様化とも言える現象が進んでいます。このような状況の中、外食産業のA社は、マイ箸を持参したお客に対するポイントサービスの実施、店頭でのマイ箸販売やマイ箸の保管を行うサービスに取り組むなど、マイ箸推進への取組を積極的に展開しています。この取組によって、お客や従業員の環境に対する意識の高まりに加え、常連客の確保による売上の向上などの効果も見られています。コンビニエンスストアのB社は、「木づかい運動」（※）の一環として店頭にて国産材を原料としたマイ箸及び国産の間伐材を使用した割り箸（5円の木づかい箸）を販売しています。利用価値が低く用途が限られている間伐材や端材を割り箸に利用することは、資源の有効活用であり、多様な生物が生息し温室効果ガスの吸収源でもある我が国の森林を整備・保全することにもつながります。
>
> （※）林野庁による、国産材を利用した製品の積極的な使用を呼びかける国民運動
>
> （『環境・循環型社会白書　平成20年版』環境省）

1. 割り箸の国内使用量は年間約250億膳で、国産の割り箸の生産量は全体の約2％だ。
2. 国産のスギ・ヒノキ等の端材から製造された割り箸が見直されている。
3. 使い捨ての割り箸に間伐材を利用することは、多様な生物が生息する我が国の森林の破壊につながる。
4. 外食産業のA社は、マイ箸の保管を行うサービスに取り組んでいる。
5. コンビニエンスストアのB社では、国産の間伐材を使用した割り箸を販売している。

主張と合致しないものを選ぶ問題。本文と合致しない選択肢が1つだけあり、それが正解。本文と合致する選択肢は間違いなので、取り違えないようにしよう。

✗ 割り箸の国内使用量は年間約250億膳で、国産の割り箸生産量は全体の約2％。本文と合致する。

1〜3行目

> 飲食店やコンビニエンスストアなどを中心に使用されている割り箸の国内使用量は年間で約250億膳にも上り、国民1人当たり約200膳を使っている計算になります。この内、国産の割り箸生産量は全体のわずか約2%であり

✕ 本文では、国産のスギ・ヒノキ等の製材時に出る端材から製造された割り箸が、改めて見直されていると述べている。本文と合致する。

7〜8行目

> 国産の間伐材や国産のスギ・ヒノキ等の製材時に出る端材から製造された割り箸が改めて見直されており、箸の多様化とも言える現象が進んでいます。

③ 本文では、間伐材の利用は、森林の破壊ではなく整備・保全につながると述べている。本文と合致しない。

14行目〜末尾

> 利用価値が低く用途が限られている間伐材や端材を割り箸に利用することは、資源の有効活用であり、多様な生物が生息し温室効果ガスの吸収源でもある我が国の森林を整備・保全することにもつながります。

✕ 外食産業のA社は、マイ箸の保管を行うサービスに取り組んでいる。本文と合致する。

8〜10行目

> 外食産業のA社は、マイ箸を持参したお客に対するポイントサービスの実施、店頭でのマイ箸販売やマイ箸の保管を行うサービスに取り組むなど、マイ箸推進への取組を積極的に展開しています。

✕ コンビニエンスストアのB社では、店頭で国産の間伐材を使用した割り箸を販売している。本文と合致する。

12〜14行目

> コンビニエンスストアのB社は、「木づかい運動」の一環として店頭にて国産材を原料としたマイ箸及び国産の間伐材を使用した割り箸（5円の木づかい箸）を販売しています。

正解 3

4 長文読解（要旨・解釈）

●本文の要旨を選択する問題や、文中の内容をもとにした設問に答える問題
● 「要旨」「解釈」の両方とも、全選択肢の照らし合わせをしよう

例題

次の文章の要旨として最も適切なものはどれか。

　若い世代なら、「漢字ドリル」という冊子を使って出された宿題をこなすのに苦労した思い出があるにちがいない。このような地道で辛抱強い努力を続けてきた結果として、私たちはやがて一定の量の漢字が使いこなせるようになっていく。しかし学校を終えて社会に出ると、大多数の人は文章を書く機会が急に少なくなっていく。漢字を読むことは毎日のようにあるだろうが、しかし漢字を書かねばならない機会はだれにも毎日あるわけではない。こうして時間が経つうちに、せっかく習得した漢字を、つい書けなくなってしまうことがある。これが「ど忘れ」とよばれる現象にほかならない。これを避けるためには、たくさんの漢字を日常的に手で書くことしかないだろう。漢字の習得は車の運転やコンピュータの操作に似たところがあって、日常的な反復が最善の方法なのである。現代の日本人は以前にくらべて文章を書く機会が格段に増加した。それはコンピュータや携帯電話を使っての「執筆」であるが、それにしても非常に多くの人が、日本語を日常的に、なんの気負いもてらいもなく書くようになったことは、疑いもなく素晴らしいことだ。これほどたくさんの人が、日常生活で大量に文章を書くというのは、これまでの日本の文化史の中では未曾有の事態なのである。コンピュータは日本語記録環境を根底から改変した。機械を使えば、執筆者本人がもともと書けたかどうかすらあやしい漢字だって、いとも簡単に書くことができる。そんな機械を使っての執筆を続けているうちに、人はともすれば漢字を書くことにまったく苦労しないという錯覚をもってしまうのだが、しかしどんな人にももともと書けない漢字はあるし、反復訓練の欠如とともに、ある日突然かつて書けていた漢字が書けなくなる。だがそれは機械のせいではなく、手で文章を書く機会が少ない人にはいつの時代にもついてまわる、実に単純な現象なのである。

（『漢字と日本人の暮らし』阿辻哲次、大修館書店）

1. コンピュータを使って文章を書く機会が格段に増加した現代の日本では、手で漢字を書くことにもまったく苦労しない。

2. 反復訓練の欠如によって、かつて書けていた漢字を手で書けなくなるのは、いつの時代にもあることで、機械のせいではない。

3. 漢字の「ど忘れ」を避けるためには、大量の漢字をコンピュータや携帯電話で日常的に書くことしかない。

4. 社会に出たあとで漢字を「ど忘れ」するかどうかは、個人それぞれが学校時代にどれだけ日常的な反復訓練をしたかによる。

5. 手で文章を書く機会が少ない人は、漢字ドリルを使って学習するとよい。

要旨を選ぶ問題。「主張合致」と同じく、選択肢を本文と照らし合わせる。

※標準型の「要旨」では、本文と合致する選択肢は通常1つ。時短型の「要旨」では、本文と合致する選択肢が複数の問題が出題されることがある。標準型でもこのタイプが出る可能性を考慮して、全選択肢を照らし合わせよう。本文と合致する選択肢が複数のときは、要旨として妥当なものを1つ決める。

✕ 本文では、人にはもともと書けない漢字があると述べている。また、反復訓練の欠如で、かつて書けていた漢字が書けなくなることがあることも述べている。

14〜17行目

> そんな機械を使っての執筆を続けているうちに、人はともすれば漢字を書くことにまったく苦労しないという錯覚をもってしまうのだが、しかしどんな人にももともと書けない漢字はあるし、反復訓練の欠如とともに、ある日突然かつて書けていた漢字が書けなくなる。

② 本文では、反復訓練の欠如とともに、かつて書けていた漢字が書けなくなるのは、機械のせいではなく、いつの時代にもついてまわる現象と述べている。

16行目〜末尾

> どんな人にももともと書けない漢字はあるし、反復訓練の欠如とともに、ある日突然かつて書けていた漢字が書けなくなる。だがそれは機械のせいではなく、手で文章を書く機会が少ない人にはいつの時代にもついてまわる、実に単純な現象なのである。

✕ 本文では、漢字の「ど忘れ」を避けるのに必要なのは、たくさんの漢字を手で書くことだと述べている。コンピュータや携帯電話で書くことではない。

5〜7行目

> こうして時間が経つうちに、せっかく習得した漢字を、つい書けなくなってしまうことがある。これが「ど忘れ」とよばれる現象にほかならない。これを避けるためには、たくさんの漢字を日常的に手で書くことしかないだろう。

✕ 漢字を「ど忘れ」するのは、社会に出て文章を書く機会が少なくなり、結果として反復訓練が欠如するから。学校時代にどれだけ訓練したかは関係ない。

3〜7行目

> しかし学校を終えて社会に出ると、大多数の人は文章を書く機会が急に少なくなっていく。（略）こうして時間が経つうちに、せっかく習得した漢字を、つい書けなくなってしまうことがある。これが「ど忘れ」とよばれる現象にほかならない。

✕ 本文では、手で文章を書く機会が少ない人に、漢字ドリルでの学習をすすめていない。

正解 2

筆者が「旅行はいいものだ」と言っている理由について、最も適切なものはどれか。

　旅行はいいものだ。日常に慣れきって忘れがちな、生のリズムを思い出す機会を与えてくれる。旅行の楽しみは、名所旧跡を巡り景色を楽しむことにあるが、それ以外にもある。期間限定で知らない人々の間に身を置いて得られる解放感は、旅行だからこそ味わえるものだ。旅行の良さとして私が最も重要だと思うことは、旅行先では自分と対象の距離感や関係がふだんよりも動的になり、それを反映して自分自身の心や体が躍動的になることだ。旅行先で見かけた人や景色が新鮮に見えたり、いつもなら気づかないような小さなことにも新しく発見があるのも、そのためだと思う。ふだんの暮らしでは、自分を取り巻く人や物との関係が目に見えてダイナミックに変わることはあまりない。それを改めて気づかせてくれるのが旅行だ。先日、坂本龍馬の足跡をより深く知ろうと、ゆかりの地を訪れた。貴重な資料を揃えた記念館では、坂本龍馬が所持していたというピストルの模型を見ることができた。映画やドラマの中の坂本龍馬はたいていピストルを懐に忍ばせている。こういう展示を参考にして小道具を用意するのだろうかと想像した。また、記念館では、彼が書いたとされる手紙を見ることができた。残された手紙は多いとのことだが、展示されているのはその一部だ。偉人がどんなことをしたためていたのか興味を持って見学したが、中には天下国家の大事に比べればささいなことのように思える内容もあった。その筆跡を見、これまで名前と功績くらいしか知らなかった歴史上の人物への親近感のようなものを覚えた。

1. 忘れがちな、日常の大切さを思い出すことができるから。
2. 歴史上の人物に、親近感を覚えることができるから。
3. 知らない人々の間に身を置くことで、ふだんの暮らしと同じような解放感を味わえるから。
4. 坂本龍馬のピストルの模型のように、そこ以外の場所では見られないものを見ることができるから。
5. 旅行先では自分と対象の距離感や関係がふだんよりも動的になり、それを反映して自分自身の心や体が躍動的になるから。

本文の内容をもとにした設問の答えを選ぶ問題。選択肢を本文と照らし合わせ、合致するかどうかを見る。合致する選択肢が複数の問題が出題されることがあるので、全選択肢を本文と照らし合わせよう。合致する選択肢が複数のときは、最も適切なものを1つ決める。

✗ 本文では、旅行によって、日常の大切さを思い出すことができるとは述べていない。

② 筆者は、坂本龍馬のゆかりの地を訪れ、記念館で資料などを目にして、親近感のようなものを覚えたと述べている。

14行目～末尾

> その筆跡を見、これまで名前と功績くらいしか知らなかった歴史上の人物への親近感のようなものを覚えた。

✗ 知らない人々の間に身を置くことで得られる解放感は、旅行特有のもの。ふだんの暮らしと同じようなものとは述べていない。

2～3行目

> 期間限定で知らない人々の間に身を置いて得られる解放感は、旅行だからこそ味わえるものだ。

✗ 本文で挙げている、筆者が考える旅行の楽しみや良さの中に、「そこ以外の場所では見られないものを見ることができる」ことは含まれていない。

⑤ 選択肢と同じ内容が本文にある。

3～5行目

> 旅行の良さとして私が最も重要だと思うことは、旅行先では自分と対象の距離感や関係がふだんよりも動的になり、それを反映して自分自身の心や体が躍動的になることだ。

本文と合致する選択肢は2と5。

2と5のどちらも広い意味で「旅行はいいものだ」と言っている理由といえるが、最も適切なのは、「旅行の良さとして私が最も重要だと思うこと」と述べている5。

正解	5

次の文章の要旨として最も適切でないものはどれか。

> 「経験」とは、実際に見聞きすることによって、まだしたことがない状態から、したことがあるという状態に移ることをいい、「体験」とは、自分が実地に経験することをいう。辞書にはそのように記載されているが、森有正は両者を以下のようにとらえる。ある人にとって「経験」の中にある一部分が特に貴重なものとして固定し、そのあとの行動を支配するようになる。すなわち、「経験」の中のあるものが過去的なままで、現在に働きかけてくるものを「体験」という。それに対して、「経験」自体の内容が、絶えず新しいものによって壊されて、新しいものとして成立していくのが「経験」である。言い換えると、「経験」は根本的に未来へ向かって人間の存在が動いていくものであり、一方の「体験」は、「経験」が過去のある1つの特定の時点に凝固したようになってしまうことを意味する。ここから、森は、「体験」を一種の経験の過去化と名づけ、未来へ向かって開かれるべき「経験」と区別して、思想をさらに深めていった。

1. 「経験」は実際に見聞きすることによって生まれる状態だ。
2. 「経験」は未来へ向かって人間の存在が動いていくものだ。
3. 森有正は「体験」を経験の過去化と名づけ、「経験」と区別せずに扱った。
4. 「体験」は自分が実地に経験することだ。
5. 「体験」は「経験」が過去の一時点に凝固したものだ。

要旨として最も適切でないものを選ぶ問題。本文と合致しない選択肢が正解で、本文と合致する選択肢は間違いなので、取り違えないようにしよう。

✕ 本文では、「経験」とは、実際に見聞きすることによって、まだしたことがない状態から、したことがあるという状態に移ることと述べている。選択肢の「実際に見聞きすることによって生まれる状態」はこれの言い換え。本文と合致する。

1〜2行目

> 「経験」とは、実際に見聞きすることによって、まだしたことがない状態から、したことがあるという状態に移ることをいい、「体験」とは、自分が実地に経験することをいう。

✕ 本文では、「経験」は根本的に未来へ向かって人間の存在が動いていくものと述べている。本文と合致する。

7～9行目

> 言い換えると、「経験」は根本的に未来へ向かって人間の存在が動いていくものであり、一方の「体験」は、「経験」が過去のある1つの特定の時点に凝固したようになってしまうことを意味する。

③ 本文では、森有正は「体験」を「経験」と区別したと述べている。本文と合致しない。

9行目～末尾

> ここから、森は、「体験」を一種の経験の過去化と名づけ、未来へ向かって開かれるべき「経験」と区別して、思想をさらに深めていった。

✗ 本文では、「体験」とは、自分が実地に経験することと述べている。本文と合致する。

1～2行目

> 「経験」とは、実際に見聞きすることによって、まだしたことがない状態から、したことがあるという状態に移ることをいい、「体験」とは、自分が実地に経験することをいう。

✗ 本文では、「体験」は、「経験」が過去のある1つの特定の時点に凝固したようになってしまうことと述べている。選択肢の「『経験』が過去の一時点に凝固」はこれの言い換え。本文と合致する。

7～9行目

> 言い換えると、「経験」は根本的に未来へ向かって人間の存在が動いていくものであり、一方の「体験」は、「経験」が過去のある1つの特定の時点に凝固したようになってしまうことを意味する。

正解	3

言語 模擬テスト

1 次の文章で、空欄に入る言葉として適切なものはどれか。

もし、視覚をもたない異星人がきて、元素探知器で地球を探ってみたら、どのように感じるであろうか。石と生物のちがいはわかるであろう。水もちがう。しかし、細菌もはまぐりも薔薇も豚も人間も異星人の器械にはおなじものと記録されてしまうかもしれない。生物のからだをつくっている元素は、おもに炭素である。そのほかに水素や酸素、窒素なども混ざっている。地球上の生物は、皆おなじような元素でできている。 [　　　] というのは、地球上の生物の正しい姿でもある。私たちはかたちや動きをみて、動物や植物を区別しているが、これらの生物はすべておなじ起源をもち、おなじ遺伝子システムによって進化してきたものである。

（『生と死が創るもの』柳澤桂子、筑摩書房）

1. 視覚をもたない　　2. 区別がつかない　　3. 器械をもたない

4. 記録がない　　5. からだがない

---

2 次の文章で、空欄に入る文として適切なものはどれか。

故意とは、自分の行為が一定の結果を生ずることを認識していて、あえてその行為をする意思をいい、過失とは、一定の事実を認識することができるにもかかわらず、注意を怠ったために認識しないことをいう。民法は、故意又は過失によって他人の権利を侵害する行為を一般の不法行為とし、それによって生じた損害について加害者が賠償責任を負うものとしている。この原則が過失責任主義である。この原則の重要な点は、不法行為の認定の根拠が、 [　　　] したがって、高度の科学技術を利用した企業が出現するに及び、その技術の危険利用が不可避的にもたらす災厄では、予見可能性や注意義務違反の証明が困難な点から、事故被害について過失責任を問えないという不法行為法の限界を露呈することになった。

1. 他人の権利を侵害する行為が実際にあったかどうかということである。

2. 生じた損害について加害者が負う賠償責任の限度をどう定めるのかということである。

3. 他人の権利を侵害する行為があらかじめ認識できるものかどうかということである。

4. 加害者があえてその行為をする意思をもっていたかどうかということである。

5. 企業という組織ではなく、個人を加害者として扱うということである。

---

3 次の文章で、空欄A、Bに入る言葉として適切なものはどれか。

18世紀半ばのイギリスを皮切りにヨーロッパに波及した産業革命は、社会や経済に大きな変革をもたらしたが、これに対応する概念として日本では「勤勉革命」という名の変革が存在したという見方が認知されるようになってきた。周知のとおり産業革命は機械発明を基にした資本集約的な変革過程であるが、資本を持たない日本の「勤勉革命」は、労働によって生産性を高める変革過程であり、この点で産業革命と「勤勉革命」は　A　だ。しかし、物資の調達という面からこの2つを考えると、いずれもアジアなどの諸地域からの輸入によって調達していたものを、自国の産業による調達に変えていった過程であり、その点では産業革命と「勤勉革命」には　B　が見られる。

ア 抽象的　　イ 具象的　　ウ 対照的　　エ 具体性　　オ 共通性　　カ 特異性

1. A＝イ　B＝エ　　**2.** A＝ウ　B＝エ　　**3.** A＝ア　B＝エ

4. A＝イ　B＝カ　　**5.** A＝ウ　B＝オ

---

4 A〜Eの各文を、意味が通る文章に並べ換えた場合、妥当なものはどれか。

A. 実際に、そのように受けとれるような主張も見受けられる。

B. では、多様な生物が存在する自然とは何か。熱帯には温帯や寒帯よりも多くの動植物の種が生息・生育している。

C. とくに熱帯雨林には、国別に見ても、単位面積あたりに見ても、圧倒的に多数の種の生きものがくらしている。

D. 生物の多様性を保全するとは、多様な生物が存在する自然を保全すること、といえるかもしれない。

E. そこで、生物の多様性を保全するとは、多様性のより高い熱帯雨林などの生物の世界を保全する、ということなのかと思ってしまいがちである。

（『生命にぎわう青い星』樋口広芳、化学同人）

1. D→B→C→E→A　　2. D→B→A→C→E　　3. D→B→E→C→A

4. D→E→C→A→B　　5. D→E→B→A→C

---

5 A〜Eの各文を、意味が通る文章に並べ換えた場合、妥当なものはどれか。

A. 同様の禁令は、以後14世紀後半だけでも6回、15世紀前半に2回くりかえし出されており、本来キリスト教的善行であった「施し」の行為が、怠惰や不労働、偽乞食といった「社会悪」を拡大するという理由で制限されるに至った。

B. とりわけ大都市パリでは、王権によって、貧民・乞食・浮浪者に対する規制と労働の強制が志向された。

C. 中世後期の都市では、聖書の伝統に基づく貧者救済理念と現実の社会における経済的貧困との相克（そうこく）があらわとなってくる。

D. 1351年のジャン2世ル・ボンによる勅令は、全252ヵ条からなる長大なもので、経済危機への対応と社会秩序の再建を意図し、浮浪の禁止と無為徒食の者に対する就労強制をはじめて規定したものとして知られている。

E. その意味でかかる一連の禁令は、中世ヨーロッパ社会の慈善と貧民救済の歴史における大きな転換を示していたと言えよう。

（『西洋中世史料集』ヨーロッパ中世史研究会編（東京大学出版会）河原温「浮浪者禁令」より）

1. C→B→D→E→A　　2. C→B→D→A→E　　3. D→A→B→C→E

4. C→A→B→D→E　　5. D→B→C→E→A

---

6 A〜Eの各文を、意味が通る文章に並べ換えた場合、妥当なものはどれか。

A. すなわち、時間的に最も先に出願した発明者を権利者とする先願主義と、その反対に、時間的に最も先に発明した発明者を権利者とする先発明主義、の2つの判断基準である。

B. しかし、先願主義には、出願を迅速に行えない個人発明者などを保護することが比較的に困難である、という問題がある。

C. 異なる発明者により独立して別々になされた同一内容の発明が競合して特許出願された場合、だれを権利者とするかについて、相反する2つの考え方がある。

D. これを主な理由として、発明大国であるアメリカは先発明主義を採用し続けており、世界特許の統一に対する大きな障害となっている。

E. 先発明主義では、当初の権利が認められた後に別の発明者が現れて権利者が覆ることがあり、法的な安定性を求めるために、日本を含む世界のほとんどの国が、先願主義を採用している。

1. C→A→E→D→B　　2. E→A→D→B→C　　3. C→A→E→B→D

4. E→B→C→A→D　　5. C→B→D→A→E

---

7 次の文章について、筆者の主張に合致するものとして最も適切なものはどれか。

> 資源生産性向上のためには、3R（リデュース・リユース・リサイクル）の中でも、とりわけ2R（リデュース・リユース）の取組が重要となります。2Rを推進するビジネスモデルとしては、店舗を構え、消費者等からのリユース品の買取りと販売を行う店舗型のリユースビジネス等が従来から存在していましたが、情報通信技術（ICT）の発達等に伴い、様々な新しいビジネスモデルが普及しつつあります。欧州では、消費された資源を回収し、再利用し続けるという「サーキュラーエコノミー（循環型経済）」の取組が進んでいます。2015年12月に発行された欧州連合（EU）の報告書「EU新循環経済政策パッケージ（Closing the loop - An EU action plan for the Circular Economy）」では、一旦使い終わった製品を素材に戻してしまうリサイクルではなく、製品に残された価値を可能な限りそのまま活用するビジネスモデルが提唱されました。近年、スマートフォンの普及等により、個人がいつどこにいてもインターネットにアクセスできる環境が整うとともに、AI等の発達によりGPSによる位置情報や個人等の所有物や能力に関する情報等の大量の情報を瞬時に解析することが可能となりました。これにより、個人等の所有物（自宅の空き部屋や車等）や能力（スキル、知識等）に関する情報を、インターネットを通じて、随時、不特定多数の個人の間で共有することが可能になりました。こうしたイノベーションを受けて、我が国においても2Rを、これまでとは異なる仕組みで、これまで以上に進めることにつながる可能性のある活動の1つである「シェアリング・エコノミー」の普及が進んでいます。
>
> （『環境・循環型社会・生物多様性白書　平成30年版』環境省）

1. 店舗型のリユースビジネスで、消費者等から買い取られたリユース品は、一旦使い終わった製品として素材に戻される。

2. 「EU新循環経済政策パッケージ（Closing the loop - An EU action plan for the Circular Economy）」は、2015年12月に発行された国連の報告書だ。

3. スマートフォンの普及により、GPSによる位置情報等の大量の情報を瞬時に解析できるようになった。

4. 個人がいつどこにいてもインターネットにアクセスできる環境が整うことは、「シェアリング・エコノミー」の普及の妨げになる。

5. 製品に残された価値を可能な限りそのまま活用するビジネスモデルは、サーキュラーエコノミーの取り組みの1つだ。

8

次の文章について、筆者の主張に合致するものとして最も適切なものはどれか。

> アメリカの1957年のサルゴ裁判で、医師が医学的侵襲を患者の同意なくして与えた場合には暴行（日本では「故意の傷害」）として罰するという法理を、インフォームド・コンセントの法理とすると定められ、次いで60年のナタンソン裁判では、患者に前もって医学的侵襲の内容を説明して開示し、さらに医学的侵襲にはどのような危険の可能性があるかについて説明して、危険性の警告をしないで医療行為をした場合には過失として罰するという法理をインフォームド・コンセントに追加した。その後、ヒポクラテスの誓いの代わりにニュルンベルグ倫理綱領を倫理規準とした裁判規準を追加して、70年頃にインフォームド・コンセントは確立した。インフォームド・コンセントは、患者個人の権利と医師の義務という見地からみた法的概念である。医師が業務上知りえた患者の個人的情報について医師は守秘義務があり、患者には医療上の自己の真実を知る権利があるので、医師には個々の患者が理解し納得できるように説明する義務がある。医師は病状を説明するだけではなく、検査法や治療法に複数の選択肢をつけ、それぞれの効果や優れている点のみならず、予後への影響や欠点、さらに生命への危険性まで説明して、患者が比較検討して自分が受けたいと思う治療法を自主的に判断して選択できるようにしなければならない。患者には自主的に選択した治療をその医師にしてもらうことを決定する自己選択権があり、自分が選んだ検査や治療を受けるために必要な医学的侵襲を医師が自分の身体に加えることに同意する権利とともに、同意する責務がある。
>
> （『現代用語の基礎知識2000』（自由国民社）星野一正「インフォームド・コンセント」より一部改変）

1. 医師には患者の個人的情報の守秘義務があり、患者には真実を知る義務がある。

2. インフォームド・コンセントは、60年のナタンソン裁判で確立した。

3. 患者は検査法や治療法を比較検討することができるが、自主的に選択した治療をその医師にしてもらうことを決定することはできない。

4. 患者が同意していない場合、医師がその患者に医学的侵襲を与えることは違法行為になる。

5. 危険性の警告なしの医療行為を罰するという法理は70年頃に定められた。

9

次の文章について、筆者の主張に合致するものとして最も適切なものはどれか。

> 閉鎖的で心の内を明かさない、しばしば内気な性格の人々がいる一方で、これとまったく反対にあけっぴろげで愛想がよく、概して陽気であり、少なくとも親切で人好きのする性格の人々がいる。こうした違いは当然その人特有の性格と思われがちだが、しかし多くの人とつき合っていると、むしろ類型的な態度の違いに気づくであろう。この対立は、はっきりわかる場合とそうではない場合があるが、根本的なものであって、教育や環境にはかかわりなく、あらゆる階層にみられ、性が変わってもこの事実は変わらない。ユングによれば、内気で閉鎖的な人は、内向型で、客体を無視する態度をとる。彼がいつも考えているのは、結局のところ客体からリビドーを奪い取ることであって、まるで客体が優位に立つことを防がなければならないかのようである。それとは逆に、愛想がよく陽気な人は、外向型で、客体に対して積極的な態度をとる。彼は客体の意義を高く評価しているので、自分の注意をいつも客体に向け、それと関係づける。もしこれが意識的な意図で選ばれた方向であり、行為だとすれば、内向、外向というような対立がこれほど普遍的にみられることはな

いだろう。もしそうならば、おそらく同一の教育や教養を持ち、地域的にも限定された特定の階層の人々は、みな同じ態度を持つことになってしまう。しかし、実際には、これらの2つの性格は、ばらばらに分布していて、同じ環境にあり、同じ親に育てられた兄弟姉妹の中でも、ある子どもは内向的であり、別の子どもは外向的である。

（『ユングの性格分析』秋山さと子、講談社現代新書）

1. 閉鎖的で心の内を明かさない性格の人々は、概して陽気で親切だ。

2. 同じ親に育てられた兄弟姉妹の性格は、内向的、外向的のどちらかに偏る。

3. 内気で閉鎖的な人々と、愛想がよく陽気な人々の類型的な態度の違いは、教育や環境にはかかわりない。

4. 外向的な人は、愛想がよく陽気で、客体を無視する態度をとる。

5. 内向的な人は、客体の意義を高く評価する。

10 次の文章の要旨として最も適切なものはどれか。

　大学で法律学を学びはじめた学生や、人生の中ではじめて法律問題にぶつかった市民は、法律のかた苦しい条文や、そのむずかしい理屈に圧倒され、しばしばとほうにくれるであろう。このような法の技術的なしくみは、もちろん重要ではあるが、第二義的なことにすぎない。私たちはその技術に迷わされることなく、技術の背後にある法の精神を見ぬかなければならない。いくら法の技術を学んでも、その精神がわからなければ、法がわかったとは到底いえない。法の精神とは、一言でいえば、正義である。それゆえ、法とは何かという問いは、正義とは何か、という問いに置きかえられる。芸術は「美」を探究する、科学は「真理」を探究する、という例にたとえるなら、法学は「正義」を探究するということになろう。だから、法を学ぶ者は、正義を求め、正義を実現する精神を身につけなければならない。この原点を忘れた者は、法について語る資格はない。このような人が、法を学び、使うことは、むしろ有害でさえある。「悪しき法律家は悪しき隣人」というのは、昔から有名な言葉である。そしてまた、法律知識を独占し、その知識を、正義のために使わない職業的法律家が多ければ多いほど、その国は国民にとって不幸な国であるといわざるをえない。正義は、個人的なものであると同時に、その社会において普遍的なものである。いいかえれば、それは私的なものであると同時に公的なものである。たとえば、ある人間が、みずからの権利を主張するということは、出発点において、その人の個人的な問題である。しかし、その主張が道理に合わず、普遍性をもたない場合には、それは単なるエゴイズム、私利私欲であって、正義とは無縁である。

（『法とは何か』渡辺洋三、岩波新書）

1. 法を学ぶ者は、正義を実現する精神を忘れてはいけない。

2. 法の技術的なしくみは、重要ではない。

3. みずからの権利を主張することは、どの場合でも、単なるエゴイズムである。

4. 法律学を学びはじめたばかりの学生は、法の精神のむずかしさに圧倒される。

5. 芸術も科学も、その背後には法の精神がある。

11 次の文章について、筆者の主張に合致するものとして最も適切なものはどれか。

> 1968年、国連によって国民経済計算（68SNA）が提唱された。それまでの計算体系である国民所得統計は、専ら生産、投資、消費といったフローの把握を目的としていた。これに対し68SNAは、国民所得統計に産業連関表、資金循環表、国際収支統計、国民貸借対照表を加えたために、ストックも含んだ、一貫した基準に従った国民経済の全体的把握が可能になった。こうした構造上の改革に加え、生産活動を精密に推計できるコモディティ法を採用したのも特徴である。コモディティ法とは、財貨・サービスの生産、輸出入、在庫変動費から2000以上の品目の総供給量を推計、需要（消費や投資）項目別に流通段階ごとに把握する方法をいう。家計調査等の基礎統計を用いた人的推計法より漏れが少ないとされる方法である。時を下って、経済構造の変化に対応し、また、より精密な統計体系を求めるために、1993年には国連により改定が施され、93SNAとなった。日本も、2000年から移行している。改定のポイントは、①主体系の刷新（キャピタル・ゲイン・ロスの内訳明示など）、②概念の詳細化・明確化及び拡張（コンピュータ・ソフトウェア支出を中間消費でなく投資に計上する、GNPをGNIに概念変更など）、③サテライト勘定を導入し、社会的な関心事項についての追加的な情報を提供すること、である。

1. 1968年に国連は、生産、投資、消費といったフローの把握を目的とする国民所得統計を提唱した。

2. 1968年に国連が提唱した国民経済計算（68SNA）は、国民所得統計に産業連関表、資金循環表、国際収支統計、国民貸借対照表を加え、コモディティ法を採用したことに特徴がある。

3. 1993年に国連は、需要（消費や投資）項目別に流通段階ごとに把握する方法を新たに取り入れた国民経済計算（93SNA）に改定した。

4. 1993年から日本も、より精密な統計体系を求めるために国民経済計算（93SNA）に移行した。

5. 国民経済計算（93SNA）の改定ポイントは、分類すると①主体系の刷新、②概念の詳細化・明確化及び拡張の2つである。

12 筆者の考える「音と深く付き合う感覚」について、最も適切なものはどれか。

近所に中古レコードを扱う店がある。出勤経路にあるので帰宅時にはしょっちゅう寄るし、年に何度かあるバーゲンには駆けつける。入店前には「買いすぎないように」と自分に言い聞かせる。自宅の書斎には収納場所のないレコードが積み上がっているのに、これ以上買ってどうするのか。しかし、ここにはノーザン・ソウルのあの名作が、あそこにはモータウンのあの1枚がなどと思い始めてしまうと、もうだめだ。10枚単位で購入して喜び勇んで家路につく。レコード盤をターンテーブルにのせ、レコードジャケットの手触りを楽しみながら古ぼけた音を楽しむ。その瞬間には「買いすぎないように」と思ったことなど忘れている。病膏肓に入るとはこのことだ。レコードはCDと違って音にあたたかみがあると言われるが、私がレコードを好む理由は音質ではない。LPレコードのポリ塩化ビニール特有の質感やレコードジャケットといった、音以外の部分が好きなのだ。それも、ただ飾って眺めるのではなく手触りを楽しみたい。だから音を聞いている間、必ずそのレコードのジャケットを手にしている。レコードプレーヤーから流れる音を聞くことだけが音楽を楽しむことではない。レコード盤のクリーニングをして、ジャケットをいじり、ビニールの収納袋が古びていれば新しいものと取り換える。そのレコードで形になっている部分のすべてにかかわり、わがものとする。音楽鑑賞というより、音と深く付き合う感覚だ。これはレコードだけの話ではない。私はその世代ではないが、CDだって同じだ。きっと私と似たような楽しみ方をする人がいるだろう。ここ数年、音楽をダウンロードや配信で聞く人が増えている。スマホが1台あれば、世界中の音楽を簡単に楽しめる。収納場所に頭を悩ませる必要もない。でもその音楽には手に触れる円盤もジャケットもないのだ。スマホの中にある音楽をただ聞くだけというのでは、味気ないことこの上ないように思える。そんなことを思うのは、私がITに疎く、新しいテクノロジーを積極的に受け入れて時代に追いつこうとする意気込みに欠けているからだろう。

1. 高価なレコードプレーヤーを使用し、通常では聞き取れない音を聞くこと。

2. 純粋に音だけを聞くことによって、その音楽に込められた作り手の思いに近づくこと。

3. CDのような、音にあたたかみのないテクノロジーを拒絶し、LPレコードの音質にこだわること。

4. 音を聞くだけでなく、レコードやCDで形になっているすべてにかかわってわがものとする感覚。

5. 音よりもレコードジャケットの触感にこだわることで、形のない音楽をただ聞くだけの人には理解できない感覚を得ること。

言語　模擬テスト

※言葉の定義は『大辞林第四版』(三省堂)から引用しました。

1 空欄より前の本文では、「視覚をもたない異星人」という架空の存在を挙げて、地球上の物質を元素の情報だけで判断するとどうなるかについて述べている。

空欄より前で述べていること

・石、生物、水は元素によって違いがわかる

・生物(細菌、はまぐり、薔薇、豚、人間)はおなじものと記録される可能性がある

・地球上の生物は炭素、水素、酸素、窒素などのおなじような元素でできている

生物とそれ以外の物質は元素の違いで判断できるが、生物どうしは「おなじような元素」でできていて違いが判断できない。空欄は生物のことを述べた部分にあるので、空欄には違いが判断できないという内容が入る。正解は**2**の「区別がつかない」。

正解	2

2 空欄の前の「不法行為の認定の根拠が」から、空欄には根拠の内容が入ることがわかる。「不法行為」は、空欄を含む文の2文前で「故意又は過失によって他人の権利を侵害する行為」と説明されている。

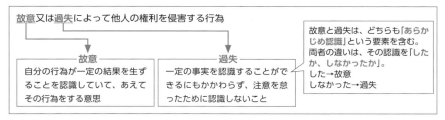

「不法行為」の説明にある「故意」と「過失」の両方とも、「あらかじめ認識」という要素を含んでいる。これをもとに空欄の後ろを見ると、「予見可能性」という表現があることに気づく。

「予見可能性」は3の「他人の権利を侵害する行為があらかじめ認識できるものかどうか」と同じ意味。これが正解。

※ 3以外は、いずれも「あらかじめ認識」について述べたものではない。

正解　3

3 先頭から「A」までの文よりも、「A」と「B」の間の文のほうが短い。早く解けそうなので「B」から解く。「B」を含む文章に「いずれも」とあることから、「産業革命」「勤勉革命」のいずれも同じという内容が空欄に入ることが推測できる。選択肢で該当するのはオの「共通性」だけ。「B」にオが入る選択肢は5だけで、5の「A」はウの「対照的」。「A」に、「対照的」が入るかどうかを検証する。

「A」を含む文章で、「資本」という面からの対比を抜き出すと、以下のように、「対照的」という言葉が適切であることがわかる。

産業革命（ヨーロッパ）	勤勉革命（日本）
・資本集約的　◀── 対照的 ──▶	・資本を持たない
	・労働によって生産性を高める

正解　5

4 すべての選択肢で、先頭はD。Dの次はB、Eのどちらか。Dの「多様な生物が存在する自然」を受けて、「では、多様な生物が存在する自然とは何か」と、同じ言葉を繰り返して疑問を提示しているBが適切（D→B）。

Bの次はA、C、Eのいずれか。Bで挙げている「熱帯」を受けて続くものを探す。

B. では、多様な生物が存在する自然とは何か。**熱帯には温帯や寒帯より**
も多くの動植物の種が生息・生育している。

> A は B の後では意味が通らない

~~A.~~ 実際に、そのように受けとれるような主張も見受けられる。

Ⓒ とくに**熱帯雨林**には、国別に見ても、単位面積あたりに見ても、圧倒
的に多数の種の生きものがくらしている。

> C は B の「熱帯」を受けて、「熱帯雨林」に発展させている。適切

~~E.~~ そこで、生物の多様性を保全するとは、多様性のより高い**熱帯雨林**な
どの生物の世界を保全する、ということなのかと思ってしまいがちで
ある。

> E は B と文はつながるが、B よりも熱帯雨林の生物を説明した C の後に入るほうが適切

B の次は C が適切（D→B→C）。D→B→C を含む選択肢は**1**だけ。

補足 残りの E → A も適切につながる

E は C を受けて、生物の多様性を熱帯雨林の生物の世界の保全と結び付けている。残った A を最後にすると、A の「そのように」が E の内容を指すことがわかる。

正解	1

---

5 選択肢から、先頭は C か D のどちらか。D は C の「相克」の具体的な内容なので、C は筆者の主張、D はそれを裏付ける具体例と推測できる。先頭として適切なのは C。

C. <u>中世後期の都市では</u> (略) <u>貧者救済理念と</u> (略) <u>経済的貧困との相克</u>があらわとなってくる。

> 具体的な年　　　　　　　　具体的な説明

D. <u>1351年</u>のジャン2世・ボンによる勅令は (略) <u>浮浪の禁止と無為徒食の者に対する就労強制を</u>
<u>はじめて規定</u>したものとして知られている。

※「相克」は、「相いれない二つのものが、互いに勝とうとして争うこと」という意味。

C で始まるのは**1**、**2**、**4**。C の次は A、B のどちらか。A には「同様の禁令」とあるが、C に「禁令」はなく、文がつながらない。C の次は B が適切（C→B）。

C→B を含む選択肢は**1**、**2**で、C→B→D まで共通。残りの A と E の並び順を見る。

A. <u>同様の禁令</u>は、以後14世紀後半だけでも6回、15世紀前半に2回くり
かえし出されており、本来キリスト教的善行であった「施し」の行為が、
怠惰や不労働、偽乞食といった「社会悪」を拡大するという理由で制限
されるに至った。

> A は、禁令が複数出され、「施し」の行為が制限された経緯を説明

E. その意味で<u>かかる一連の禁令</u>は、中世ヨーロッパ社会の慈善と貧民救
済の歴史における大きな転換を示していたと言えよう。

> E は、A を受けた結論。「かかる一連の禁令」は、A の「禁令」を指している

禁令の経緯を説明した A に、結論を述べた E が続くのが適切（A→E）。正解は**2**。

正解	2

6 選択肢から、先頭はCかEのどちらか。「先発明主義」「先願主義」という言葉を説明なしに使用しているEよりも、発明の権利者を決める考え方の説明から始まっているCが、先頭として適切。Cで始まるのは**1**、**3**、**5**。Cの次はA、Bのどちらか。以下のように、Cを受けたAが適切（C→A）。

> C.異なる発明者により独立して別々になされた同一内容の発明が競合して特許出願された場合、だれを権利者とするかについて、<u>相反する2つの考え方</u>がある。
>
> Ⓐ すなわち、時間的に最も先に出願した発明者を権利者とする**先願主義**と、その反対に、時間的に最も先に発明した発明者を権利者とする**先発明主義**、の2つの判断基準（略）
>
> ~~B~~.しかし、**先願主義**には、出願を迅速に行えない個人発明者などを保護することが比較的に困難（略）

> AはCの「相反する2つの考え方」を具体的に説明している。Cの次として適切

> BはCと文がつながらない

C→Aを含む選択肢は**1**、**3**で、C→A→Eまで共通。Eの次として、BとDのどちらが適切かを見る。

> E.先発明主義では、当初の権利が認められた後に別の発明者が現れて権利者が覆ることがあり（略）日本を含む世界のほとんどの国が、<u>先願主義を採用している</u>。
>
> Ⓑ しかし、**先願主義**には、出願を迅速に行えない個人発明者などを保護することが比較的に困難（略）
>
> ~~D~~.これを主な理由として、発明大国であるアメリカは**先発明主義**を採用し続けており（略）

> Eの「先願主義を採用している」を受けたものとして適切

> DはEと文がつながらない

Eの次として適切なのはB（E→B）。正解は**3**。

> **補足** 残りのDも適切につながる
> Dの「これを主な理由として」の「これ」は、Bで述べている、先願主義では個人発明者などの保護が比較的に困難である、というデメリットのこと。B→Dの流れは適切。

正解	3

7 「主張合致」の問題。選択肢を本文と照らし合わせる。

× 本文では、店舗型のリユースビジネスでは、消費者等から買い取られたリユース品は販売されると述べている。素材に戻されるのではない。

2〜4行目

> 2Rを推進するビジネスモデルとしては、**店舗を構え、消費者等からのリユース品の買取りと販売を行う店舗型のリユースビジネス**等が従来から存在していました

※「製品を素材に戻す」という内容は8行目に出てくるが、リサイクルのこと。

✗ 「EU新循環経済政策パッケージ (Closing the loop - An EU action plan for the Circular Economy)」は、2015年12月に発行された欧州連合 (EU) の報告書。国連ではない。

6〜9行目

> 2015年12月に発行された欧州連合 (EU) の報告書「EU新循環経済政策パッケージ (Closing the loop - An EU action plan for the Circular Economy)」では、一旦使い終わった製品を素材に戻してしまうリサイクルではなく、製品に残された価値を可能な限りそのまま活用するビジネスモデルが提唱されました。

✗ GPSによる位置情報等の大量の情報の解析は、AI等の発達により可能になった。スマートフォンの普及ではない。

9〜12行目

> 近年、スマートフォンの普及等により、個人がいつどこにいてもインターネットにアクセスできる環境が整うとともに、AI等の発達によりGPSによる位置情報や個人等の所有物や能力に関する情報等の大量の情報を瞬時に解析することが可能となりました。

✗ 本文では、個人がいつどこにいてもインターネットにアクセスできる環境が整うことが、「シェアリング・エコノミー」の普及の妨げになるとは述べていない。

⑤ 製品に残された価値を可能な限りそのまま活用するビジネスモデルは、サーキュラーエコノミーの取り組みで提唱されたもの。

5〜9行目

> 欧州では、消費された資源を回収し、再利用し続けるという「サーキュラーエコノミー(循環型経済)」の取組が進んでいます。2015年12月に発行された欧州連合 (EU) の報告書「EU新循環経済政策パッケージ (Closing the loop - An EU action plan for the Circular Economy)」では (略) 製品に残された価値を可能な限りそのまま活用するビジネスモデルが提唱されました。

正解	5

8 「主張合致」の問題。選択肢を本文と照らし合わせる。

✗ 患者にあるのは、真実を知る権利。真実を知る義務ではない。

8〜10行目

> 医師が業務上知りえた患者の個人的情報について医師は守秘義務があり、患者には医療上の自己の真実を知る権利があるので、医師には個々の患者が理解し納得できるように説明する義務がある。

✕ 本文では、インフォームド・コンセントは70年頃に確立したと述べている。60年のナタンソン裁判ではない。

6〜7行目

> その後、ヒポクラテスの誓いの代わりにニュルンベルグ倫理綱領を倫理規準とした裁判規準を追加して、70年頃にインフォームド・コンセントは確立した。

✕ 本文では、患者は、自主的に選択した治療をその医師にしてもらうことを決定することができると述べている。

13行目〜末尾

> 患者には自主的に選択した治療をその医師にしてもらうことを決定する自己選択権があり、自分が選んだ検査や治療を受けるために必要な医学的侵襲を医師が自分の身体に加えることに同意する権利とともに、同意する責務がある。

④ 選択肢の「違法行為」は、本文の「暴行として罰する」の言い換え。患者が同意していない場合、医師がその患者に医学的侵襲を与えることは違法行為になるといえる。

1〜3行目

> アメリカの1957年のサルゴ裁判で、医師が医学的侵襲を患者の同意なくして与えた場合には暴行（日本では「故意の傷害」）として罰するという法理を、インフォームド・コンセントの法理とすると定められ

✕ 本文では、危険性の警告なしの医療行為を罰する法理は60年のナタンソン裁判で追加されたと述べている。70年頃ではない。

3〜6行目

> 60年のナタンソン裁判では（略）危険性の警告をしないで医療行為をした場合には過失として罰するという法理をインフォームド・コンセントに追加した。

正解 4

9 「主張合致」の問題。選択肢を本文と照らし合わせる。

✗ 閉鎖的で心の内を明かさない性格の人々と、陽気で親切な性格の人々は別。

1～2行目

> 閉鎖的で心の内を明かさない、しばしば内気な性格の人々がいる一方で、これとまったく反対にあけっぴろげで愛想がよく、概して陽気であり、少なくとも親切で人好きのする性格の人々がいる。

✗ 本文では、同じ親に育てられた兄弟姉妹でも、内向的か外向的かは異なると述べている。

14行目～末尾

> 同じ親に育てられた兄弟姉妹の中でも、ある子どもは内向的であり、別の子どもは外向的である。

③ 内気で閉鎖的な性格の人々と愛想がよく陽気な人々の違いは、類型的な態度の違い。本文では、この違い(対立)は教育や環境にはかかわりないと述べている。

3～6行目

> こうした違いは当然その人特有の性格と思われがちだが、しかし多くの人とつき合っていると、むしろ類型的な態度の違いに気づくであろう。この対立は、はっきりわかる場合とそうではない場合があるが、根本的なものであって、教育や環境にはかかわりなく、あらゆる階層にみられ、性が変わってもこの事実は変わらない。

✗ 客体を無視する態度をとるのは、内向的な人。外向的な人ではない。

6～7行目

> 内気で閉鎖的な人は、内向型で、客体を無視する態度をとる。

✗ 客体の意義を高く評価しているのは外向的な人。内向的な人ではない。

8～10行目

> 愛想がよく陽気な人は、外向型で、客体に対して積極的な態度をとる。彼は客体の意義を高く評価しているので、自分の注意をいつも客体に向け、それと関係づける。

正解	3

10 「要旨」の問題。選択肢を本文と照らし合わせる。

① 本文では、法を学ぶ者は、正義を実現する精神を身につけ、その原点を忘れた者は法を語る資格がないと述べている。正義を実現する精神を忘れてはいけないといえる。

8〜9行目

> 法を学ぶ者は、正義を求め、正義を実現する精神を身につけなければならない。この原点を忘れた者は、法について語る資格はない。

✗ 本文では、法の技術的なしくみについて重要と述べている。その上で、法の技術的なしくみは第二義的なことにすぎないと述べている。

※「第二義」は、「根本的でないこと」という意味。

2〜3行目

> このような法の技術的なしくみは、もちろん重要ではあるが、第二義的なことにすぎない。

✗ 本文では、権利の主張は、それが道理に合わず、普遍性をもたない場合には単なるエゴイズムと述べている。場合によりエゴイズムではないこともあるといえる。

14行目〜末尾

> たとえば、ある人間が、みずからの権利を主張するということは、出発点において、その人の個人的な問題である。しかし、その主張が道理に合わず、普遍性をもたない場合には、それは単なるエゴイズム、私利私欲であって、正義とは無縁である。

✗ 学生が圧倒されるのは、法律の条文や、その理屈。法の精神のむずかしさではない。

1〜2行目

> 大学で法律学を学びはじめた学生や、人生の中ではじめて法律問題にぶつかった市民は、法律のかた苦しい条文や、そのむずかしい理屈に圧倒され、しばしばとほうにくれるであろう。

✗ 本文では、芸術と科学の背後に、法の精神があるとは述べていない。

正解	1

11 「主張合致」の問題。選択肢を本文と照らし合わせる。

✗ 1968年に国連によって提唱されたのは「国民経済計算」。「国民所得統計」ではない。

1行目

> 1968年、国連によって国民経済計算(68SNA)が提唱された。

② 「国民経済計算」の特徴について、選択肢で述べている内容と本文が合致する。

1〜5行目

> 1968年、国連によって国民経済計算(68SNA)が提唱された。(略)これに対し68SNAは、国民所得統計に産業連関表、資金循環表、国際収支統計、国民貸借対照表を加えたために、ストックも含んだ、一貫した基準に従った国民経済の全体的把握が可能になった。こうした構造上の改革に加え、生産活動を精密に推計できるコモディティ法を採用したのも特徴である。

✗ 本文で述べている「需要(消費や投資)項目別に流通段階ごとに把握する方法」は、国民経済計算(68SNA)で採用されたコモディティ法のこと。68SNAを改定したものが93SNAなので、新たに取り入れられたとはいえない。

5〜7行目

> コモディティ法とは、財貨・サービスの生産、輸出入、在庫変動費から2000以上の品目の総供給量を推計、需要(消費や投資)項目別に流通段階ごとに把握する方法をいう。

✗ 本文では、日本が93SNAに移行したのは2000年からと述べている。1993年ではない。

9〜10行目

> 1993年には国連により改定が施され、93SNAとなった。日本も、2000年から移行している。

✗ 国民経済計算(93SNA)の改定ポイントは①〜③の3つ。2つではない。

10行目〜末尾

> 改定のポイントは、①主体系の刷新(キャピタル・ゲイン・ロスの内訳明示など)、②概念の詳細化・明確化及び拡張(コンピュータ・ソフトウェア支出を中間消費でなく投資に計上する、GNPをGNIに概念変更など)、③サテライト勘定を導入し、社会的な関心事項についての追加的な情報を提供すること、である。

| 正解 | 2 |

12 「解釈」の問題。選択肢を本文と照らし合わせる。

✗ 本文では、「高価なレコードプレーヤー」「通常では聞き取れない音を聞く」のどちらも述べていない。

✗ 本文では、「音楽に込められた作り手の思い」について述べていない。

✗ 「レコードはCDと違って音にあたたかみがある」(7〜8行目)とある。ここから、CDは音にあたたかみがないといえる。しかし、筆者がLPレコードを好む理由は音質ではなく、こだわっているとはいえない。

8〜9行目

> 私がレコードを好む理由は音質ではない。LPレコードのポリ塩化ビニール特有の質感やレコードジャケットといった、音以外の部分が好きなのだ。

④ 筆者は、「レコードで形になっている部分のすべてにかかわり、わがものとする」ことを「音と深く付き合う感覚」と述べている。また、このことを「CDだって同じ」と述べている。「レコードやCDで形になっているすべてにかかわってわがものとする感覚」といえる。

11〜15行目

> レコードプレーヤーから流れる音を聞くことだけが音楽を楽しむことではない。レコード盤のクリーニングをして、ジャケットをいじり、ビニールの収納袋が古びていれば新しいものと取り換える。そのレコードで形になっている部分のすべてにかかわり、わがものとする。音楽鑑賞というより、音と深く付き合う感覚だ。これはレコードだけの話ではない。私はその世代ではないが、CDだって同じだ。

✗ 筆者は、LPレコードにこだわる理由を「音以外の部分が好き」「手触りを楽しみたい」(9〜10行目)と述べている。また、本文の後半では、ダウンロードや配信で聞く音楽を「手に触れる円盤もジャケットもない」(17〜18行目)と述べていることから、これらは「形のない音楽」といえる。しかし、聞く人や感覚については述べていない。

本文と合致する選択肢は**4**だけ。

正解	4

TG-WEB
時短型
計数・言語

TG-WEB
時短型とは？

● 短時間で大量の問題を解かせる

　TG-WEBの「時短型」は、標準型と比べて問題数が多く、制限時間が短いタイプです。言語では、語彙の問題と「長文読解」が出題されます。計数では、「四則逆算」「図表の読み取り」が出題されます。

※「時短型」は、本書の2023年度版まで、「新型」と呼んでいたものです。
※以下の画面のほかに、新しいデザインの画面が登場しています（13ページ参照）。

● 問題数と制限時間

科目名	問題数	制限時間
計数	36問	8分
言語	34問	7分

※これ以外に、性格が実施されます。また、オプションとして英語があります。

● 時短型の画面

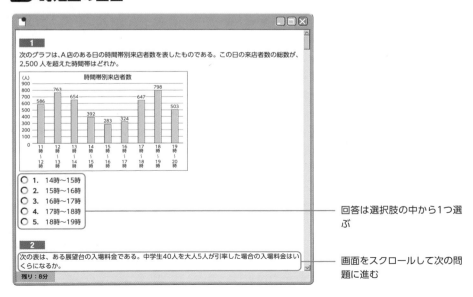

回答は選択肢の中から1つ選ぶ

画面をスクロールして次の問題に進む

168

時短型では、全問がまとめて1画面に表示されるタイプが出題されます。苦手な問題を飛ばして得意な問題から解くなどの方法で、時間を効果的に使うことができます。

　時短型は問題数が多いので、問題を解く順番を変えたときは、未回答の問題を見落として残すことのないように注意しましょう。

◗◯ 1問あたりに使える時間が短い。計算速度を上げよう

　言語は34問中30問が「同義語」「対義語」「ことわざ・慣用句・四字熟語」などの言葉の知識を問う問題です。計数は36問中30問が「四則逆算」です。

　単純計算すると、1問あたりに使える時間は、計数で13秒強、言語で12秒強しかありません。特に計数では、計算速度を上げることが、対策上、大変に重要です。

TG-WEB　時短型
計数の概要

■○ 標準型とは大きく異なるタイプの問題

　時短型の計数では、「図表の読み取り」が6問と、「四則逆算」が30問出題されます。計算が主体となる出題内容で、TG-WEBの標準型とは、かなりタイプの違う問題だといえます。

■○ 1問に使える時間が極端に短い

　時短型の計数は、36問を8分で解きます。単純計算すると、1問あたりに使える時間は13秒強しかありません。**計算速度を上げることが、対策上、大変に重要です。**

※企業によっては、制限時間や問題数が異なる場合があります。

■○ 問題の特徴と攻略ポイント

① 「図表の読み取り」は、表やグラフから、数値を探したり計算をしたりする問題です。

　中には統計資料など、日ごろ図表を見慣れていない人には、煩雑に感じられる図表も出題されます。図表をじっくりと読み込む必要はありません。**設問文に出てくる項目名や年度などを手がかりにして、手早く数値を拾いましょう。**たいていは、同じ用語が図表の項目名などに登場します。よく知らない用語があっても、図表から同じものを探せば大丈夫です。

② 「四則逆算」は、空欄に当てはまる数字を計算する、方程式の問題です。

　式を電卓で計算しやすいように並べ換えて、一気に電卓で計算すると手早く答えが出せます。

● 電卓は必ず用意し、使い慣れておこう

　1問でも多く解くためには電卓が欠かせません。電卓は必ず用意し、練習段階から使い慣れておきましょう。効率のよい電卓の打ち方を覚えることも速度向上に役立ちます。次ページの「電卓を使いこなして速度アップ」をお読みください。

● ヒューマネージ社のテストセンターの問題にも取り組もう

　「図表の読み取り」と「四則逆算」は、ヒューマネージ社のテストセンターでも出題されます。電卓使用の可否や難易度は異なりますが、問題形式は同じです。より多くの問題パターンに触れるため、そちらにも取り組みましょう。TG-WEBの時短型の対策の際には、電卓を使って取り組むようにしてください。

※「図表の読み取り」と「四則逆算」の問題は、SHL社のWebテスト「玉手箱」で出題される「図表の読み取り」と「四則逆算」の問題にも似ています。玉手箱の再現問題は、『これが本当のWebテストだ！①』に掲載しています。より多くの問題をこなしたいと考える人は、同書もご活用ください。

電卓を使いこなして速度アップ

●後ろにかっこがある引き算は、引く順を逆にして、最後にプラスとマイナスを入れ替える

例：「2−(3÷4)」は「(3÷4)−2」と計算

本来の計算順　2−(3÷4)＝2−0.75＝1.25

電卓での計算　3 ［÷］ 4 ［−］ 2 ［＝］−1.25 ➡ 1.25と考える

●「0.35」のような1未満の小数は、0を省略して「.35」と打つ

「.35」と打ち込むと、画面には「0.35」と0を補って表示されます。

●％を小数に直すのが苦手な人は、電卓の「％」ボタンを使う

例：30の20％を求める場合

30 ［×］ 20 ［％］ ➡「6」と答えが出る

●メモリー機能を使うと、途中でメモをとらずにかっこの式を計算できる

例：「(1.2×1.4) ＋ (2.3×2.1)」を求める場合

1.2 ［×］ 1.4 ［M＋］　2.3 ［×］ 2.1 ［M＋］　［MR］ ➡「6.51」

かけ算の答え 1.68 が　　かけ算の答え 4.83 が　　メモリー内の 6.51(1.68 + 4.83
メモリーに足される　　　メモリーに足される　　　の答え）が呼び出される

［M＋］	メモリーへの足し算
［M−］	メモリーからの引き算
［MR］ または ［RM］	メモリーの呼び出し
［MC］ または ［CM］	メモリーのクリア
［MRC］ または ［R・CM］ または ［RM/CM］	メモリーの呼び出しとクリア ※一度目は呼び出し、二度目はクリア

※メモリーは1問解き終わるごとにクリアしましょう。
※メモリーの呼び出しとクリアは、メーカーや機種によってボタンが違うので、詳しくは電卓の説明書で確認してください。

方程式を解くコツ

数字を右辺に移して□=の式にする

＋ の方程式 $\square+2=5$ $\square=5-2$ ーに変える

      $3+\square=5$ $\square=5-3$ ーに変える

－ の方程式 $\square-4=2$ $\square=2+4$ ＋に変える

      $6-\square=2$ $\square=6-2$ 後ろのーごと移す

× の方程式 $\square\times3=6$ $\square=6\div3$ ÷に変える

      $2\times\square=6$ $\square=6\div2$ ÷に変える

÷ の方程式 $\square\div2=3$ $\square=3\times2$ ×に変える

      $6\div\square=3$ $\square=6\div3$ 後ろの÷ごと移す

右辺に移すときは、左辺の計算順が後のものが先

$$\square\times2-3=5 \ \Rightarrow \ \square=(5+3)\div2$$

後   先

先   後

$\square\times2-3=5$
$\square\times2=5+3$
$\square=8\div2$ と同じ

計算のおさらい

計算順のきまり

● かけ算・割り算は、足し算・引き算よりも先に計算

● かっこがあるときは、かっこの中を先に計算

かっこをはずすとき

● 引き算のかっこをはずすと、かっこ内の－は＋になる

例：$6-(2-1)＝6-2+1=5$

● 割り算のかっこをはずすと、かっこ内の÷は×になる

例：$12÷(4÷2)＝12÷4×2=6$

分数は整数の式に変えられる

● 分数は、「分子÷分母」の式に変えられる

例：$\frac{3}{5}＝3÷5=0.6$

●「÷分数」を整数の式にするときは、「÷分子×分母」となるので注意

例：$6÷\frac{3}{5}＝6÷3×5=10$

分数のおさらい

＋ ー 通分（分子と分母に同じ数をかける）で分母を揃えて計算

$$\frac{1}{2} + \frac{1}{3}$$ ← 分母が6になるよう通分

$$= \frac{1 \times 3}{2 \times 3} + \frac{1 \times 2}{3 \times 2}$$

$$= \frac{3}{6} + \frac{2}{6}$$ ← 分母が揃ったら足し算

$$= \frac{5}{6}$$

$$\frac{2}{3} - \frac{1}{6}$$ ← 分母が6になるよう通分

$$= \frac{2 \times 2}{3 \times 2} - \frac{1}{6}$$

$$= \frac{4}{6} - \frac{1}{6}$$ ← 分母が揃ったら引き算

$$= \frac{{}^1 3}{6_{,2}}$$ ← 約分（分子と分母を同じ数で割る）

$$= \frac{1}{2}$$

✕ 分母どうし、分子どうしをかけ算

$$\frac{3}{4} \times \frac{1}{3}$$ ← 分母どうし、分子どうしをかけ算

$$= \frac{{}^1 3 \times 1}{4 \times 3_{,1}}$$ ← 約分（分子と分母を同じ数で割る）

$$= \frac{1}{4}$$

÷ 割る数の分子と分母を入れ替えてかけ算

$$\frac{1}{3} \div \frac{5}{6}$$ ← $\div \frac{5}{6}$ は $\times \frac{6}{5}$ にする

$$= \frac{1}{3} \times \frac{6}{5}$$ ← 分母どうし、分子どうしをかけ算

$$= \frac{1 \times 6^{\,2}}{{}_1 3 \times 5}$$ ← 約分（分子と分母を同じ数で割る）

$$= \frac{2}{5}$$

1 四則逆算（整数の計算）

- ●式を電卓で計算しやすい順にして、一気に計算
- ●数字を右辺に移すときは、左辺の計算順が後のものが先

例題

1 $\square - 747 = 8263$

1. 8980　　2. 8990　　3. 9000　　4. 9010　　5. 9020

2 $\square \times 9 = 216 \div 4$

1. 2　　2. 3　　3. 4　　4. 5　　5. 6

3 $2280 \div \square = 57 \div 8$

1. 300　　2. 310　　3. 320　　4. 330　　5. 340

4 $3 \times 8 + 2 = \square \div 3$

1. 76　　2. 78　　3. 80　　4. 82　　5. 84

5 $\square \times 7 + 19 = 136 \div 2$

1. 7　　2. 8　　3. 9　　4. 10　　5. 11

6 $56 \div 7 = 26 - \square$

1. 16　　2. 17　　3. 18　　4. 19　　5. 20

---

1 $\square - 747 = 8263$　　　←747を右辺に移す（＋747に変わる）

$\square = 8263 + 747$　　←赤字の部分を、電卓で計算

$\square = 9010$

> **補足** 計算過程を書き出す必要はない。頭の中で式を移項して電卓に打ち込む
>
> ここでは、説明のために、747を右辺に移す過程なども記しているが、実際にはメモ書きする必要
> はない。画面上の計算式を見て、頭の中で式を移項して、電卓に打ち込むのが速い。

2　□×9＝216÷4　　　← 9を右辺に移す（÷9に変わる）

　　　　　□＝216÷4÷9　　　← 赤字の部分を、電卓で左から順に計算

　　　　　□＝6

3　2280÷□＝57÷8　　　← 2280を右辺に移す（2280÷のまま右辺の先頭へ）

　　　　　□＝2280÷（57÷8）　← かっこをはずす

　　　　　□＝2280÷57×8　　　← 赤字の部分を、電卓で左から順に計算

　　　　　□＝320

4　3×8＋2＝□÷3　　　← 左右の式を入れ替える（□が左辺にくる）

　　　　　□÷3＝3×8＋2　　　← 3を右辺に移す

　　　　　□＝（3×8＋2）×3　← 赤字の部分を、電卓で左から順に計算

　　　　　□＝78

5　□×7＋19＝136÷2　　← 7と19を右辺に移す（左辺の計算順が後の19が先）

　　　　　□＝（136÷2－19）÷7　← 赤字の部分を、電卓で左から順に計算

　　　　　□＝7

6　56÷7＝26－□　　　← 左右の式を入れ替える

　　26－□＝56÷7　　　← 26を右辺に移す（26－のまま右辺の先頭へ）

　　　　　□＝26－（56÷7）　← 56÷7＝8を暗算

　　　　　□＝26－8　　　← 赤字の部分を、暗算または電卓で計算

　　　　　□＝18

速解　電卓で「56÷7－26」を計算して、プラス・マイナスを逆にする

「26－（56÷7）」だと電卓で一気に計算できない。「56÷7」を先にして「56÷7－26」とすれば、電卓で一気に計算できる。計算すると「56÷7－26＝－18」。プラスにした「18」が正解。

※引く順を逆にすると、プラス・マイナスが逆転した答えになる。

正解	**1** 4	**2** 5	**3** 3	**4** 2	**5** 1	**6** 3

2 四則逆算（分数と%の計算）

● 複雑な分数の計算は出ない。よく出るのは、分数を%にする問題
● 分数を%にするには、「分子÷分母」で小数にしてから、100倍して%にする

例題

1 □= 4/5

   1. 70%　　2. 75%　　3. 80%　　4. 85%　　5. 90%

2 □= 6/25

   1. 20%　　2. 21%　　3. 22%　　4. 23%　　5. 24%

3 □= 13/10

   1. 13%　　2. 26%　　3. 77%　　4. 130%　　5. 260%

4 □= 23/2

   1. 1150%　　2. 1160%　　3. 1170%　　4. 1180%　　5. 1190%

5 3/4 +□= 1.25

   1. 1/8　　2. 1/4　　3. 3/8　　4. 1/2　　5. 5/8

---

1 選択肢は、いずれも%。分数を「分子÷分母」で小数にしてから、100倍して%にする。

   □= 4/5　　←　$\frac{4}{5}$ を 4÷5 にする

   □= 4÷5　　←　赤字の部分を、暗算または電卓で計算

   □= 0.8　　←　選択肢が%なので、0.8を100倍する

   □= 80%

2 $\square = 6/25$ ← $\frac{6}{25}$ を6÷25にする

    $\square = 6 \div 25$ ← 赤字の部分を、電卓で計算

    $\square = 0.24$ ← 選択肢が%なので、0.24を100倍する

    $\square = 24\%$

3 $\square = 13/10$ ← $\frac{13}{10}$ を13÷10にする

    $\square = 13 \div 10$ ← 赤字の部分を、暗算または電卓で計算

    $\square = 1.3$ ← 選択肢が%なので、1.3を100倍する

    $\square = 130\%$

> **速解** 分母を100にすれば、分子がそのまま%の値になる
> $\frac{13}{10}$ の分子と分母に10をかけると $\frac{130}{100}$。分子がそのまま%の値になるので130%。

4 $\square = 23/2$ ← $\frac{23}{2}$ を23÷2にする

    $\square = 23 \div 2$ ← 赤字の部分を、暗算または電卓で計算

    $\square = 11.5$ ← 選択肢が%なので、11.5を100倍する

    $\square = 1150\%$

5 $3/4 + \square = 1.25$ ← $\frac{3}{4}$ を右辺に移す

    $\square = 1.25 - \frac{3}{4}$ ← $\frac{3}{4}$ を3÷4にする

    $\square = 1.25 - (3 \div 4)$ ← 3÷4を、電卓で計算

    $\square = 1.25 - 0.75$ ← 赤字の部分を、電卓で計算

    $\square = 0.5$ ← $0.5 = \frac{1}{2}$

    $\square = \frac{1}{2}$

> **速解** 電卓で「3÷4−1.25」を計算して、プラス・マイナスを逆にする
> 計算すると「3÷4−1.25＝−0.5」。プラスにした「0.5 ＝ $\frac{1}{2}$」が正解。

正解	**1** 3	**2** 5	**3** 4	**4** 1	**5** 4

3 図表の読み取り（数量）

● 金額や人数などの数量を求める
● 簡単な計算が多いが、1問あたりの時間が短いので、電卓は必須

例題

1 次の表は、ある資格試験における受験者数と合格者数を表したものである。最も不合格者数が多かった年は何年か。

	受験者数（人）	合格者数（人）
2015年	651	186
2016年	679	184
2017年	653	190
2018年	698	197
2019年	662	189

1. 2015年　　2. 2016年　　3. 2017年　　4. 2018年　　5. 2019年

2 次のグラフは、A店のある日の時間帯別来店者数を表したものである。この日の来店者数の総数が、2,500人を超えた時間帯はどれか。

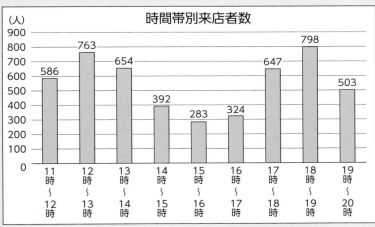

1. 14時〜15時　　2. 15時〜16時　　3. 16時〜17時

4. 17時〜18時　　5. 18時〜19時

1 それぞれの年について「受験者数－合格者数」で不合格者数を出し、比較すると、最も不合格者数が多かった年がわかる。

	受験者数（人）	合格者数（人）	不合格者数
2015年	651	－ 186	＝ 465
2016年	679	－ 184	＝ 495
2017年	653	－ 190	＝ 463
2018年	698	－ 197	＝ 501
2019年	662	－ 189	＝ 473

最も不合格者が多かった年は2018年。

> **速解** 合格者の最多と最少の人数差を使う
>
> 合格者の最多（2018年）と最少（2016年）の人数差は「197 － 184 ＝ 13人」。合格者が最多の2018年の受験者数は698人で、13人を引くと「698 － 13 ＝ 685人」。685人より受験者が多い年はないので、不合格者が最も多い年は2018年。
>
> ※合格者の差は13人しかないのに、受験者の差は13人より大きい。つまり、それだけ2018年の不合格者が多いということ。

2 グラフの左から順に来店者数を足していく。まず、選択肢の一番早い時間帯の14時〜15時までを求めてみる。

11時〜12時　　12時〜13時　　13時〜14時　　14時〜15時　　11時〜15時までの累計

586人　＋　763人　＋　654人　＋　392人　＝　2,395人

2,500人には足りないので、さらに15時〜16時の来店者数を足す。

11時〜15時までの累計　　15時〜16時　　11時〜16時までの累計

2,395人　　＋　　283人　＝　2,678人

2,500人を超えた時間帯は15時〜16時。

正解	**1** 4	**2** 2

1 次の表は、ある展望台の入場料金である。中学生40人を大人5人が引率した場合の入場料金はいくらになるか。

	料金（1人）	団体割引料金（1人） ※25人以上の同じグループ
大人	1,400円	1,260円
小・中学生	700円	630円
3歳〜未就学児	300円	270円

1. 25,200円　　2. 28,000円　　3. 31,500円　　4. 34,300円

5. 35,000円

2 次の表は、ある地下鉄の運賃表である。B駅から地下鉄に乗り、F駅で一度下車して徒歩1分の美術館に寄ってから、H駅に行きたい。このとき、片道運賃はいくら必要か。

A駅								
210円	B駅							
210円	210円	C駅						
210円	210円	210円	D駅					
240円	210円	210円	210円	E駅				
240円	240円	240円	210円	210円	F駅			
270円	240円	240円	240円	210円	210円	G駅		
270円	270円	270円	240円	240円	210円	210円	H駅	
310円	310円	270円	270円	270円	240円	240円	210円	I駅

1. 270円　　2. 310円　　3. 420円　　4. 450円　　5. 480円

1 中学生40人と大人5人の合計45人なので、団体割引料金が適用される。

中学生	人数	大人	人数	入場料金の合計

（630円　×　40人）　＋（1,260円　×　5人）　＝　31,500円

2 「B駅から地下鉄に乗り、F駅で一度下車して徒歩1分の美術館に寄ってから、H駅に行きたい」ときの片道運賃なので、B駅からF駅までの運賃と、F駅からH駅までの運賃を表から読み取って、足し算する。

A駅								
210円	B駅							
210円	210円	C駅						
210円	210円	210円	D駅					
240円	210円	210円	210円	E駅				
240円	240円	240円	210円	210円	F駅			
270円	240円	240円	240円	210円	210円	G駅		
270円	270円	270円	240円	240円	210円	210円	H駅	
310円	310円	270円	270円	270円	240円	240円	210円	I駅

B駅からF駅　　F駅からH駅　　必要な片道運賃

240円　＋　210円　＝　450円

正解	1 3	2 4

4 図表の読み取り（読み取り）

- ●図表の値の大小を見比べるなど、計算がほとんどない読み取り主体の問題
- ●設問文をきちんと読んで、素早く答えを探そう

例題

1 次の表は、ある都市の5歳刻みの年齢別人口を表したものである。人口の総数に対して占める割合が最も多い年齢層はどれか。

0～4歳	5～9歳	10～14歳	15～19歳	20～24歳	25～29歳	30～34歳
1,065人	1,217人	1,531人	1,657人	1,849人	1,761人	1,970人
35～39歳	40～44歳	45～49歳	50～54歳	55～59歳	60～64歳	65～69歳
1,693人	1,986人	2,137人	3,197人	2,873人	3,049人	3,287人
70～74歳	75～79歳	80～84歳	85～89歳	90～94歳	95歳以上	総数
2,348人	2,161人	2,035人	1,632人	718人	201人	38,367人

1. 10～14歳　　2. 20～24歳　　3. 50～54歳　　4. 65～69歳
5. 80～84歳

2 次のグラフは、ある年の商品Aの売上個数を棒グラフ、対前年同月比を折れ線グラフで表したものである。この年の1月から12月の中で、前年の同月に対する売上個数の増加率が最も大きかったのは何月か。

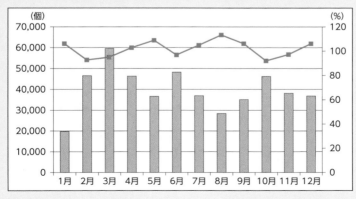

1. 3月　　2. 5月　　3. 8月　　4. 10月　　5. 12月

1 人口が最も多い年齢層を選べば、それが「人口の総数に対して占める割合が最も多い年齢層」である。順番にすべて見てもよいが、選択肢の5つに絞り込んで比べてもよい。選択肢の5つは、以下の赤い部分。最も人口が多いのは、65〜69歳。

0〜4歳	5〜9歳	10〜14歳	15〜19歳	20〜24歳	25〜29歳	30〜34歳
1,065人	1,217人	1,531人	1,657人	1,849人	1,761人	1,970人
35〜39歳	40〜44歳	45〜49歳	50〜54歳	55〜59歳	60〜64歳	65〜69歳
1,693人	1,986人	2,137人	3,197人	2,873人	3,049人	3,287人
70〜74歳	75〜79歳	80〜84歳	85〜89歳	90〜94歳	95歳以上	総数
2,348人	2,161人	2,035人	1,632人	718人	201人	38,367人

2 折れ線グラフは「対前年同月比」を表している。値が大きいほど、「前年の同月に対する売上個数の増加率」が大きいことになる。折れ線グラフの値が最も大きいのは8月。

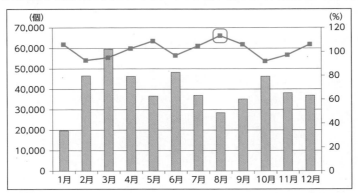

正解	**1** 4	**2** 3

計数　模擬テスト

1 次の表は、A〜Eの5人の中学生の理科、社会、英語の試験の得点を表したものである。3教科の合計点が最も高いのはだれか。

	A	B	C	D	E
理科	57	93	81	48	64
社会	83	46	43	79	75
英語	72	52	54	93	71

1. A　　2. B　　3. C　　4. D　　5. E

2 次の表は、ある町の面積と人口密度を表したものである。最も人口が多いのはどの町か。

	面積(km²)	人口密度(人/km²)
A町	35	457
B町	76	685
C町	84	712
D町	52	384
E町	69	593

1. A町　　2. B町　　3. C町　　4. D町　　5. E町

3 $36 \div 6 = 19 - \square$

1. 12　　2. 13　　3. 14　　4. 15　　5. 16

4 $72 - 16 = 7 \times \square$

1. 6　　2. 7　　3. 8　　4. 9　　5. 10

5 $\square = 9/25$

1. 32%　　2. 34%　　3. 36%　　4. 38%　　5. 40%

6 $9 \times 7 - 17 = \square \div 3$

1. 130　　2. 132　　3. 134　　4. 136　　5. 138

7 $2/5 + \square = 0.7$

1. 1/10　　2. 1/5　　3. 3/10　　4. 2/5　　5. 1/2

8 $\square \times 8 - 38 = 102 \div 3$

1. 8　　2. 9　　3. 10　　4. 11　　5. 12

9 $\square \div (24 - 6) = 19$

1. 328　　2. 342　　3. 346　　4. 358　　5. 370

10 $17 \times (\square - 12) = 476$

1. 40　　2. 42　　3. 43　　4. 45　　5. 47

11 $34 = (\square + 39) \div 4$

1. 85　　2. 97　　3. 106　　4. 138　　5. 170

12 $3710 \div \square = 53 \div 4$

1. 250　　2. 260　　3. 270　　4. 280　　5. 290

13 次の表は、ある市の1年間の出生数と死亡数、市内への転入数と市外への転出数を表したものである。この市の人口は、この1年間で何人変化したか。

出生数	32,158人
死亡数	30,967人
転入数	105,293人
転出数	98,469人

1. 1,191人増加　　2. 8,015人減少　　3. 6,825人増加

4. 5,633人減少　　5. 8,015人増加

14 次の表は、A〜Dのショールームの時間帯別来店者数（単位：人）である。A〜Dのショールームの来店者の合計数が最も多い時間帯はどれか。

	A	B	C	D
11時台	18	13	0	16
12時台	22	74	26	19
13時台	42	35	54	48
14時台	23	27	32	56
15時台	38	19	50	16
16時台	9	13	28	18
17時台	21	8	32	24
18時台	31	19	23	36

1. 12時台　　2. 13時台　　3. 14時台　　4. 15時台　　5. 18時台

---

15 $8 \times 6 - 19 = \square \div 6$

1. 170　　2. 172　　3. 174　　4. 176　　5. 178

---

16 $\square \times 7 + 29 = 234 \div 3$

1. 7　　2. 8　　3. 9　　4. 10　　5. 11

---

17 $82 - 28 = 6 \times \square$

1. 5　　2. 6　　3. 7　　4. 8　　5. 9

---

18 $19 = (\square - 34) \div 2$

1. 72　　2. 74　　3. 78　　4. 82　　5. 84

---

19 $\square = 14/25$

1. 55%　　2. 56%　　3. 57%　　4. 58%　　5. 59%

---

20 $9 \times (\square - 16) = 162$

1. 32　　2. 33　　3. 34　　4. 35　　5. 36

21 $32 = (\square + 41) \div 4$

1. 49   2. 87   3. 158   4. 169   5. 178

22 $\square \div (22 - 9) = 17$

1. 186   2. 204   3. 221   4. 238   5. 244

23 $24 \times (\square - 27) = 456$

1. 41   2. 43   3. 45   4. 46   5. 47

24 $\square \div (32 - 13) = 23$

1. 434   2. 437   3. 440   4. 447   5. 450

計数　模擬テスト

1 A〜Eについて、「理科＋社会＋英語」の合計点を、それぞれ求めて比べる。

	A	B	C	D	E
理科	57	93	81	48	64
社会	83	46	43	79	75
英語	72	52	54	93	71
合計	212	191	178	220	210

合計点が最も高いのはD。

正解　4

速解 10の位の足し算で候補を絞り込む

先に10の位だけ計算。Aは「5＋8＋7＝20」。同様にB〜Eも計算すると、Bは18、Cは17、Dは20、Eは20。10の位が20のA・D・Eに絞り込んで1の位を足し算すると、Aは12、Dは20、Eは10なのでDが最も高い。

2 「人口密度×面積＝人口」。人口密度と面積の数値が大きいほど、人口も多くなる。表を見ると、人口密度も面積も一番大きいのはC町。計算するまでもなく、最も人口が多いのはC町だとわかる。

	面積(km²)	人口密度(人/km²)
A町	35	457
B町	76	685
C町	84	712
D町	52	384
E町	69	593

正解　3

補足 計算をうまく省くことが、時間短縮のコツ

このように、TG-WEBの時短型では、計算しなくても答えが出るような問題も出題される。計算をうまく省くことが、時間短縮のコツ。

3 $36 \div 6 = 19 - \square$ ← 左右の式を入れ替える

     $19 - \square = 36 \div 6$ ← 19を右辺に移す（19 − のまま右辺の先頭へ）

          $\square = 19 - (36 \div 6)$ ← 36 ÷ 6 = 6を暗算

          $\square = 19 - 6$ ← 赤字の部分を、暗算または電卓で計算

          $\square = 13$

正解	2

> **速解** 電卓で「36 ÷ 6 − 19」を計算して、プラス・マイナスを逆にする
>
> 「19 − (36 ÷ 6)」だと電卓で一気に計算できない。「36 ÷ 6」を先にして「36 ÷ 6 − 19」とすれば、電卓で一気に計算できる。計算すると「36 ÷ 6 − 19 = − 13」。プラスにした「13」が正解。
> ※引く順を逆にすると、プラス・マイナスが逆転した答えになる。

4 $72 - 16 = 7 \times \square$ ← 左右の式を入れ替える

     $7 \times \square = 72 - 16$ ← 7を右辺に移す（÷ 7に変わる）

          $\square = (72 - 16) \div 7$ ← 赤字の部分を、電卓で左から順に計算

          $\square = 8$

正解	3

5 $\square = 9/25$ ← $\dfrac{9}{25}$ を9 ÷ 25にする

     $\square = 9 \div 25$ ← 赤字の部分を、電卓で計算

     $\square = 0.36$ ← 選択肢が%なので、0.36を100倍する

     $\square = 36\%$

正解	3

6 $9 \times 7 - 17 = \square \div 3$ ← 左右の式を入れ替える

     $\square \div 3 = 9 \times 7 - 17$ ← 3を右辺に移す（× 3に変わる）

          $\square = (9 \times 7 - 17) \times 3$ ← 赤字の部分を、電卓で左から順に計算

          $\square = 138$

正解	5

7 $2/5 + \square = 0.7$ ← $\frac{2}{5}$ を右辺に移す（$-\frac{2}{5}$ に変わる）

$\square = 0.7 - \frac{2}{5}$ ← $\frac{2}{5}$ を2÷5にする

$\square = 0.7 - (2 \div 5)$ ← $2 \div 5 = 0.4$ を、暗算または電卓で計算

$\square = 0.7 - 0.4$ ← 赤字の部分を暗算

$\square = 0.3$ ← $0.3 = \frac{3}{10}$

$\square = \frac{3}{10}$

正解	3

> **速解** 電卓で「$2 \div 5 - 0.7$」を計算して、プラス・マイナスを逆にする
> 計算すると「$2 \div 5 - 0.7 = -0.3$」。プラスにした「$0.3 = \frac{3}{10}$」が正解。

8 $\square \times 8 - 38 = 102 \div 3$ ← 8と38を右辺に移す（左辺の計算順が後の38が先）

$\square = ((102 \div 3) + 38) \div 8$ ← 赤字の部分を、電卓で左から順に計算

$\square = 9$

正解	2

9 $\square \div (24 - 6) = 19$ ← $(24 - 6)$ を右辺に移す

$\square = 19 \times (24 - 6)$ ← 電卓で計算しやすいよう $(24 - 6)$ を前にする

$\square = (24 - 6) \times 19$ ← 赤字の部分を、電卓で左から順に計算

$\square = 342$

正解	2

10 $17 \times (\square - 12) = 476$ ← 17と12を右辺に移す

$\square = 476 \div 17 + 12$ ← 赤字の部分を、電卓で左から順に計算

$\square = 40$

正解	1

11 $34 = (\square + 39) \div 4$ ← 左右の式を入れ替える

$(\square + 39) \div 4 = 34$ ← 39と4を右辺に移す

$\square = 34 \times 4 - 39$ ← 赤字の部分を、電卓で左から順に計算

$\square = 97$

12 3710 ÷ □ = 53 ÷ 4　　　◀ 3710を右辺に移す（3710÷のまま右辺の先頭へ）

　　　□ = 3710 ÷ (53 ÷ 4)　　◀ かっこをはずす（かっこ内の÷は×に変わる）

　　　□ = **3710 ÷ 53 × 4**　　◀ 赤字の部分を、電卓で左から順に計算

　　　□ = 280

正解　4

13 人口の変化のうち、増加が「出生数」と「転入数」、減少が「死亡数」と「転出数」。

出生数	32,158人
死亡数	30,967人
転入数	105,293人
転出数	98,469人

減少　増加

増加はプラス、減少はマイナスで計算する。

　出生数　　死亡数　　　転入数　　　転出数　　人口の変化
32,158 − 30,967 + 105,293 − 98,469 = 8,015 ➡ 8,015人増加

正解　5

14 選択肢の時間帯のA〜Dの来店者数を、それぞれ足し算して比べる。

	A	B	C	D	合計
11時台	18	13	0	16	
12時台	22	74	26	19	141
13時台	42	35	54	48	179
14時台	23	27	32	56	138
15時台	38	19	50	16	123
16時台	9	13	28	18	
17時台	21	8	32	24	
18時台	31	19	23	36	109

来店者の合計数が最も多い時間帯は13時台。

正解　2

15 $8 \times 6 - 19 = \square \div 6$ ← 左右の式を入れ替える

$\square \div 6 = 8 \times 6 - 19$ ← 6を右辺に移す

$\square = (8 \times 6 - 19) \times 6$ ← 赤字の部分を、電卓で左から順に計算

$\square = 174$

正解	3

16 $\square \times 7 + 29 = 234 \div 3$ ← 7と29を右辺に移す

$\square = (234 \div 3 - 29) \div 7$ ← 赤字の部分を、電卓で左から順に計算

$\square = 7$

正解	1

17 $82 - 28 = 6 \times \square$ ← 左右の式を入れ替える

$6 \times \square = 82 - 28$ ← 6を右辺に移す

$\square = (82 - 28) \div 6$ ← 赤字の部分を、電卓で左から順に計算

$\square = 9$

正解	5

18 $19 = (\square - 34) \div 2$ ← 左右の式を入れ替える

$(\square - 34) \div 2 = 19$ ← 34と2を右辺に移す

$\square = 19 \times 2 + 34$ ← 赤字の部分を、電卓で左から順に計算

$\square = 72$

正解	1

19 $\square = 14/25$ ← $\frac{14}{25}$ を14÷25にする

$\square = 14 \div 25$ ← 赤字の部分を、電卓で計算

$\square = 0.56$ ← 選択肢が%なので、0.56を100倍する

$\square = 56\%$

正解	2

20 $9 \times (\square - 16) = 162$ ← 9と16を右辺に移す

$\square = 162 \div 9 + 16$ ← 赤字の部分を、電卓で左から順に計算

$\square = 34$

正解	3

21 $32 = (\square + 41) \div 4$ ← 左右の式を入れ替える

$(\square + 41) \div 4 = 32$ ← 41と4を右辺に移す

$\square = 32 \times 4 - 41$ ← 赤字の部分を、電卓で左から順に計算

$\square = 87$

正解	2

22 $\square \div (22 - 9) = 17$ ← (22−9)を右辺に移す

$\square = 17 \times (22 - 9)$ ← 電卓で計算しやすいよう(22−9)を前にする

$\square = (22 - 9) \times 17$ ← 赤字の部分を、電卓で左から順に計算

$\square = 221$

正解	3

23 $24 \times (\square - 27) = 456$ ← 24と27を右辺に移す

$\square = 456 \div 24 + 27$ ← 赤字の部分を、電卓で左から順に計算

$\square = 46$

正解	4

24 $\square \div (32 - 13) = 23$ ← (32−13)を右辺に移す

$\square = 23 \times (32 - 13)$ ← 電卓で計算しやすいよう(32−13)を前にする

$\square = (32 - 13) \times 23$ ← 赤字の部分を、電卓で左から順に計算

$\square = 437$

正解	2

TG-WEB　時短型
言語の概要

●● 言葉の知識を問う問題が出題される

　時短型の言語では、「同義語」が10問、「対義語」が10問、「ことわざ・慣用句・四字熟語」が合わせて10問、「長文読解」が4問出題されます。言葉の意味を知っていればすぐに答えがわかる問題が多いのが時短型の言語の特徴です。

●● 1問に使える時間が極端に短い

　時短型の言語は、34問を7分で解きます。単純計算すると、1問に使える時間は12秒ほどです。時間をうまく使う工夫をしないと全問を解くのは難しいでしょう。「同義語」「対義語」「ことわざ・慣用句・四字熟語」を1問につき数秒のペースで解き、「長文読解」を解く時間を捻出するなどの対策をしましょう。

※企業によっては、制限時間や問題数が異なる場合があります。

●● 問題の特徴と攻略ポイント

① 「同義語」は、問題文で示された言葉と同じ意味の言葉を選択する問題です。「対義語」は、問題文で示された言葉と対照的な意味の言葉を選択する問題です。

　いずれの問題も、言葉の意味をあらかじめ知っていれば答えがわかります。意味を知らない言葉が出題されたら、時間の許す範囲内で答えにつながるヒントを見つける努力をしましょう。問題によっては、1字ずつに分解する、言葉のイメージから推測するなどの方法が有効なものもあります。

② 「ことわざ・慣用句・四字熟語」は、問題文で示された言葉の意味を選択する問題です。

　現在の日常生活ではあまり使われないことわざや慣用句、四字熟語が出題されます。問題文や選択肢をもとに連想することで、意味の推測が可能なものもあります。この問題も、時間の許す範囲内でヒントを見つける努力をしましょう。

③「長文読解」では、標準型と同じく「主張合致」「要旨」「解釈」が出題されます。

- **「主張合致」**

  筆者の主張と合致するものを選択します。選択肢を本文と照らし合わせ、合致しているかどうかを見ます。標準型と同じく、**本文と合致する選択肢は通常1つだけです。合致するものが見つかったら、以降の照らし合わせは省略してもかまいません。**

- **「要旨」**

  本文の要旨（主要な点）を選択します。選択肢を本文と照らし合わせ、合致しているかどうかを見ます。標準型では、本文と合致する選択肢は原則として1つですが、**時短型では、本文と合致する選択肢が複数の問題が出題されることがあります。全選択肢を照らし合わせましょう。合致する選択肢が複数のときは、要旨として妥当なものを1つ決めます。**

- **「解釈」**

  本文の内容をもとにした設問の答えを選択します。設問は長文ごとに違います。本書ではこのタイプの問題を「解釈」と呼びます。選択肢を本文と照らし合わせ、合致しているかどうかを見ます。**問題によっては、本文と合致する選択肢が複数のことがあります。全選択肢を照らし合わせましょう。本文と合致する選択肢が複数のときは、合致するものの中から最適なものを1つ決めます。**

　時短型の「長文読解」では、以前は、本文の内容と合致することわざを選択肢から選ぶタイプの問題が出題されることがありましたが、現在では出題されなくなっているようです。

◖◗ 標準型の「長文読解」にも取り組もう

　「長文読解」の対策として、標準型の問題にも取り組むことをおすすめします。より多くの問題パターンに触れておきましょう。

1 同義語・対義語

- 「同義語」は、問題文で示された言葉と同じ意味の言葉を選択する問題
- 「対義語」は、問題文で示された言葉と対照的な意味の言葉を選択する問題

例題

1 「改良」の同義語として適切なものはどれか。
1. 善処　　2. 改悪　　3. 改善　　4. 良才　　5. 改築

2 「豊富」の同義語として適切なものはどれか。
1. 潤沢　　2. 栄華　　3. 豊水　　4. 円滑　　5. 富貴

3 「継承」の同義語として適切なものはどれか。
1. 相性　　2. 踏破　　3. 来襲　　4. 承前　　5. 踏襲

4 「整頓」の対義語として適切なものはどれか。
1. 乱調　　2. 乱立　　3. 乱用　　4. 乱雑　　5. 乱数

5 「定着」の対義語として適切なものはどれか。
1. 着脱　　2. 移動　　3. 沈没　　4. 反復　　5. 固着

6 「固辞」の対義語として適切なものはどれか。
1. 快諾　　2. 弱気　　3. 認可　　4. 就任　　5. 好転

1 「改良」の意味は、「物事の悪いところを改めて、前よりよくすること」。同義語として
適切なのは、3の「改善」。意味は、「物事をよい方に改めること」。

> **補足** 同じ漢字が入っている言葉から推測する
> 「改良」と同じ「改」が入っているのは、2の「改悪」、3の「改善」、5の「改築」。このうち、「良くする」
> という意味を持つ言葉を含むのは「改善」だけ。

2 「豊富」の意味は、「豊かであること。富んでいること」。同義語として適切なのは、**1**の「潤沢」。意味は、「物が豊富にあること」。

3 「継承」の意味は、「先の人の身分・権利・義務・財産などを受け継ぐこと」。同義語として適切なのは、**5**の「踏襲」。意味は、「先人のやり方や説をそのまま受け継ぐこと」。

4 「整頓」の意味は、「物事をととのった状態にすること」。対義語として適切なのは、**4**の「乱雑」。意味は、「入り乱れていること」。

> **補足** 設問の言葉を使った四字熟語などをヒントにする
> 「整頓」から、「整理整頓」などの言葉を思い浮かべると、対照的な意味の言葉を見つけやすくなる。

5 「定着」の意味は、「ある物・場所などにしっかりついて離れないこと」。対義語として適切なのは、**2**の「移動」。意味は、「位置を変えること。移り動くこと」。

6 「固辞」の意味は、「強くすすめられても固く辞退すること」。対義語として適切なのは、**1**の「快諾」。意味は、「頼みを気持ちよく引き受け、承知すること」。

> **補足** 言葉の意味がわからないときは、分解して訓読みする
> 「固辞」は分解して「固く」「辞する」と読むことができる。「快」という字で始まる「快諾」と結びつけやすくなる。

正解	**1** 3	**2** 1	**3** 5	**4** 4	**5** 2	**6** 1

※言葉の定義は『大辞林第四版』（三省堂）から引用しました。

1 「露見」の同義語として適切なものはどれか。
　　1. 過程　　2. 後見　　3. 指示　　4. 露呈　　5. 進言

2 「憂慮」の同義語として適切なものはどれか。
　　1. 遠慮　　2. 不安　　3. 考慮　　4. 予感　　5. 謙虚

3 「折衝」の同義語として適切なものはどれか。
　　1. 緩衝　　2. 交渉　　3. 衝突　　4. 折半　　5. 摩擦

4 「一生」の同義語として適切なものはどれか。
　　1. 後世　　2. 再生　　3. 早世　　4. 生死　　5. 終生

5 「幼稚」の対義語として適切なものはどれか。
　　1. 多才　　2. 老練　　3. 学識　　4. 拙劣　　5. 衰勢

6 「利他」の対義語として適切なものはどれか。
　　1. 利益　　2. 自己　　3. 利己　　4. 無私　　5. 便利

7 「介入」の対義語として適切なものはどれか。
　　1. 補助　　2. 放出　　3. 徹底　　4. 後退　　5. 傍観

8 「詳細」の対義語として適切なものはどれか。
　　1. 簡便　　2. 広範　　3. 微細　　4. 概略　　5. 入念

---

1 「露見」の意味は、「悪事や秘密などがばれること」。同義語として適切なのは、**4**の「露呈」。意味は、「隠していたものをあからさまにあらわすこと」。

> **補足**　「露」と「呈」は同じ意味
> 「露」は訓読みすると「露（あらわ）」。「平常では外から見えないものや内部にひそんでいるものが表面に現れているさま」という意味がある。「呈」にも「あらわれる」という意味がある。

2 「憂慮」の意味は、「心配すること」。同義語として適切なのは、**2**の「不安」。意味は、「気がかりなこと。心配なこと」。

3 「折衝」の意味は、「有利に事を運ぶように、相手と駆け引きすること」。「敵の衝いてくる矛先^{ほこさき}をくじく」から転じている。同義語として適切なのは、**2**の「交渉」。意味は、「ある事を実現するために、当事者と話し合うこと」。

4 「一生」の意味は、「生まれてから死ぬまで」。同義語として適切なのは、**5**の「終生」。意味は、「生きている間。生涯」。

5 「幼稚」の意味は、「おさないこと。考え方・やり方などが未熟であること」。対義語として適切なのは、**2**の「老練」。意味は、「経験を多く積み、物事によく慣れていて巧みであること」。

6 「利他」の意味は、「自分を犠牲にしても他人の利益を図ること」。対義語として適切なのは、**3**の「利己」。意味は、「自分の利益だけを大事にし、他人のことは考えないこと」。

> **補足** 問題と同じ漢字の選択肢から、もう1つの字が対照的なものを選ぶ
> 選択肢のうち、「利」という漢字が入っているのは1の「利益」、3の「利己」、5の「便利」。このうち、「他」と対照的な漢字は3の「己」。

7 「介入」の意味は、「事件や争いなどに割り込むこと」。対義語として適切なのは、**5**の「傍観」。意味は、「かかずらうことなく、そばで見ていること」。

8 「詳細」の意味は、「くわしく、こまかなこと」。対義語として適切なのは、**4**の「概略」。意味は、「物事のあらまし」。

正解	**1** 4	**2** 2	**3** 2	**4** 5	**5** 2	**6** 3	**7** 5	**8** 4

※言葉の定義は『大辞林第四版』（三省堂）から引用しました。

2 ことわざ・慣用句・四字熟語

●問題文で示されたことわざや慣用句、四字熟語の意味を選択する問題
●現在の日常生活ではあまり使われない言葉も出題される

例題

1 「二階から目薬」の意味として適切なものはどれか。
　1. 思うようにならず、じれったいこと。
　2. 手間がかかること。
　3. 気が利かない人のこと。
　4. いろいろな方法を試すこと。
　5. あきらめずに続けること。

2 「造詣が深い」の意味として適切なものはどれか。
　1. 一度学んだら決して忘れないこと。
　2. 美術作品を楽しむ力が、人より優れていること。
　3. 優れた彫刻作品を作る技量があること。
　4. 膨大な情報を暗記する力があること。
　5. 学問などについて、深い知識や技量を持っていること。

3 「是是非非」の意味として適切なものはどれか。
　1. 誰が見ても明らかなこと。
　2. 間違っている点を正しくなおすこと。
　3. 自分の意見に固執すること。
　4. よいことはよいこととして賛成し、悪いことは悪いこととして反対すること。
　5. 善と悪は相対的なものであるということ。

4 「蛇の道は蛇」の意味として適切なものはどれか。
　1. 同じたぐいの人は互いにその事情に通じているということ。
　2. 蛇はそれぞれ自分の縄張りを持っているということ。
　3. 研究をするときは対象を絞り込むべきだということ。

4. その道の専門家のいうことを疑うべきではないということ。

5. 動物の生態には不明な点が多いということ。

1 「二階から目薬」の意味は、「意のままにならずもどかしいこと」。適切なのは**1**の「思うようにならず、じれったいこと」。

> **補足** 「天井から目薬」も同じ意味
> 「二階から目薬」は、二階にいる人が階下の人に目薬をさそうとしても、思うようにいかないことからきている。同じ意味のことわざとして「天井から目薬」がある。

2 「造詣が深い」の「造詣（ぞうけい）」の意味は、「学問・芸術・技術などについての深い知識やすぐれた技量」。適切なのは、**5**の「学問などについて、深い知識や技量を持っていること」。

3 「是是非非（ぜぜひひ）」の意味は、「一定の立場にとらわれず、よいことをよいとして賛成し、悪いことは悪いとして反対すること」。適切なのは、**4**の「よいことはよいこととして賛成し、悪いことは悪いこととして反対すること」。

4 「蛇の道は蛇（じゃのみちはへび）」の意味は、「同類の者は互いにその事情に通じている、ということ」。適切なのは、**1**の「同じたぐいの人は互いにその事情に通じているということ」。

正解	**1** 1	**2** 5	**3** 4	**4** 1

※言葉の定義は『大辞林第四版』（三省堂）から引用しました。

1 「目が利く」の意味として適切なものはどれか。

　1. 物事に注意する度合いが深いこと。

　2. 他人の気持ちを察することができること。

　3. よしあしを見分ける能力を持っていること。

　4. 誰も気づかない間違いに気がつくこと。

　5. 誰に対しても気遣いができること。

2 「鶏口となるも牛後となるなかれ」の意味として適切なものはどれか。

　1. 信用や権威があって、相手に便宜をはかってもらえる。

　2. 口ばかり達者でも行動で示さないと信頼されない。

　3. 競争するからには必ずトップに立たなければならない。

　4. 小さな団体で頭となるほうが、大きな団体で部下であるよりもよい。

　5. 人と接するときは誠意ある態度を示さなければならない。

3 「二の句が継げない」の意味として適切なものはどれか。

　1. すぐに指示ができないこと。

　2. あきれて何も言えなくなること。

　3. 不適切な発言をしてしまうこと。

　4. 作業などに時間がかかってしまい、間に合わないこと。

　5. 他人と同じ失敗を自分もしてしまうこと。

4 「以心伝心」の意味として適切なものはどれか。

　1. 言葉を使わなくても考えていることが通じること。

　2. 気合で相手を圧倒すること。

　3. 気持ちを込めて手紙を書くこと。

　4. 形あるものよりも心のほうが大事だということ。

　5. お互いに遠慮がいらない関係のこと。

5 「判官贔屓」の意味として適切なものはどれか。
　　1. 民間の事業が公的な補助を受けること。
　　2. 弱い者に同情する気持ちのこと。
　　3. 人を裁く者には高潔な人格が求められるということ。
　　4. 官吏は保身に走るべきではないということ。
　　5. 判定を下すときに同情心があってはならないということ。

1 「目が利く」の意味は、「もののよしあしを見分ける能力がある」。適切なのは、**3**の「よしあしを見分ける能力を持っていること」。

2 「鶏口となるも牛後となるなかれ」の意味は、「大きな集団のしりについているよりは、小さな集団でもよいから、そのかしらとなれ」。適切なのは、**4**の「小さな団体で頭となるほうが、大きな団体で部下であるよりもよい」。

> **補足** 「〜となるも〜となるなかれ」という表現から推測する方法も
> ことわざの意味を知らないときは、「鶏」→小、「牛」→大と連想したり、「〜となるも〜となるなかれ」という表現から何か2つのことを比較し、一方を否定していると推測する、などの方法でヒントを見つけることができる。

3 「二の句」は「次に言い出す言葉」という意味で、「二の句が継げない」の意味は、「次に言い出す言葉が出てこない。あきれてあいた口がふさがらない」。適切なのは、**2**の「あきれて何も言えなくなること」。

4 「以心伝心」の意味は、「考えていることが、言葉を使わないでも互いにわかること」。適切なのは、**1**の「言葉を使わなくても考えていることが通じること」。

5 「判官贔屓」は、源義経が兄の頼朝に滅ぼされたことに人々が同情したことに由来する言葉で、「弱者や薄幸の者に同情し味方すること。また、その気持ち」という意味。適切なのは、**2**の「弱い者に同情する気持ちのこと」。

正解	**1** 3	**2** 4	**3** 2	**4** 1	**5** 2

※言葉の定義は『大辞林第四版』（三省堂）から引用しました。

3 長文読解(主張合致・要旨・解釈)

●標準型の長文読解と同じく、「主張合致」「要旨」「解釈」が出る
●時短型の「要旨」では、複数の選択肢が本文と合致する問題が出題されることがある

例題

次の文章について、筆者の主張に合致するものとして最も適切なものはどれか。

ダイオキシン類は、食物や大気などを通じて、体内に取り込まれるが、通常、食事からの取り込みが大半を占めていると考えられている。ダイオキシン類は脂肪に溶けやすいので、脂肪分の多い魚、肉、乳製品、卵などに含まれやすい。このため、我が国や欧米諸国における身体への取り込み量の7〜9割程度は、魚介類、肉類、乳製品、卵に由来しているとされている。ただし、食生活の違いから、我が国では魚介類から、欧米では肉類などからの取り込み量が多くなっている。平成9年度に厚生省が実施した調査では、我が国における平均的な食事からのダイオキシン類の摂取量は、0.96pg/kg/日(コプラナーPCBを加えた数字では、2.41pg/kg/日)としている。また、農林水産省が平成5年から9年度にかけて実施した調査では、魚介類からのダイオキシン類の平均的な摂取量を推定しており、厚生省の調査結果における魚介類からの摂取量と概ね同じレベルであるとしている。人体へのダイオキシン類の取り込みは、食習慣によって異なる。アメリカ環境保護庁は、「バランスの取れた栄養のある食事の利点は、それによるダイオキシンのリスクを補って余りあるということは強調されるべきである」とコメントしている。

(『環境白書　平成11年版』環境省)

1. ダイオキシン類の体内への取り込みは、通常、大気からが大半である。
2. バランスの取れた栄養のある食事をとるメリットの方が、そこからダイオキシンを取り込むことのリスクより大きい。
3. 人体へのダイオキシン類の取り込みは、食習慣の違いに左右されない。
4. 我が国の食事は欧米と比べ、栄養のバランスが取れている。
5. ダイオキシン類は脂肪に溶けやすいので、脂肪分の多い魚、肉、乳製品、卵を控えた食事を心がけるべきだ。

「主張合致」の問題。選択肢を本文と照らし合わせる。

✕ 本文では、ダイオキシンの体内への取り込みは、食事を通じたものが大半と述べている。大気からではない。

1〜2行目

> ダイオキシン類は、食物や大気などを通じて、体内に取り込まれるが、通常、食事からの取り込みが大半を占めていると考えられている。

② アメリカ環境保護庁のコメントとして、バランスの取れた栄養のある食事の利点はダイオキシンのリスクより大きい（補って余りある）と述べている。

10行目〜末尾

> アメリカ環境保護庁は、「バランスの取れた栄養のある食事の利点は、それによるダイオキシンのリスクを補って余りあるということは強調されるべきである」とコメントしている。

本文では、人体へのダイオキシン類の取り込みは、食習慣によって異なると述べている。

10行目

> 人体へのダイオキシン類の取り込みは、食習慣によって異なる。

本文では、我が国の食事の栄養のバランスについては述べていない。

本文では、ダイオキシン類が脂肪に溶けやすく、脂肪分の多い魚、肉、乳製品、卵などに含まれやすいことを述べているが、それらを控えるべきとは述べていない。

2〜3行目

> ダイオキシン類は脂肪に溶けやすいので、脂肪分の多い魚、肉、乳製品、卵などに含まれやすい。

正解	2

次の文章の要旨として最も適切なものはどれか。

社会で働くとき、自分が就いた職業で必要とされる専門的な能力を身につけたり、資格を取得することが大事です。日本では昔から、「どの会社で働くか」ばかりが重視されてきました。しかし、終身雇用の慣行が崩れ始めてから、専門的な職業能力を身につけることの大事さが注目されるようになっています。「ゼネラリストからスペシャリストへ」。特に大企業で働く総合職社員に対して言われるすすめです。ゼネラリストとは、広い分野の知識や技術・経験を有する人のことです。部署やチームなど、専門知識や身につけた技術・経験をもとに、全体を広い視野で見渡し、マネジメントを行う人を指します。「万能選手」と言われることもあります。大企業で経営幹部になる人材は、たいていゼネラリストから選ばれます。これに対してスペシャリストとは、特定の分野について深い知識や優秀な技術を持った人のことです。つまり「専門家」です。財務なら資金調達・運用、開発なら新商品を開発したり、生産効率を高めるための技術を持った人など、専門的知識と専門能力を発揮する人を指します。将来の経営幹部であるゼネラリストは、さまざまな部門の業務と人材に精通し、いずれは上の立場から管理者として監督ができるような教育を受けます。彼らは知識と経験を備えたゼネラリストとして育成されます。大企業は長い間、このようにゼネラリストを育て、頼ってきたのです。しかし、終身雇用の慣行が崩れ始めてから、大企業の多くは、ゼネラリストにばかり頼らない組織づくりをするようになってきました。「ゼネラリストからスペシャリストへ」と言われるようになった背景には、こうした事情もあります。将来の経営幹部だけでなく、一般の社員も、さまざまな業務に就いて働くための能力を備えた労働者として育てられます。その中で、一部の専門家がスペシャリストになるための教育を受けてきました。これからは、一般の社員が多方面にわたる能力を備えながら、一方で専門分野にも精通することを期待されるようになるでしょう。これから就職する皆さんに、いま最も理解してほしいのは、働くときに必要な能力を常に高め、それらを新しい状況にすばやく適用する柔軟さを身につけることの大切さです。そのためには、新しい知識や技術を漠然と学ぶのではなく、自分の専門分野を絞り込みながら常に新しい技術を取り込み、同時に自分の中に蓄積してきたものをどう活用するかを模索する癖をつけることです。

1. 日本では昔から、「どの会社で働くか」が重視されてきた。

2. 大企業の経営幹部は、たいてい「万能選手」であるゼネラリストから選ばれる。

3. スペシャリストは、特定の分野について深い知識や優秀な技術を持った人のことだ。

4. ゼネラリストだけに頼らない組織づくりが進んでいる。

5. 今後は、働くときに必要な能力を常に高め、それらを新しい状況に適用する柔軟さ
   を身につけることが大切だ。

「要旨」の問題。選択肢を本文と照らし合わせる。

① 選択肢とほぼ同じ内容が本文にある。

2行目

> 日本では昔から、「どの会社で働くか」ばかりが重視されてきました。

② 本文では、ゼネラリストが「万能選手」と呼ばれること、大企業の経営幹部はたいて
いゼネラリストから選ばれると述べている。

5〜8行目

> ゼネラリストとは、広い分野の知識や技術・経験を有する人のことです。（略）「万能選手」
> と言われることもあります。大企業で経営幹部になる人材は、たいていゼネラリストから選
> ばれます。

③ 選択肢とほぼ同じ内容が本文にある。

8〜9行目

> これに対してスペシャリストとは、特定の分野について深い知識や優秀な技術を持った人の
> ことです。

④ 本文では、終身雇用の慣行が崩れ始めてから、ゼネラリストにばかり頼らない組織
づくりをするようになってきたと述べている。

14〜15行目

> 終身雇用の慣行が崩れ始めてから、大企業の多くは、ゼネラリストにばかり頼らない組織づ
> くりをするようになってきました。

⑤ 本文では、これから就職する人に向けて、働くときに必要な能力を高め、それらを
新しい状況にすばやく適用する柔軟さを身につけることが大切だと述べている。

20〜21行目

> これから就職する皆さんに、いま最も理解してほしいのは、働くときに必要な能力を常に高
> め、それらを新しい状況にすばやく適用する柔軟さを身につけることの大切さです。

すべての選択肢が合致する。この中から要旨として最も適切なものを選ぶ。本文の要
旨は、後半の、これから就職する人に対してどのように能力を高めるべきかを説明し
ている部分。適切なのは**5**。ゼネラリストとスペシャリストの対比や、これから求め
られる働き方の予想は、要旨を導くための内容。

正解 5

「自分たちは友情をどう意識しているか」の説明として正しいものを選べ。

物事を一緒になって取り組む人のことを仲間と呼ぶ。何人かの集団が仲間であり続けるために大事なことは、集団のひとりひとりが、互いに甲乙をつけないことなのだという。しかし、過去の経験から私がいえるのは、例えば仲間が5人いるとして、その全員にいつまでも分けへだてのない気持ちを持ち続けるのは難しいということだ。やがては「ほかの誰よりも好き」「それほど好きではない」「苦手」というように、ひとりひとりを自分の愛情を基準にして選り分けてしまう。そして、一度、自分の中でそのような選り分けが始まれば、いずれその差はいやでもはっきりとしてくる。それが自然で、甲乙をつけてはいけないという規範は、結果として、仲間うちの特定の誰かを好ましいと思い、ひきつけられることへの後ろめたさを感じさせるだけだろう。仲間に対する愛情は、仲間うちをひとくくりにした「われわれ」という意識に基づく。「われわれ」という意識を強めるのが仲間の愛情だ。友情は「われわれ」という意識に基づくものとは違う。自分とだれか特定の友人との関係において、「われわれは親友だ、われわれはこれからもずっと仲良くいよう」とは言わない。友情は「私」と、私とは異なる人間である「あなた」との間で育むもので、互いの関係は、「私とあなたは」と考えるものだ。これが、友情というものに関して自分たちはどう意識しているかの説明だ。

1. 友情で結ばれている限り、別々のことをしていても親愛の情は変わらないという意識。
2. 集団のひとりひとりが、互いに甲乙をつけないという意識。
3. 友情は仲間意識の延長で、本当の友人を誰か1人に定めることはできないという意識。
4. 「私とあなた」という発想で、自他を区別しながら相手との間に育むものという意識。
5. 人が理解できるのは自分のことだけで、親しい友人でも互いを理解することは難しいという意識。

「解釈」の問題。全部の選択肢を本文と照らし合わせる。

✕ 本文では、友人と別々のことをすること、また、その間のお互いの親愛の情については述べていない。

✕ 「集団のひとりひとりが、互いに甲乙をつけない」は、何人かの集団が仲間であり続けるために大事なこと。友情についての意識と直接関係のある話ではない。

1～2行目

> 何人かの集団が仲間であり続けるために大事なことは、集団のひとりひとりが、互いに甲乙をつけないことなのだという。

✗ 本文では、「本当の友人」については述べていない。

④ 本文では、友情は、「私」と、私とは異なる人間である「あなた」との間で育むもので、互いの関係は、「私とあなたは」と考えると述べている。選択肢は、これの言い換え。

12行目～末尾

> 友情は「私」と、私とは異なる人間である「あなた」との間で育むもので、互いの関係は、「私とあなたは」と考えるものだ。これが、友情というものに関して自分たちはどう意識しているかの説明だ。

✗ 本文では、人が理解できるのは自分のことだけとは述べていない。また、友人と相互理解が難しいかどうかについても述べていない。

本文と合致する選択肢は4だけ。

正解	4

1 次の文章について、筆者の主張に合致するものとして最も適切なものはどれか。

あとになって水かけ論にならないように、契約によって権利義務をあらかじめきちんとするという慣行は、日本ではまだ確立していないように思われる。とくに身近な人との間では、契約書をつくらず、口約束ですましている。よくいえば、日本人は人がよくて相手を信用しすぎるということかもしれない。しかし悪くいえば、ものごとのけじめをはっきりつけないで、ルーズにしておくということでもある。しかし、人はあらかじめ紛争が予見できるくらいならば、もともと契約をむすばないものである。つまり、こういうことである。契約をむすぶことは、それ自体、つねに相手方を信用することであり、「まさかそんなことはおこるまい」と思うことなのである。そして、まさに権利の行使が問題になるときは、つねに、そのまさかという信用がうらぎられたときのことなのである。だから、契約の内容をきちんとしたうえで契約書を交わすことは、権利を大切にする社会ではしごく当りまえのことである。日本は、ウェットな社会で情緒を重んじる。これはこれで、すぐれた日本人の資質である。しかし、それは反面、日本の甘え社会を助長しているのではなかろうか。個人的人間関係では情緒が通用しても、契約は通常、利害の対立する者の間のルールであるから、いわばビジネスの問題である。もちろんビジネスでも情緒が入り込むが、それが中心となったのでは契約社会は崩壊する。友情は友情、ビジネスはビジネスなのである。ウェットな関係とドライな関係を使いわけることは、日本ではまだむずかしい。人びとはこの両者を混同し、そのためにものごとをあいまいにして生きている。これでよいのか、という根本の問いがここにはある。客観的ルールの定立が人間の信用やメンツを傷つけるものであるかのように受けとる日本人の心理は、人間をはじめから信用のおける人間（善玉）と信用のおけない人間（悪玉）とに区別し、状況に応じて変化するものとしてはとらえないという、固定的思想にもとづくものであろう。

（『法とは何か』渡辺洋三、岩波新書）

1. 契約は西洋が生み出したもので、情緒を重んじる日本の社会にはなじまない。

2. 権利を大切にする社会で契約書を交わすのは、ビジネスの相手を信用しないドライな気持ちがあるからだ。

3. 契約書を積極的に交わすことで、ものごとをあいまいにして生きている日本人の固定的思想は自然に変わっていく。

4. 日本人は、契約書を作らずに口約束ですまそうとする人を、信用のおけない人間と判断する。

5. 契約は、信じている相手の裏切りという不慮の事態に備えるものだ。

2 「明白」の同義語として適切なものはどれか。

　　1. 潔白　　2. 過度　　3. 顕著　　4. 見解　　5. 明言

---

3 「対立」の対義語として適切なものはどれか。

　　1. 義理　　2. 妥協　　3. 反目　　4. 完遂　　5. 利害

---

4 「針小棒大」の意味として適切なものはどれか。

　　1. 大規模な計画では、小さなことから始めるのがよいということ。

　　2. 狭い視野で判断すること。

　　3. 説明するまでもなく当然のこと。

　　4. 小さいことを大きく誇張して言うこと。

　　5. 少しの違いはあるが、大きな差はないこと。

---

5 「成就」の同義語として適切なものはどれか。

　　1. 成敗　　2. 就業　　3. 一貫　　4. 熟成　　5. 達成

---

6 「楽観」の対義語として適切なものはどれか。

　　1. 失望　　2. 軽視　　3. 悲観　　4. 不穏　　5. 観念

---

7 「青菜に塩」の意味として適切なものはどれか。

　　1. 元気がなく、しおれたようになること。

　　2. 相性のよい組み合わせのこと。

　　3. 健康を維持するための秘訣のこと。

　　4. 古くから伝えられている知恵のこと。

　　5. 元気な若者のこと。

8 次の文章について、筆者の主張に合致するものとして最も適切なものはどれか。

推理小説には、20世紀前半に提唱された「十戒」と呼ばれるものが存在する。推理小説を書くときの基本方針と言っていいかもしれない。内容は「犯人は物語の初めの方で登場していなければならない」「探偵自身が犯人であってはならない」「探偵は、偶然やインスピレーションのようなもので事件を解決してはならない」などだ。現在では「十戒」をわざと破ったり、逆手にとった推理小説も珍しくないが、作者と読者の間にこうした暗黙のルールがあることで、読者は謎解きの楽しみを何倍にもすることができる。また、推理小説には「伏線」というものがある。辞書には「小説・戯曲などで、のちの展開に必要な事柄をそれとなく呈示しておくこと」とある。推理小説においては、作者が読者に呈示する謎解きのヒントとしての意味合いがある。伏線は「伏せる」というだけあって、一般的には、誰が読んでもそれとわかるように張られることはない。すべての謎を解いてから見返すと確かにヒントとわかるが、初めて読んでいるときにはなかなか気づきにくい、そういう伏線が推理小説においての優れた伏線だ。物語に登場する人物たちの心情描写や会話をじっくりと読み、作者が張った伏線についてあれこれと考えをめぐらし、犯人の目星をつける。1つ1つのプロセスを楽しんでこそ推理小説の愛好者といえる。もちろん、辞書の定義にあったように、伏線は推理小説だけのものではない。推理小説以外の小説や映画、ドラマにも伏線はある。伏線を意識しながら物語の結末を見届ける楽しみがあることは推理小説とそれほど違いがない。いずれにしても、伏線は急いで飛ばし読みをする人には気づきにくい。じっくりと読む人にとってのお楽しみだ。

1. 伏線は推理小説に特有のもので、一般的な小説にはない。

2. 「十戒」を守らない作品は推理小説とはいえない。

3. 推理小説は、精読することで得られる楽しみが多い。

4. 推理小説以外の小説は、飛ばし読みをしても伏線に気づきやすい。

5. ほとんどの読者が伏線に気づかないのが、優れた推理小説だ。

---

9 「機知」の同義語として適切なものはどれか。

1. 契機　　2. 機運　　3. 機転　　4. 機会　　5. 心機

---

10 「統制」の対義語として適切なものはどれか。

1. 中核　　2. 制定　　3. 抑制　　4. 放任　　5. 核心

11 「筆が立つ」の意味として適切なものはどれか。

1. 文章を書くのがうまいこと。

2. 短い時間で多くの文章が書けること。

3. 感情の起伏が激しいこと。

4. 文章を書くのをやめること。

5. 書いてはいけないことを書いてしまうこと。

---

12 「高慢」の同義語として適切なものはどれか。

1. 謙譲　　2. 尊敬　　3. 甚大　　4. 怠慢　　5. 尊大

---

13 「誠実」の対義語として適切なものはどれか。

1. 不実　　2. 激怒　　3. 誠意　　4. 反発　　5. 情熱

---

14 「三五の十八」の意味として適切なものはどれか。

1. 人生で最もかわいがられる年齢のこと。

2. 当初の見込みから違ってしまうこと。

3. お月見にふさわしい季節のこと。

4. 少しでも可能性があること。

5. 暑さ寒さが和らいで過ごしやすい時期のこと。

言語　模擬テスト

解説と正解

※言葉の定義は『大辞林第四版』(三省堂)から引用しました。

1　「主張合致」の問題。選択肢を本文と照らし合わせる。

✗ 本文では、契約は西洋が生み出したものとは述べていない。

> ※日本の社会が情緒を重んじることについては、10行目で「日本は、ウェットな社会で情緒を重んじる」と述べているが、契約がなじむかどうかは述べていない。

✗ 権利を大切にする社会で契約書を交わすのは、契約を結ぶことそれ自体が、相手方を信用することだから。相手を信用しないからではない。

6～10行目

> 契約をむすぶことは、それ自体、つねに相手方を信用することであり、「まさかそんなことはおこるまい」と思うことなのである。そして、まさに権利の行使が問題になるときは、つねに、そのまさかという信用がうらぎられたときのことなのである。だから、契約の内容をきちんとしたうえで契約書を交わすことは、権利を大切にする社会ではしごく当りまえのことである。

✗ 「日本人の固定的思想」とは、本文の18行目～末尾で述べている、人間をはじめから区別し、状況に応じて変化するものとはとらえない思想を指す。その思想が、積極的に契約書を交わすことで変わるとは述べていない。

16行目～末尾

> 客観的ルールの定立が人間の信用やメンツを傷つけるものであるかのように受けとる日本人の心理は、人間をはじめから信用のおける人間(善玉)と信用のおけない人間(悪玉)とに区別し、状況に応じて変化するものとしてはとらえないという、固定的思想にもとづくものであろう。

✗ 本文では、身近な人との間で契約書を作らず、口約束ですます日本人の慣行について、相手を信用しすぎるということかもしれないと述べている。契約書を作らず口約束ですます人間を、信用しないとは述べていない。

1〜4行目

> 契約によって権利義務をあらかじめきちんとするという慣行は、日本ではまだ確立していないように思われる。とくに身近な人との間では、契約書をつくらず、口約束ですましている。よくいえば、日本人は人がよくて相手を信用しすぎるということかもしれない。

⑤ 本文では、契約による権利の行使が問題になるのは、相手方への信用が裏切られたときのことだと述べている。契約は、信じている相手の裏切りという不慮の事態に備えるものといえる。

6〜9行目

> 契約をむすぶことは、それ自体、つねに相手方を信用することであり、「まさかそんなことはおこるまい」と思うことなのである。そして、まさに権利の行使が問題になるときは、つねに、そのまさかという信用がうらぎられたときのことなのである。

正解　5

2 「明白」の意味は、「はっきりしていて疑う余地の全くないこと」。同義語として適切なのは、3の「顕著」。意味は、「きわだっていて目につくさま。いちじるしいさま」。

正解　3

3 「対立」の意味は、「二つの反対の立場にあるものが並び立っていること」。対義語として適切なのは、2の「妥協」。意味は、「対立していた者の一方が他方に、あるいは双方が譲ることで意見をまとめること」。

正解　2

4 しんしょうぼうだい
「針小棒大」の意味は、「物事を大げさに誇張して言うこと」。適切なのは、4の「小さいことを大きく誇張して言うこと」。

正解　4

5 「成就」の意味は、「物事が望んだとおりに完成すること」。同義語として適切なのは、5の「達成」。意味は、「成し遂げること」。

正解　5

6 「楽観」の意味は、「物事をすべてよいように考えること」。対義語として適切なのは、**3**
の「悲観」。意味は、「悪い結果を予想して気を落とすこと」。

正解	3

7 「青菜に塩」の意味は、「塩をふりかけられた青菜のように、元気なくしおれるさまのた
とえ」。適切なのは、**1**の「元気がなく、しおれたようになること」。

正解	1

8 「主張合致」の問題。選択肢を本文と照らし合わせる。

✕ 本文では、伏線は、推理小説以外の小説や映画、ドラマにもあると述べている。推
理小説に特有のものではない。

13〜14行目

> もちろん、辞書の定義にあったように、伏線は推理小説だけのものではない。推理小説以外
> の小説や映画、ドラマにも伏線はある。

✕ 本文では、「十戒」をわざと破った推理小説も珍しくないと述べている。「十戒」を守
らない作品が推理小説とはいえないわけではない。

4〜6行目

> 現在では「十戒」をわざと破ったり、逆手にとった推理小説も珍しくないが、作者と読者の間
> にこうした暗黙のルールがあることで、読者は謎解きの楽しみを何倍にもすることができる。

③ 精読とは「内容を細かく吟味しつつ、丁寧に読むこと」という意味。本文の後半は、
推理小説をじっくりと読み、謎解きや伏線を楽しむことについて述べている。精読
することで得られる楽しみが多いといえる。

11〜13行目

> 物語に登場する人物たちの心情描写や会話をじっくりと読み、作者が張った伏線についてあ
> れこれと考えをめぐらし、犯人の目星をつける。1つ1つのプロセスを楽しんでこそ推理小説
> の愛好者といえる。

✘ 「伏線は急いで飛ばし読みをする人には気づきにくい」（16行目）と述べているが、推理小説に限定した話ではない。推理小説以外の小説が、飛ばし読みをしても伏線に気づきやすいとはいえない。

13行目〜末尾

> 伏線は推理小説だけのものではない。推理小説以外の小説や映画、ドラマにも伏線はある。伏線を意識しながら物語の結末を見届ける楽しみがあることは推理小説とそれほど違いがない。いずれにしても、伏線は急いで飛ばし読みをする人には気づきにくい。じっくりと読む人にとってのお楽しみだ。

✘ 本文では、伏線に気づかないのが、優れた推理小説だとは述べていない。

※伏線について、「急いで飛ばし読みをする人には気づきにくい」（16行目）と述べているが、推理小説として優れているかどうかについては述べていない。

正解	3

9 「機知」の意味は、「その場その場に応じて活発に働く才知」。同義語として適切なのは、**3**の「機転」。意味は、「状況に応じて適切に判断することのできる機敏な心の働き」。

正解	3

10 「統制」の意味は、「ばらばらになっているものを一つにまとめて治めること」。対義語として適切なのは、**4**の「放任」。意味は、「干渉せずにほうっておくこと」。

> **補足** 「統」は「ひとつにまとめて支配する」という意味の言葉
> 「統制」の「統」は「統べる」と読み、「ひとつにまとめて支配する」という意味がある。

正解	4

11 「筆が立つ」の意味は、「文章がうまい」。適切なのは、**1**の「文章を書くのがうまいこと」。

正解	1

12 「高慢」の意味は、「自分が優れていると思って、他をあなどること」。同義語として適切なのは、**5**の「尊大」。意味は、「威張って、いかにも偉そうな態度をとること」。

13　「誠実」の意味は、「偽りがなく、まじめなこと」。対義語として適切なのは、**1**の「不実」。意味は、「真心がなく、情愛に欠けること。不誠実であること」。

> **補足** 言葉のイメージから反対のものを探す
> 「誠実」の「実」を含む選択肢は**1**の「不実」。「誠実」の「誠」はプラスのイメージの言葉なので、対義語として、マイナスのイメージがある「不」が入っている「不実」は適切。

正解　1

14　「三五の十八」の意味は、「（三と五の積を一八と誤るところから）計算のあわないこと。計画や予想が外れること」。適切なのは、**2**の「当初の見込みから違ってしまうこと」。

> **補足** 連想で正解にたどりつく
> 「三五」から「掛け算の3×5」と連想できると、ことわざの意味を知らなくても正解にたどりつける。なお、「三五の十八」と同じ意味で、「三五の二十五」ということわざもある。

正解　2

第5部

ヒューマネージ社の
テストセンター
計数・言語

・・・・・・・・・・・・・・・・・・・・・・・・・・・・・・・・・・・・・

ヒューマネージ社のテストセンターとは？

TG-WEBをテストセンターに出向いて受けるテスト

ヒューマネージ社のテストセンターは、TG-WEBを専用の会場（テストセンター）に出向いて受けるテストです。性格テストは事前に自宅で受け、会場で能力テストを受けます。

問題数と制限時間

科目名		問題数	制限時間
計数	検査1	40問	7分
	検査2	13問	8分
言語		30問	15分

※問題数と制限時間は、これ以外にも複数の情報が寄せられています。
※これ以外に、性格が実施されます。また、オプションとして英語があります。

言語は、長文の主旨を判定する「長文読解」と、標準型の「主張合致」が出題されます。計数の検査1は「四則逆算」、検査2は「図表の読み取り」「推論」が出題されます。

テストセンターの画面

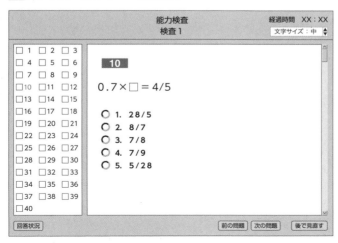

テストセンターでは、問題を飛ばしたり、あとから戻ることができます。**得意な問題を先に解くなどの方法で、時間配分を工夫しましょう。**

■● 時間をうまく使わないと、全問を解くのは難しい

　テストセンターでは電卓は使えません。計数の「四則逆算」と「図表の読み取り」では、筆算で答えを求める必要があります。また、言語は、12長文を15分で解きます。**計数、言語のどちらも、全問を解くためには、時間をうまく使う必要があります。**

ヒューマネージ社のテストセンター 計数の概要

● TG-WEBの時短型と標準型を組み合わせた問題

ヒューマネージ社のテストセンターの計数は、検査1と検査2の2部構成です。

検査1では、「四則逆算」が40問出題されます。「四則逆算」の問題形式は、TG-WEBの時短型と同じですが、難易度は高めです。

検査2では、「図表の読み取り」と「推論」が、合わせて13問出題されます。「図表の読み取り」の問題形式は、TG-WEBの時短型と同じですが、難易度は高めです。「推論」の問題形式は、TG-WEBの標準型と同じで、難易度も同程度です。

● 電卓は使えない

テストセンターでは電卓は使えません。筆算で答えを求める必要があります。筆算への対策が必要なのは、「四則逆算」と「図表の読み取り」です。

検査1は40問を7分、検査2は13問を8分で解きます。時間をうまく使わないと全問を解くのは難しいでしょう。

※問題数と制限時間は、これ以外にも複数の情報が寄せられています。

● 問題の特徴と攻略ポイント

① 「四則逆算」は、空欄に当てはまる数字を計算する、方程式の問題です。

電卓が使えないテストセンターでは、できるだけ暗算できるように、**計算方法を工夫（例えば「23×14」を「23×7×2」にかえて暗算）**したり、**選択肢をうまく使って計算を簡略化するのが速解のコツ**です。これについては、練習問題の解説で個別に説明します。

問題によって、工夫次第で手早く解けるものと、ある程度、時間を使って計算しないと解けないものとがあります。問題をはじめから順番に解く必要はないので、早く解ける問題から手をつけて、回答数を増やしましょう。

※方程式を解くコツは、「方程式を解くコツ」「計算のおさらい」「分数のおさらい」(173〜175ページ)をご覧ください。

② 「図表の読み取り」は、表やグラフから、数値を探したり計算をしたりする問題です。

図表から数値を読み取るコツは、TG-WEBの時短型と同じです。**設問文に出てくる項目名や年度などを手がかりにして、表やグラフから手早く数値を拾いましょう。**見つけた数値を計算するにあたっては、大きな数も出るので、筆算の工夫が必要です。計算時間を短縮するために適度な概算（おおまかな計算）をしましょう。どの程度まで概算するかは、選択肢から判断します。

計算の前に、選択肢を見る癖をつけましょう。選択肢どうしの値が大きく離れていれば、大胆に概算をしても大丈夫です。反対に選択肢どうしの値が近いときは、概算を控えめにしたり、概算せずに正確な計算をするほうが安全です。

③ 「推論」では、与えられた条件から順位や内訳などを推測する問題が出題されます。一度解き方を理解してしまえば、次回からはすんなり解ける問題が多いのが特徴です。本書で模擬テストに挑戦して、わからなかった問題は、解説をよく読んでしっかりと理解してください。

● TG-WEBの問題にも取り組もう

より多くの問題パターンに触れるため、TG-WEBの計数の問題にも取り組みましょう。

「四則逆算」と「図表の読み取り」は、TG-WEBの時短型にも出題されます。電卓使用の可否や難易度は異なりますが、問題形式は同じです。テストセンターの対策の際には、電卓を使わずに筆算で取り組むようにしてください。

「推論」は、TG-WEBの標準型にも出題されます。「推論」には、計算はあまり出てこないので、対策方法はTG-WEBとテストセンターとで同じです。

※「四則逆算」と「図表の読み取り」の問題は、SHL社のWebテスト「玉手箱」で出題される「四則逆算」と「図表の読み取り」の問題にも似ています。玉手箱の再現問題は、『これが本当のWebテストだ！①』に掲載しています。より多くの問題をこなしたいと考える人は、同書もご活用ください。

1 四則逆算（整数の計算）

●電卓は使えない。概算（おおまかな計算）などの工夫が必要
●かけ算、割り算は、暗算しやすい形にする

例題

1 $78 \times \square = 1248$
1. 12　　2. 14　　3. 16　　4. 18　　5. 20

2 $913 + \square = 49 \times 25$
1. 300　　2. 312　　3. 325　　4. 337　　5. 349

3 $8 \times 7 = \square \times (2 + 6)$
1. 3　　2. 4　　3. 6　　4. 7　　5. 9

4 $72 \div (4 \times \square) = 3$
1. 3　　2. 6　　3. 8　　4. 9　　5. 12

5 $47 - (\square \times 7 - 3) = 8$
1. 6　　2. 7　　3. 8　　4. 10　　5. 12

1 速解を使うと、計算を大幅に省ける。まずは、普通に計算する方法から。

$78 \times \square = 1248$　　　　◀── 78を右辺に移す（÷78に変わる）

$\square = 1248 \div 78$　　　◀── 筆算

$\square = 16$

> **速解** 選択肢の1の位がすべて異なることに注目。1の位だけ計算する
> 「$78 \times \square = 1248$」なので、8に選択肢の1の位をかけて、答えの1の位が8になるものを探す。当てはまるのは選択肢**3**の「16」だけ（$8 \times 6 = 48$）。

2 速解を使うと、計算を大幅に省ける。まずは、普通に計算する方法から。「49×25」を、「50×25 − 25」にして計算を簡単にする。

$913 + \square = 49 \times 25$　　← 49×25を50×25 − 25にする

$913 + \square = 50 \times 25 - 25$　　← 50×25 = 1250、1250 − 25 = 1225を暗算、または筆算。913を右辺に移す（− 913に変わる）

$\square = 1225 - 913$　　← 筆算

$\square = 312$

> **速解** 選択肢の1の位がすべて異なることに注目。1の位だけ計算する
> 913を右辺に移すと「$\square = 49 \times 25 - 913$」。1の位の「$\square = 9 \times 5 - 3$」だけ計算すると、「$\square = 42$」。1の位が2の選択肢は、**2**の「31**2**」だけ。

3 右辺の足し算をすると、「$8 \times 7 = \square \times 8$」になる。あとは計算不要。

$8 \times 7 = \square \times (2 + 6)$　　← 2 + 6 = 8を暗算

~~$8 \times 7 = \square \times 8$~~　　← $8 \times 7 = \square \times 8$なので、□に入るのは7とわかる

$\square = 7$

4 この問題は普通に計算する。

$72 \div (4 \times \square) = 3$　　← 72を右辺に移す（72 ÷ のまま右辺の先頭へ）

$4 \times \square = 72 \div 3$　　← 72 ÷ 3 = 24を暗算。4を右辺に移す

$\square = 24 \div 4$　　← 暗算

$\square = 6$

5 47と3は足すと50とキリがよい。そこから始める。

$47 - (\square \times 7 - 3) = 8$　　← かっこをはずす（かっこ内のプラス・マイナスが逆になる。$\square \times 7$は$-\square \times 7$、− 3は + 3に）

$47 - \square \times 7 + 3 = 8$　　← 47 + 3 = 50を先に暗算

$50 - \square \times 7 = 8$　　← 50を右辺に移す（50 − のまま右辺の先頭へ）

$\square \times 7 = 50 - 8$　　← 50 − 8 = 42を暗算。7を右辺に移す

$\square = 42 \div 7$　　← 暗算

$\square = 6$

正解	**1** 3	**2** 2	**3** 4	**4** 2	**5** 1

1 $3 \times \square \div 18 = 6$

1. 3　　2. 9　　3. 18　　4. 36　　5. 42

2 $12 \times \square = 21 \times 28$

1. 42　　2. 45　　3. 49　　4. 52　　5. 59

3 $110 - 32 \div \square \times 8 = 46$

1. 2　　2. 4　　3. 8　　4. 16　　5. 32

4 $1 \div 4845 = 1 \div (3 \times 5 \times 17 \times \square)$

1. 17　　2. 19　　3. 21　　4. 23　　5. 29

5 $\square \times 17 = 45 \times 137 - 28 \times 137$

1. 145　　2. 143　　3. 141　　4. 139　　5. 137

1 かけ算と割り算だけのときは、数値を右辺にまとめて、暗算しやすい順に計算。

$3 \times \square \div 18 = 6$　　　　　← 3と18を右辺に移す

　　$\square = 6 \times 18 \div 3$　　　← 18÷3＝6を先に暗算

　　$\square = 6 \times 6$　　　　　　← 暗算

　　$\square = 36$

　別解　「$\square = 6 \times 8 \div 3$」と1の位だけ計算。1の位が6なのは、選択肢4だけ

2 数値を右辺にまとめてから、計算しやすい順にする。「÷12」は「÷3÷4」にする。

$12 \times \square = 21 \times 28$　　　　　← 12を右辺に移す

　　$\square = 21 \times 28 \div 12$　　　← ÷12を÷3÷4にする

　　$\square = 21 \times 28 \div 3 \div 4$　← 21÷3＝7、28÷4＝7を先に暗算

　　$\square = 7 \times 7$　　　　　　← 暗算

　　$\square = 49$

「21 × 28 ÷ 12」は、分数の計算をしてもよい

計算すると「$21 \times 28 \div 12 = \dfrac{\overset{7}{\cancel{21}} \times \overset{7}{\cancel{28}}}{\underset{1}{\cancel{\underset{4}{12}}}} = 49$」。

3 途中の割り算には速解がある。まずは、普通に計算する方法から。

$110 - 32 \div \square \times 8 = 46$ ← 110を右辺に移す

$\qquad 32 \div \square \times 8 = 110 - 46$ ← 110 − 46 = 64を筆算。8を右辺に移す

$\qquad\qquad 32 \div \square = 64 \div 8$ ← 64 ÷ 8 = 8を暗算。32を右辺に移す

$\qquad\qquad\qquad \square = 32 \div 8$ ← 暗算

$\qquad\qquad\qquad \square = 4$

速解 「32 ÷ □ = 64 ÷ 8」は移項を省略。以下のように考える

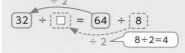

右辺の割る数と割られる数を、それぞれ「÷ 2」すると、左辺の割る数と割られる数になる

4 両辺とも「1 ÷」の式なので、「4845 = 3 × 5 × 17 × □」。

$\qquad \cancel{1 \div} 4845 = \cancel{1 \div} (3 \times 5 \times 17 \times \square)$ ← 両辺の1 ÷ を取り除く

$\qquad\qquad 4845 = 3 \times 5 \times 17 \times \square$ ← 左右の式を入れ替える

$3 \times 5 \times 17 \times \square = 4845$ ← 3と5と17を右辺に移す。計算しやすいよう小さい数を先にする

$\qquad\qquad\qquad \square = 4845 \div 3 \div 5 \div 17$ ← 筆算

$\qquad\qquad\qquad \square = 19$

速解 筆算を素因数分解の要領で行うと、メモ書きが少なくすむ
まず、4845を3で割って、答えの1615を下に書く。次に1615を5で割って、
答えの323を下に書く。最後に323を17で割ると、答えは19。

```
 3) 4845
 5) 1615
17)  323
      19
```

5 右辺をかっこでくくって引き算すると、「□ × 17 = 17 × 137」になる。あとは計算不要。

$\square \times 17 = 45 \times 137 - 28 \times 137$ ← 45と28をかっこでくくる

$\square \times 17 = (45 - 28) \times 137$ ← 45 − 28 = 17を暗算、または筆算

$\square \cancel{\times 17} = \cancel{17 \times} 137$ ← □ × 17 = 17 × 137なので、□に入るのは137とわかる

$\qquad \square = 137$

正解	**1** 4	**2** 3	**3** 2	**4** 2	**5** 5

2 四則逆算（小数の計算）

- 普通に計算すると時間がかかる問題が多い
- かけ算や割り算は、式の形を変えたり、逆数を使って暗算しやすくする。選択肢をうまく使うと計算を減らせる問題もある

例題

1 $7 \times 3 = \square \times 10.5$

1. 2　　2. 4　　3. 6　　4. 8　　5. 12

2 $\square \div 0.7 = 17.5$

1. 0.25　　2. 1.225　　3. 2.5　　4. 12.25　　5. 25

3 $34 - \square \div 1.5 = 8$

1. 33　　2. 36　　3. 39　　4. 42　　5. 45

4 $54 \div \square \times 2 = 3 \div 0.5$

1. 6　　2. 9　　3. 12　　4. 18　　5. 24

---

1 速解を使うと、計算せずに答えが出せる。まずは、普通に計算する方法から。

$$7 \times 3 = \square \times 10.5$$　◀ 左右の式を入れ替える

$$\square \times 10.5 = 7 \times 3$$　◀ $7 \times 3 = 21$を暗算。10.5を右辺に移す

$$\square = 21 \div 10.5$$　◀ 筆算

$$\square = 2$$

速解 選択肢を使うと、計算せず答えが出せる

左辺と右辺を見比べて、□に入るのは3より小さい数だと予想。選択肢を見ると、3より小さいのは、選択肢1の「2」だけ。これが正解。

この2つは、10.5（右辺）のほうが大きいので

残りの2つは右辺のほうが小さい（□は3より小さい）と予想

---

2 速解を使うと、計算せずに答えが出せる。まずは、普通に計算する方法から。

$\square \div 0.7 = 17.5$　　　←　0.7を右辺に移す

　　　$\square = 17.5 \times 0.7$　　　←　筆算

　　　$\square = 12.25$

> **速解**　「17.5 × 0.7」だから「17.5より少し小さい数」と考える
> 選択肢の値が離れていることを利用。「17.5 × 0.7」は「17.5より少し小さい数（17.5の半分よりは大きい）」と考えると、当てはまるのは選択肢**4**の「12.25」（**3**の「2.5」は小さすぎる）。

3 計算過程で登場する「× 1.5」は、「× 3 ÷ 2」にすると暗算しやすい。

$34 - \square \div 1.5 = 8$　　　←　34を右辺に移す

　　　$\square \div 1.5 = 34 - 8$　　　←　34 − 8 = 26を暗算。1.5を右辺に移す

　　　　　$\square = 26 \times 1.5$　　　←　× 1.5を× 3 ÷ 2にする

　　　　　$\square = 26 \times 3 \div 2$　　　←　26 ÷ 2 = 13を先に暗算

　　　　　$\square = 13 \times 3$　　　←　暗算

　　　　　$\square = 39$

> **別解**　「26 × 1.5」は「26 + 13」と考えてもよい
> 26の0.5倍（半分）は13なので、「26 × 1.5」は「26 + 13」と同じ。「26 + 13 = 39」。

4 「÷ 0.5」を「× 2」にして、計算過程で登場する「÷ 2」と相殺すると計算が楽。
　「÷ 0.5」と「× 2」が同じことは、暗記しておくとよい。

$54 \div \square \times 2 = 3 \div 0.5$　　　←　2を右辺に移す

　　$54 \div \square = 3 \div 0.5 \div 2$　　　←　÷ 0.5を× 2にする（÷ 0.5を分数にすると÷ $\frac{1}{2}$。÷ $\frac{1}{2}$ を逆数にしてかけ算すると× 2）

　　$54 \div \square = 3 \times 2 \div 2$　　　←　× 2 ÷ 2は1になるので取り除く

　　$54 \div \square = 3$　　　←　54を右辺に移す

　　　　$\square = 54 \div 3$　　　←　暗算

　　　　$\square = 18$

正解	**1** 1	**2** 4	**3** 3	**4** 4

3 四則逆算 (分数の計算)

- 分子が1の分数のかけ算・割り算は、逆数にして×÷を変えると、暗算しやすくなる
  (例：$\times \frac{1}{3} = \div 3$、$\div \frac{1}{3} = \times 3$)
- 小数も出てくる計算では、小数に揃えたほうが計算が速いこともある

例題

1 $\Box \div 1/8 = 7.2$

　　1. 0.05　　2. 0.09　　3. 0.57　　4. 0.9　　5. 57.6

2 $0.7 \times \Box = 4/5$

　　1. 28/5　　2. 8/7　　3. 7/8　　4. 7/9　　5. 5/28

3 $\Box \times 5/3 = 1/3 + 3/4$

　　1. 3/20　　2. 13/20　　3. 41/60　　4. 65/36　　5. 93/40

4 $2 \div 63 = 2/7 \times \Box$

　　1. 1/9　　2. 1/7　　3. 7/9　　4. 7　　5. 9

---

1 選択肢は小数。計算過程で登場する「$\times \frac{1}{8}$」は、逆数にして割り算にすると「$\div 8$」。このほうが暗算しやすいし、最後に分数を小数に戻す手間もない。

$$\Box \div 1/8 = 7.2 \qquad \longleftarrow \frac{1}{8} を右辺に移す$$

$$\Box = 7.2 \times \frac{1}{8} \qquad \longleftarrow \times \frac{1}{8} を \div 8 にする$$

$$\Box = 7.2 \div 8 \qquad \longleftarrow 暗算$$

$$\Box = 0.9$$

別解 小数を分数にして「$\Box = \frac{72}{10} \times \frac{1}{8}$」を筆算するときは、以下の通り

$$\Box = \frac{\overset{9}{72} \times 1}{10 \times \underset{1}{8}} \qquad \longleftarrow 約分を忘れない$$

$$\Box = \frac{9}{10} \qquad \longleftarrow 小数にする (9 \div 10)$$

$$\Box = 0.9$$

2 「$\dfrac{4}{5} = 0.8$」と小数にすると、分数の筆算をせずにすむ。

$0.7 \times \square = 4/5$ ← $\dfrac{4}{5}$を0.8にする。0.7を右辺に移す

$\square = 0.8 \div 0.7$ ← $0.8 \div 0.7$の割る数と割られる数に10をかける

$\square = 8 \div 7$ ← 選択肢にあわせて分数にする

$\square = \dfrac{8}{7}$

> **別解** 小数を分数にして「$\square = \dfrac{4}{5} \div \dfrac{7}{10}$」を筆算するときは、以下の通り
>
> $\square = \dfrac{4 \times \overset{2}{\cancel{10}}}{\underset{1}{\cancel{5}} \times 7}$ ← 約分を忘れない
>
> $\square = \dfrac{8}{7}$

3 この問題は普通に計算する。

$\square \times 5/3 = 1/3 + 3/4$ ← 右辺の分母を12に揃える（$\dfrac{1}{3}$の分子と分母に×4、$\dfrac{3}{4}$の分子と分母に×3）

$\square \times \dfrac{5}{3} = \dfrac{4}{12} + \dfrac{9}{12}$ ← $\dfrac{4}{12} + \dfrac{9}{12} = \dfrac{13}{12}$ を計算。$\dfrac{5}{3}$を右辺に移す

$\square = \dfrac{13}{12} \div \dfrac{5}{3}$ ← $\div \dfrac{5}{3}$は$\times \dfrac{3}{5}$にして計算

$\square = \dfrac{13 \times \overset{1}{\cancel{3}}}{\underset{4}{\cancel{12}} \times 5}$ ← 約分を忘れない

$\square = \dfrac{13}{20}$

4 左辺を分数にすると、両辺に分子の2が共通。かけ算で、分母が63になる数が□に入る。

$2 \div 63 = 2/7 \times \square$ ← 左辺を分数にする

$\dfrac{2}{63} = \dfrac{2}{7} \times \square$ ← 両辺に分子の2が共通。分母が63になるには63÷7＝9なので、$\square = \dfrac{1}{9}$

$\square = \dfrac{1}{9}$

> **別解** 分数の筆算をするときは以下の通り
>
> $2 \div 63 = 2/7 \times \square$ ← 左右の式を入れ替える。$\dfrac{2}{7}$を反対の辺に移す
>
> $\square = 2 \div 63 \div \dfrac{2}{7}$ ← $\div 63$は$\times \dfrac{1}{63}$、$\div \dfrac{2}{7}$は$\times \dfrac{7}{2}$にして計算
>
> $\square = \dfrac{\overset{1}{\cancel{2}} \times 1 \times \overset{1}{\cancel{7}}}{\underset{9}{\cancel{63}} \times \underset{1}{\cancel{2}}}$ ← 約分を忘れない
>
> $\square = \dfrac{1}{9}$

正解	**1** 4	**2** 2	**3** 2	**4** 1

4 四則逆算(■が複数あるときの計算)

●■どうしの足し算、引き算は、数字の部分をかっこでくくってまとめる
●分数は、両辺に同じ数をかけ算して、整数にすると計算しやすい

例題

1 □÷3－□÷6＋4＝6（□には同じ値が入る）

1. 3　　2. 6　　3. 9　　4. 12　　5. 15

2 (48－□)÷(64－□)＝3/5（□には同じ値が入る）

1. 8　　2. 12　　3. 20　　4. 24　　5. 48

3 9×18×27＝□×□×□×2×3（□には同じ値が入る）

1. 5　　2. 6　　3. 7　　4. 8　　5. 9

---

1 速解を使うと、計算を大幅に省ける。まずは、普通に計算する方法から。割り算を分数にして、分数の公倍数を両辺にかけ算する。

□÷3－□÷6＋4＝6（□には同じ値が入る）　◀ 割り算を分数にする。4を右辺に移す

$$\frac{□}{3}-\frac{□}{6}=6-4$$　◀ 6－4＝2を暗算

$$\frac{□}{3}-\frac{□}{6}=2$$　◀ 両辺に6をかける

$$\frac{□×6^2}{_13}-\frac{□×6^1}{_16}=2×6$$　◀ 両辺を計算する

$$2×□-1×□=12$$　◀ 左辺の数字をかっこでくくる

$$(2-1)×□=12$$　◀ 2－1＝1を暗算。1×□は□と同じ

$$□=12$$

> **速解** 右辺が整数なので、□は3と6の公倍数だと予想
> まず、4を右辺に移し「6－4＝2」を暗算して、「□÷3－□÷6＝2」にする。右辺が整数なので、□は3と6の公倍数だと予想(公倍数なら、「□÷3」も「□÷6」も計算結果が整数になる)。該当する選択肢の「6」と「12」を「□÷3－□÷6」に、それぞれ当てはめて計算。答えが2になるほうが正解。
> 　×6のとき　6÷3－6÷6＝1　　○12のとき　12÷3－12÷6＝2

2 速解を使うと、計算を大幅に省ける。まずは、普通に計算する方法から。

$$(48 - \square) \div (64 - \square) = 3/5 \text{（□には同じ値が入る）}$$ ◀ $(64 - \square)$ を右辺に移す

$$48 - \square = \frac{3}{5} \times (64 - \square)$$ ◀ 両辺に5をかける

$$5 \times (48 - \square) = \frac{\overset{1}{5} \times 3}{\underset{1}{5}} \times (64 - \square)$$ ◀ 両辺を展開する

$$240 - 5 \times \square = 192 - 3 \times \square$$ ◀ 240を右辺に移す

$$5 \times \square = 240 - (192 - 3 \times \square)$$ ◀ かっこをはずす

$$5 \times \square = 240 - 192 + 3 \times \square$$ ◀ $240 - 192 = 48$ を筆算。$3 \times \square$ を左辺に移す

$$5 \times \square - 3 \times \square = 48$$ ◀ 5と3をかっこでくくる

$$(5 - 3) \times \square = 48$$ ◀ $5 - 3 = 2$ を暗算。2を右辺に移す

$$\square = 48 \div 2$$ ◀ 暗算

$$\square = 24$$

速解 「$48 - \square$」は3の倍数、「$64 - \square$」は5の倍数。当てはまる選択肢を探す

「$48 - \square$」は3の倍数、「$64 - \square$」は5の倍数になる（つまり約分して $\dfrac{3}{5}$ になる）と考えて、選択肢のうち、当てはまるものを探す。

② ①で考えた24を当てはめると「$48 - 24 = 24$」で3の倍数。
念のため、①②で求めた $\dfrac{24}{40}$ を約分すると $\dfrac{3}{5}$ になるので正解

① 「$64 - \square$」が5の倍数になるのは、選択肢4の「24」だけ（$64 - 24 = 40$）

※割られる数「$48 - \square$」が右辺の分子、割る数「$64 - \square$」が右辺の分母になる。

---

3 左辺の9、18、27は、いずれも9の倍数（9の1倍、9の2倍、9の3倍）。うまく割り算と組み合わせれば、以下のように簡単な手順で答えが出せる。

$$9 \times 18 \times 27 = \square \times \square \times \square \times 2 \times 3 \text{（□には同じ値が入る）}$$ ◀ 左右の式を入れ替える

$$\square \times \square \times \square \times 2 \times 3 = 9 \times 18 \times 27$$ ◀ 2と3を右辺に移す

$$\square \times \square \times \square = 9 \times 18 \times 27 \div 3 \div 2$$ ◀ 18を2で割る。27を3で割る

$$\square \times \square \times \square = 9 \times (18 \div 2) \times (27 \div 3)$$ ◀ かっこ内の割り算をする

$$\square \times \square \times \square = 9 \times 9 \times 9$$ ◀ □に入るのは9とわかる

$$\square = 9$$

正解	**1** 4	**2** 4	**3** 5

計数　検査1　模擬テスト

---

1 $93 - 37 = \square \times 8$

　1. 4　　2. 6　　3. 7　　4. 9　　5. 10

---

2 $\square \div 6 + 12 = 19$

　1. 35　　2. 42　　3. 49　　4. 63　　5. 70

---

3 $290 - \square = 18 \times 15$

　1. 20　　2. 25　　3. 30　　4. 35　　5. 40

---

4 $57 \times \square - 16 = 1181$

　1. 15　　2. 17　　3. 19　　4. 21　　5. 23

---

5 $16 - \square \div 7 = 3 \times 3$

　1. 35　　2. 42　　3. 49　　4. 56　　5. 63

---

6 $\square \div 100/11 = 4.4$

　1. 0.04　　2. 0.4　　3. 4　　4. 40　　5. 400

---

7 $0.4 \div \square = 0.5$

　1. 1.25　　2. 0.8　　3. 0.75　　4. 0.2　　5. 0.125

---

8 $512/125 = \square \times \square \times \square$ （□には同じ値が入る）

　1. 5/3　　2. 8/3　　3. 8/5　　4. 16/5　　5. 5/8

---

9 $60 \div (\square \div 5) = 5$

   1. 10   **2.** 20   **3.** 30   **4.** 45   **5.** 60

---

10 $4 = \square \div 5 - \square \div 7$ （□には同じ値が入る）

   1. 14   **2.** 35   **3.** 28   **4.** 70   **5.** 42

---

11 $3/8 + \square = 65 \div 24$

   1. 7/3   **2.** 9/4   **3.** 13/8   **4.** 11/12   **5.** 19/24

---

12 $8 \times 64 \times 27 = \square \times \square \times \square$ （□には同じ値が入る）

   1. 15   **2.** 18   **3.** 24   **4.** 32   **5.** 36

---

13 $19 \div 3 \div 1/6 = \square \div 4/19$

   1. 12   **2.** 8   **3.** 4   **4.** 1/4   **5.** 1/8

---

14 $0.18 \div (3 \div \square) = 12$

   1. 0.5   **2.** 20   **3.** 72   **4.** 150   **5.** 200

---

15 $(5 \times 15 - \square) \div 4 = 12$

   1. 23   **2.** 27   **3.** 31   **4.** 35   **5.** 39

---

16 $\square \times 3 = 75 + 77 + 79 + 81 + 83 + 85$

   1. 79   **2.** 80   **3.** 150   **4.** 160   **5.** 180

---

17 $1 \div 3 \div 4 = \square \div \square \div \square$ （□には同じ値が入る）

   1. 1/12   **2.** 1/4   **3.** 3   **4.** 4   **5.** 12

---

18 $\square \times 29 = 46 \times 269 - 17 \times 269$

   1. 263   **2.** 266   **3.** 269   **4.** 272   **5.** 275

19 $2/3 = 7/12 + 1/2 \times \square$

1. 1/2   2. 1/3   3. 1/6   4. 1/8   5. 1/12

20 $(0.4 - 0.34) \times (4 + 2) = \square \times 0.6$

1. 0.04   2. 0.4   3. 0.06   4. 0.6   5. 6

計数　検査1　模擬テスト

1 速解を使うと、引き算がやや楽になる。まずは、普通に計算する方法から。

$93 - 37 = \square \times 8$　　　← 左右の式を入れ替える（□が左辺にくる）

　$\square \times 8 = 93 - 37$　　　← 93 − 37 ＝ 56を暗算、または筆算。8を右辺に移す（÷8に変わる）

　　　$\square = 56 \div 8$　　　← 暗算

　　　$\square = 7$

正解	3

> **速解** 「93 − 30 ＝ 63」と概算。当てはまる8の段を考える
> 「93 − 37」を、概算で「93 − 30 ＝ 63」とする。正しい計算結果は63より小さい数なので、「8 × 8 ＝ 64」はあり得ず、1つ小さい「8 × 7 ＝ 56」と決まる。よって「□＝7」。

2 この問題は普通に計算する。

$\square \div 6 + 12 = 19$　　　← 12を右辺に移す（− 12に変わる）

　$\square \div 6 = 19 - 12$　　　← 19 − 12 ＝ 7を暗算。6を右辺に移す（×6に変わる）

　　　$\square = 7 \times 6$　　　← 暗算

　　　$\square = 42$

正解	2

3 「× 15」を、「× 30 ÷ 2」にして暗算しやすくする。

$290 - \square = 18 \times 15$　　　← ×15を×30 ÷ 2にする

$290 - \square = 18 \times 30 \div 2$　　　← 18 ÷ 2 × 30の順にして、18 ÷ 2 ＝ 9、9 × 30 ＝ 270と暗算

$290 - \square = 270$　　　← 290を右辺に移す（290 −のまま右辺の先頭へ）

　　　$\square = 290 - 270$　　　← 暗算

　　　$\square = 20$

正解	1

4 速解を使うと、最後の割り算が簡単になる。まずは、普通に計算する方法から。

$57 \times \square - 16 = 1181$ ◀ 16を右辺に移す（＋16に変わる）

    $57 \times \square = 1181 + 16$ ◀ 1181＋16＝1197を暗算、または筆算。57を右辺に移す

         $\square = 1197 \div 57$ ◀ 筆算

         $\square = 21$

正解	4

速解 選択肢の1の位がすべて異なることに注目。1の位だけ計算する

最後の「1197÷57」は、1の位だけ計算すると、「7÷7＝1」。選択肢で1の位が1なのは、選択肢4の「21」だけ。

※九九の7の段は、答えが7、14、21、28、35、42、49、56、63とすべて1の位が異なるので、この方法が使える（63の次は70で、以降は77、84、91…と1の位は同じ順で繰り返し）。

5 この問題は普通に計算する。

$16 - \square \div 7 = 3 \times 3$ ◀ 3×3＝9を暗算。16を右辺に移す

    $\square \div 7 = 16 - 9$ ◀ 16－9＝7を暗算。7を右辺に移す

       $\square = 7 \times 7$ ◀ 暗算

       $\square = 49$

正解	3

6 分数を「分子÷分母」の整数式にすると、計算しやすくなる。

$\square \div 100/11 = 4.4$ ◀ $\frac{100}{11}$ を右辺に移す（×$\frac{100}{11}$ に変わる）

    $\square = 4.4 \times \dfrac{100}{11}$ ◀ $\frac{100}{11}$ を分子÷分母の式（100÷11）にする

    $\square = 4.4 \times 100 \div 11$ ◀ かけ算すると4.4が整数になり、計算しやすくなる

    $\square = 440 \div 11$ ◀ 暗算、または筆算

    $\square = 40$

正解	4

7 この問題は普通に計算する。

$0.4 \div \square = 0.5$ ← 0.4を右辺に移す（0.4÷のまま右辺の先頭へ）

$\square = 0.4 \div 0.5$ ← 暗算

$\square = 0.8$

正解	2

別解 「÷0.5」は「×2」と同じ（÷0.5＝÷$\frac{1}{2}$＝×2）なので「0.4×2＝0.8」

8 □には同じ数が入る。よって、3乗すると512になる数が分子、3乗すると125になる数が分母。

$512/125 = \square \times \square \times \square$ （□には同じ値が入る） ← 左右の式を入れ替える

$\square \times \square \times \square = \dfrac{512}{125}$ ← 512を8×8×8、125を5×5×5にする

$\square \times \square \times \square = \dfrac{8 \times 8 \times 8}{5 \times 5 \times 5}$ ← それぞれ3乗で表す

$\square^3 = \dfrac{8^3}{5^3}$ ← 3乗を取り除いた形でイコールが成り立つ

$\square = \dfrac{8}{5}$

正解	3

補足 分子と分母に当てはまる数を見つける方法は、以下のいずれか

●選択肢から探す

分母は選択肢から3、5、8のいずれか。それぞれ3乗すると、125になるのは5。分母が5の選択肢は、分子が8か16で、それぞれ3乗すると、512になるのは8。

●素因数分解（2、3、5など素数だけのかけ算式に）する

分子の512より、数の小さい分母の125のほうが楽。125を素因数分解すると「5×5×5」。分母が5の選択肢は、分子が8か16。8と16で、512を2回割って正解を探す（512は8で2回割ると8なので、8が正解）。

9 60を右辺に移すと「□÷5＝60÷5」になる。あとは計算不要。

$60 \div (\square \div 5) = 5$ ← 60を右辺に移す

$\square \div 5 = 60 \div 5$ ← □÷5＝60÷5なので、□に入るのは60とわかる

$\square = 60$

正解	5

別解 方程式の普通の手順で計算する

60と5を右辺に移して、「□＝60÷5×5」。あとは右辺を暗算する。

10 速解を使うと、計算を大幅に省ける。まずは、普通に計算する方法から。

$$4 = \square \div 5 - \square \div 7 \text{ （□には同じ値が入る）}$$ ← 左右の式を入れ替える

$$\square \div 5 - \square \div 7 = 4$$ ← 割り算を分数にする

$$\frac{\square}{5} - \frac{\square}{7} = 4$$ ← 両辺に35をかける

$$\frac{\square \times \overset{7}{35}}{\underset{1}{5}} - \frac{\square \times \overset{5}{35}}{\underset{1}{7}} = 4 \times 35$$ ← 両辺を計算

$$7 \times \square - 5 \times \square = 140$$ ← 7と5をかっこでくくる

$$(7 - 5) \times \square = 140$$ ← 7 − 5 = 2を暗算。2を右辺に移す

$$\square = 140 \div 2$$ ← 暗算

$$\square = 70$$

正解	4

> **速解** 左辺が整数なので、□は5と7の公倍数だと予想
> 公倍数なら「□÷5」も「□÷7」も計算結果が整数になる。該当する選択肢の「35」と「70」を
> 「□÷5−□÷7」に、それぞれ当てはめて計算。答えが4になるほうが正解。
> 　　×35のとき　35÷5−35÷7＝2　　〇70のとき　70÷5−70÷7＝4

11 選択肢が分数なので、右辺の割り算は分数にする。

$$3/8 + \square = 65 \div 24$$ ← $65 \div 24$を分数の$\frac{65}{24}$にする。$\frac{3}{8}$を右辺に移す

$$\square = \frac{65}{24} - \frac{3}{8}$$ ← 分母を24に揃える

$$\square = \frac{65}{24} - \frac{9}{24}$$ ← 筆算

$$\square = \frac{\overset{7}{56}}{\underset{3}{24}}$$ ← 約分を忘れない

$$\square = \frac{7}{3}$$

正解	1

12 一見すると難しそうな問題だが、両辺を3乗の形にすれば解ける。

$$8 \times 64 \times 27 = \square \times \square \times \square \text{ （□には同じ値が入る）}$$ ← 左右の式を入れ替える。両辺を3乗の形にする

$$\square^3 = 2^3 \times 4^3 \times 3^3$$ ← 3乗を取り除いた形でイコールが成り立つ

$$\square = 2 \times 4 \times 3$$ ← 暗算、または筆算

$$\square = 24$$

正解	3

> **別解** 3乗の形にするときに、64は「8×8」と考えてもよい
> 64を「8×8」と考えると「□³＝8³×3³」。3乗を取り除いて「□＝8×3」で、「□＝24」。

13 この問題は普通に計算する。面倒に見えるが、約分すると、最後には、うまく整数になる。

$19 \div 3 \div 1/6 = \square \div 4/19$　　　　◀ 左右の式を入れ替える

$\square \div \dfrac{4}{19} = 19 \div 3 \div \dfrac{1}{6}$　　　◀ $\dfrac{4}{19}$ を右辺に移す

$\square = 19 \div 3 \div \dfrac{1}{6} \times \dfrac{4}{19}$　　◀ ÷3は×$\dfrac{1}{3}$、÷$\dfrac{1}{6}$ は×$\dfrac{6}{1}$ にして計算

$\square = \dfrac{\overset{1}{19} \times 1 \times \overset{2}{6} \times 4}{\underset{1}{3} \times 1 \times \underset{1}{19}}$　　◀ 約分を忘れない

$\square = 8$

| 正解 | 2 |

> **別解** 一気に移項するのが大変というときは、両辺を途中まで計算
>
> $19 \div 3 \div 1/6 = \square \div 4/19$　　◀ 左右の式を入れ替える。$19 \div 3 \div \dfrac{1}{6}$ を筆算
>
> $\square \div \dfrac{4}{19} = \dfrac{19 \times 1 \times \overset{2}{6}}{\underset{1}{3} \times 1}$　　◀ 約分を忘れない
>
> $\square \div \dfrac{4}{19} = 38$　　◀ $\dfrac{4}{19}$ を右辺に移す
>
> $\square = 38 \times \dfrac{4}{19}$　　◀ 筆算
>
> $\square = \dfrac{\overset{2}{38} \times 4}{\underset{1}{19}}$　　◀ 約分を忘れない
>
> $\square = 8$

14 この問題は普通に計算する。

$0.18 \div (3 \div \square) = 12$　　　◀ かっこをはずす

$0.18 \div 3 \times \square = 12$　　　◀ $0.18 \div 3 = 0.06$を暗算、または筆算

$0.06 \times \square = 12$　　　◀ 0.06を右辺に移す

$\square = 12 \div 0.06$　　◀ 暗算、または筆算

$\square = 200$

| 正解 | 5 |

15 この問題は普通に計算する。

$(5 \times 15 - \square) \div 4 = 12$　　　◀ $5 \times 15 = 75$を暗算。4を右辺に移す

$75 - \square = 12 \times 4$　　　◀ $12 \times 4 = 48$を暗算。75を右辺に移す

$\square = 75 - 48$　　◀ 暗算、または筆算

$\square = 27$

| 正解 | 2 |

16 右辺の数値は、実は、足し算の順番を変えると160が3つになる。これを、左辺の「×3」と相殺すると計算が楽。

$\square \times 3 = 75 + 77 + 79 + 81 + 83 + 85$ ◀ 右辺を暗算しやすい順にする

$\square \times 3 = (75 + 85) + (77 + 83) + (79 + 81)$ ◀ 右辺のかっこ内だけ計算

$\square \times 3 = 160 + 160 + 160$ ◀ 160 + 160 + 160は160×3と同じ

$\square = 160$

正解　4

別解 右辺の数値は、1の位をやりくりすると、すべて80になると考える

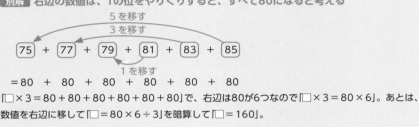

5 を移す
3 を移す

$(75) + (77) + (79) + (81) + (83) + (85)$

1 を移す

$= 80 + 80 + 80 + 80 + 80 + 80$

「$\square \times 3 = 80 + 80 + 80 + 80 + 80 + 80$」で、右辺は80が6つなので「$\square \times 3 = 80 \times 6$」。あとは、数値を右辺に移して「$\square = 80 \times 6 \div 3$」を暗算して「$\square = 160$」。

17 分数の割り算の式さえうまく立てられれば、あとは約分だけで解ける。

$1 \div 3 \div 4 = \square \div \square \div \square$ （□には同じ値が入る） ◀ 左右の式を入れ替える

$\square \div \square \div \square = 1 \div 3 \div 4$ ◀ $\div \square$は$\times \frac{1}{\square}$、$\div 3$は$\times \frac{1}{3}$、$\div 4$は$\times \frac{1}{4}$にして計算

$\dfrac{{}^{1}\cancel{\square} \times 1 \times 1}{{}_{1}\cancel{\square} \times \square} = \dfrac{1 \times 1 \times 1}{3 \times 4}$ ◀ 約分すると、両辺の分子が同じになる

$\dfrac{1}{\square} = \dfrac{1}{12}$ ◀ 両辺の分子が同じなので、分母も同じ

$\square = 12$

正解　5

18 右辺をかっこでくくって引き算すると、「$\square \times 29 = 29 \times 269$」になる。あとは計算不要。

$\square \times 29 = 46 \times 269 - 17 \times 269$ ◀ 46と17をかっこでくくる

$\square \times 29 = (46 - 17) \times 269$ ◀ 46 − 17 = 29を暗算、または筆算

$\square \times \cancel{29} = \cancel{29} \times 269$ ◀ $\square \times 29 = 29 \times 269$なので、□に入るのは269とわかる

$\square = 269$

正解　3

19 この問題は普通に計算する。

$$2/3 = 7/12 + 1/2 \times \square$$ ← 左右の式を入れ替える

$$\frac{7}{12} + \frac{1}{2} \times \square = \frac{2}{3}$$ ← $\frac{7}{12}$ を右辺に移す

$$\frac{1}{2} \times \square = \frac{2}{3} - \frac{7}{12}$$ ← 右辺の分母を12に揃える

$$\frac{1}{2} \times \square = \frac{8}{12} - \frac{7}{12}$$ ← $\frac{8}{12} - \frac{7}{12} = \frac{1}{12}$ を計算。$\frac{1}{2}$ を右辺に移す

$$\square = \frac{1}{12} \div \frac{1}{2}$$ ← $\div \frac{1}{2}$ は $\times \frac{2}{1}$ にして計算

$$\square = \frac{1 \times \overset{1}{\cancel{2}}}{\underset{6}{\cancel{12}} \times 1}$$

$$\square = \frac{1}{6}$$

正解	3

> **別解** 両辺に12をかけて、整数の式にしてもよい
> 両辺に12をかけて約分すると「8＝7＋6×□」。左右の式を入れ替えて、数値を右辺に移すと「□＝（8－7）÷6」で「□＝1÷6」。分数にすると「□＝$\frac{1}{6}$」。

20 速解を使うと、計算を大幅に省ける。まずは、普通に計算する方法から。

$$(0.4 - 0.34) \times (4 + 2) = \square \times 0.6$$ ← 左右の式を入れ替える

$$\square \times 0.6 = (0.4 - 0.34) \times (4 + 2)$$ ← 右辺のかっこ内を暗算

$$\square \times 0.6 = 0.06 \times 6$$ ← 0.6を右辺に移す

$$\square = 0.06 \times 6 \div 0.6$$ ← 6 ÷ 0.6 ＝ 10を先に暗算、または筆算

$$\square = 0.06 \times 10$$ ← 暗算

$$\square = 0.6$$

正解	4

> **速解** 「□×0.6 ＝ 0.06×6」以降は、移項を省略。以下のように考える
>
>
>
> 「×10」と「×0.1」をすると、左辺と右辺は結局同じになる
>
> ※左辺の順番はわかりやすいよう「0.6×□」に変えた。

1 図表の読み取り(割合・増減率)

●何倍、何%などの割合や、増減率などを求める。
　計算方法は、「AはBの何倍か」は「A÷B」。「AはBの何%か」は「A÷B×100」。
　増減率は「後ろの年月÷前の年月−1」(答えがプラスなら増加率、マイナスなら減少率)
●電卓は使えない。選択肢の離れ具合に応じて概算をする

例題

次のグラフは、B国の出入国者数を表したものである。2010年のB国人出国者数は、2008年に比べておよそ何%減少しているか。最も近いものを選択肢の中から1つ選びなさい。

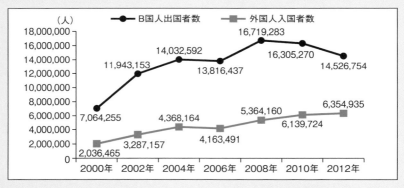

1. 0.2%　　**2.** 0.8%　　**3.** 1.5%　　**4.** 2.5%　　**5.** 15%

グラフから、2010年のB国人出国者数は16,305,270人、2008年は16,719,283人。

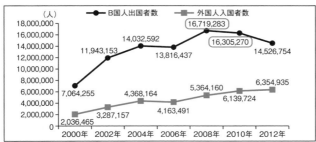

これを使って、「2010年のB国人出国者数÷2008年のB国人出国者数−1」を計算して、減少率(何%減少したか)を求める。減少率なので、答えはマイナスになる。

計算には電卓は使用できない。8桁の数値のまま筆算すると、手間がかかる。有効数字の上3桁までを使って概算する。選択肢の値が近いので、これ以上の大胆な概算は危険だ。

※有効数字というのは始まりの0を除いた数字のこと。例えば、「0.056」の有効数字は「56」、「2026」の有効数字は「2026」。かけ算、割り算の概算では、有効数字の上から何桁までを使うのかを揃えて、その下の桁で四捨五入するという方法がよく用いられる。

2010年   2008年   答えがマイナスなら減少率

~~16,305,270~~ ÷ ~~16,719,283~~ − 1

16,300,000 ÷ 16,700,000 − 1 ← 割り算は、割る数と割られる数の0を同じだけ省いて計算すると楽

163   ÷   167   − 1 ＝ − 0.0239… ➡ 約2.4％減少

最も近い選択肢は、**4**の「2.5％」。

> **参考** 概算しないときの計算結果は、以下の通り
> 16,305,270 ÷ 16,719,283 − 1 ＝ − 0.0247… ➡ 約2.5％減少

> **別解** 2008年と2010年の差から、選択肢の当たりをつける
> B国人出国者数の2008年と2010年の差が、2008年のどれくらいの割合かを概算（暗算）して、選択肢の当たりをつける。まず、B国人出国者数の2008年と2010年の差は、万の位で四捨五入すると、「1,670万人 − 1,630万人 ＝ 40万人」。
> ※足し算・引き算の概算では、四捨五入する位（ここでは万）を揃える。
> 2008年は1,670万人なので
>   1,670万人の1％ ➡ 16.7万人
>   2％ ➡ 33.4万人
>   10％ ➡ 167万人
> 2008年と2010年の差「40万人」は、2％〜10％の間。当てはまる選択肢は、**4**の「2.5％」だけ。

正解   4

1 次のグラフは、ある地域の労働力人口の推移を表したものである。1995年の労働力人口に占める30〜59歳の割合はおよそ何%か。最も近いものを選択肢の中から1つ選びなさい。

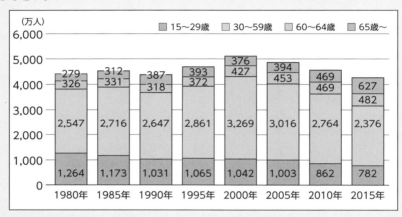

1. 55%　　2. 58%　　3. 61%　　4. 65%　　5. 68%

2 次のグラフは、既存住宅流通シェアの国際比較を表したものである。A国、B国、C国、D国のうち、全体数（新築住宅着工戸数＋既存住宅流通戸数）に占める既存住宅流通戸数の割合が最も大きいのはどの国か。選択肢の中から1つ選びなさい。

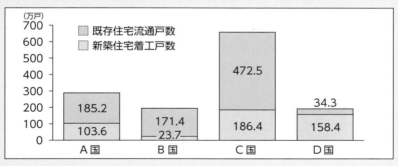

1. A国　　2. B国　　3. C国　　4. D国

5. グラフからは読み取ることができない

1 1995年の「30〜59歳の労働力人口÷労働力人口の合計」を求める。選択肢の値はそれなりに離れている。足し算は10万の位で四捨五入（例えば、1,065万人は1,100万人）。割り算は有効数字の上2桁までを使う。概算では万は省略する。

30〜59歳　　15〜29歳　30〜59歳　60〜64歳　　65歳〜
~~2,861~~ ÷ (~~1,065~~ + ~~2,861~~ + ~~372~~ + ~~393~~)
2,900 ÷ (1,100 + 2,900 + 400 + 400) = 0.604…≒60%

最も近い選択肢は、**3**の「61%」。

> **参考** 概算しないときの計算結果は、以下の通り
> 2,861÷(1,065＋2,861＋372＋393)＝0.609…≒61%

2 各国の「既存住宅流通戸数÷（新築住宅着工戸数＋既存住宅流通戸数）」を計算して、最も値が大きいものが正解。ただし、このグラフの場合は、目算でもわかる。その国を示す棒グラフの中で「既存住宅流通戸数」の比率が最も高いものを選べばよい。グラフの見た目からB国だとわかる。

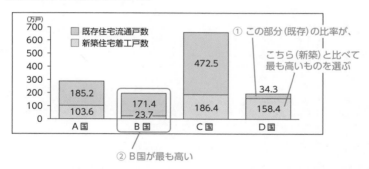

① この部分（既存）の比率が、

こちら（新築）と比べて最も高いものを選ぶ

② B国が最も高い

> **別解** 既存住宅流通戸数の比率が高そうなB国とC国に絞り込んでから計算
> 計算をしないと心配という人は、既存住宅流通戸数の比率が高そうなB国とC国に絞り込んで計算。計算式は正しいものを使わなくても、「既存住宅流通戸数÷新築住宅着工戸数」を求めて、値が大きいほうを選べば充分。有効数字の上2桁までを使って概算。万は省略。

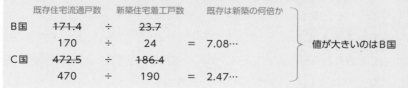

2 図表の読み取り（数量）

●金額や人数などの数量を求める
●対前年比の計算は「ある年の数量×翌年の対前年比＝翌年の数量」

例題

次のグラフは、ある商品の年間売上高の対前年比（増減の割合）の推移を表したものである。2008年の売上高が17,910百万円であるとき、2006年の売上高はおよそ何百万円か。最も近いものを選択肢の中から1つ選びなさい。

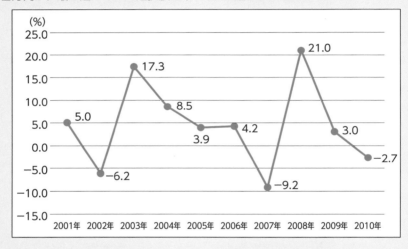

1. 16,000百万円　　2. 16,300百万円　　3. 16,800百万円

4. 17,200百万円　　5. 17,500百万円

2008年の売上高と、年間売上高の対前年比を使って、2006年の売上高を求める。「ある年の売上高×翌年の対前年比＝翌年の売上高」なので

　　2008年の売上高　➡　「2007年の売上高×2008年の対前年比」で求められる

　　2007年の売上高　➡　「2006年の売上高×2007年の対前年比」で求められる

2つの式を合わせると、「2006年の売上高×2007年の対前年比×2008年の対前年比＝2008年の売上高」。求める2006年の売上高を x として、方程式を作る。方程式で使う対前年比は、グラフの値（%）を小数に直してから1を足す。

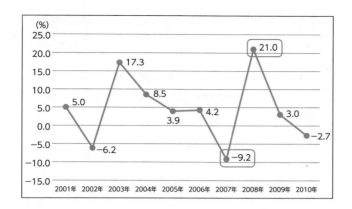

2007年の対前年比　−9.2％＝−0.092　➡　−0.092＋1＝0.908

2008年の対前年比　21.0％＝0.21　➡　0.21＋1＝1.21

選択肢の値が近いので、先に対前年比のかけ算をしてから、有効数字の上3桁まで使う。概算では百万は省略する。

2006年の売上高		2007年の対前年比		2008年の対前年比		2008年の売上高
x	×	0.908	×	1.21	=	17,910
x	×	~~1.09868~~			=	~~17,910~~
x	×	1.1			=	17,900
				x	=	17,900　÷　1.1
				x	=	16,272.7…

最も近い選択肢は、**2**の「16,300百万円」。

参考 概算しないときの計算結果は、以下の通り

「x × 0.908 × 1.21 ＝ 17,910」の数値を右辺に移して「x ＝ 17,910 ÷ 1.21 ÷ 0.908」。計算すると「x ＝ 16,301.3…」。

正解　2

1 次のグラフは、ある地域の航空ネットワークの推移を表したものである。2004年の
総運航回数は何万回か。最も近いものを選択肢の中から1つ選びなさい。

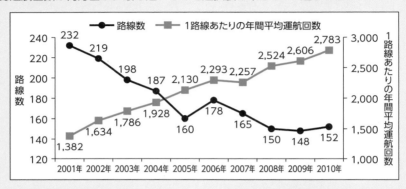

1. 33万回　　2. 36万回　　3. 39万回　　4. 42万回　　5. 45万回

2 次の表は、各国のインターネット利用状況を表したものである。D国の人口はおよそ
何万人か。最も近いものを選択肢の中から1つ選びなさい。

国	利用者数（千人）	人口100人あたりの利用者数
A国	30,621.8	34.53
B国	59,135.2	76.51
C国	15,683.7	46.38
D国	69,483.2	81.90
E国	86,521.5	53.54
F国	109,847.3	71.62

1. 6,240万人　　2. 7,690万人　　3. 8,480万人　　4. 9,520万人

5. 12,392万人

1 「2004年の路線数 × 2004年の1路線あたりの年間平均運航回数」で、2004年の総
運航回数を求める。選択肢の値はそれなりに離れているので、有効数字の上2桁まで
を使って概算する。

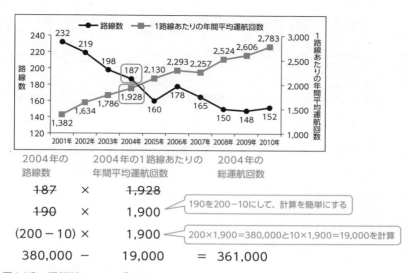

2004年の 路線数		2004年の1路線あたりの 年間平均運航回数		2004年の 総運航回数
~~187~~	×	~~1,928~~		
~~190~~	×	1,900	← 190を200−10にして、計算を簡単にする	
(200 − 10) ×		1,900	← 200×1,900＝380,000と10×1,900＝19,000を計算	
380,000	−	19,000	=	361,000

最も近い選択肢は、**2**の「36万回」。

> **参考** 概算しないときの計算結果は、以下の通り
> 187×1,928＝360,536

2 人口100人あたりの利用者数の求め方は、「利用者数÷人口×100＝人口100人あた
りの利用者数」である。この式を「人口＝」に変えると「人口＝利用者数÷人口100人あ
たりの利用者数×100」となる。これをD国に当てはめる。選択肢の値はそれなりに
離れているので、有効数字の上2桁を使って概算する。概算では、利用者数の千は省
略する。

D国のインター ネット利用者数		D国の人口100人 あたりの利用者数				D国の人口
~~69,483.2~~	÷	~~81.9~~	×	100		
69,000	÷	82	×	100	=	84,146.3…

D国の人口は、84,146.3…千人。単位を万に直すと8,414.63…万人。最も近い選
択肢は、**3**の「8,480万人」。

> **参考** 概算しないときの計算結果は、以下の通り
> 69,483.2÷81.9×100＝84,839.07…

正解	**1** 2	**2** 3

3 図表の読み取り（読み取り）

●図表の値の大小を見比べるなど、計算がほとんどない読み取り主体の問題
●散布図のように、日ごろ見慣れないグラフは見方を覚えておく

例題

次のグラフは、ア〜シの12人の英語と数学のテストの得点を表したものである。英語の得点が、数学の得点より10点以上高い人は、何人いるか。選択肢の中から1つ選びなさい。

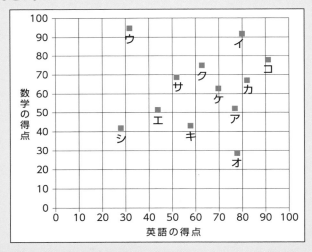

1. 3人　　2. 4人　　3. 5人　　4. 6人　　5. 7人

この問題のグラフは散布図という。縦軸と横軸、2つの数値が交わるところに点が打たれていて、2つの数値の相関関係を見るのに使われる。

このグラフの場合、具体的な得点は示されていないが、例えば、ウなら数学が90点台、英語が30点台となる。

この問題で求めるのは、「英語の得点が、数学の得点より10点以上高い人」。1人ずつ確認していくよりも、「数学が0点で英語が10点」と「数学が90点で英語が100点」の2点を通る直線を引くほうが速い。線よりも下の人が「英語の得点が、数学の得点より10点以上高い人」。

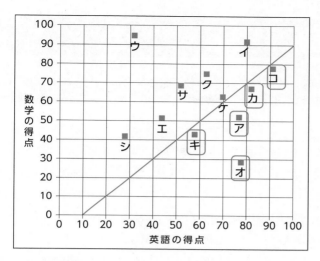

当てはまるのは、ア、オ、カ、キ、コの5人。

4 推論

● 「勝負」「内訳」「順位」など、TG-WEBの標準型と同じタイプの推論が出題される
● 問題量をこなすために、TG-WEBの標準型の推論にも取り組もう

例題

A〜Dの4人が将棋の対局を行っている。対局は第1戦〜第4戦の4回行われ、4人はいずれも2回ずつ指した。その結果、4人とも1勝1敗で、同じ相手と2回対局した人はいなかった。また、Cは第3戦でDと対局して勝ち、Bは第1戦で勝った。第2戦で負けた人は、Bとの対局では勝った。このとき、確実にいえるのは次のうちどれか。

1. AとBは対局しなかった　　2. Cは第4戦で対局した
3. BはDに負けた　　4. Dは第2戦で勝った　　5. Aは第4戦で負けた

第1戦〜第4戦の表を作り、わかっていることを書きこむ。まず、「Cは第3戦でDと対局して勝ち、Bは第1戦で勝った」。

	勝ち	負け
第1戦	B	
第2戦		
第3戦	C	D
第4戦		

次に「第2戦で負けた人は、Bとの対局では勝った」を考える。「Bとの対局では勝った」のが第1・3・4戦のいずれなのかは、第1戦は勝ちがBなので不適切、第3戦は勝ちがCで負けがDなので不適切。勝ったのは、残る第4戦に決まる。1人につき対局は2回までなので、すでに表にあるB・C・Dを除くと、この人はAと決まる。

	勝ち	負け
第1戦	B	
第2戦		Ⓐ
第3戦	C	D
第4戦	Ⓐ	

同じ人

第2戦で負けた人はA。Aは第4戦に勝ったので、「第2戦で負けた人は、Bとの対局では勝った」から、第4戦で負けたのはB。

	勝ち	負け
第1戦	B	
第2戦		A
第3戦	C	D
第4戦	A	B

「4人とも1勝1敗」なので、第2戦の勝ちは、まだ勝ちに名前がないD。第1戦の負け
は、まだ負けに名前がないC。

	勝ち	負け
第1戦	B	C
第2戦	D	A
第3戦	C	D
第4戦	A	B

以上から、確実にいえる選択肢は4。

※他の選択肢は、いずれも確実に誤り。

正解	4

計数　検査2　模擬テスト

制限時間4分　問題数7問

※実物は制限時間8分、問題数13問

1 次の表は、A国の社会保障給付費の推移を表したものである。2010年の社会保障給付費のうち、年金はおよそ何兆円か。最も近いものを選択肢の中から1つ選びなさい。

	1990年	2000年	2010年	2020年
国民所得額（兆円）	208.14	197.5	217.6	238.6
給付費総額（兆円）	28.6（100%）	54.8（100%）	75.2（100%）	81.7（100%）
（内訳）年金	（39.2%）	（43.6%）	（41.5%）	（40.1%）
医療	（45.5%）	（39.0%）	（40.3%）	（41.2%）
福祉その他	（15.3%）	（17.4%）	（18.2%）	（18.7%）

1. 19兆円　　2. 25兆円　　3. 31兆円　　4. 36兆円　　5. 90兆円

2 次のグラフは、2000年～2010年のある市の年間平均気温（℃）と年間降水量（mm）を表したものである。2001年～2010年のうち、前年に比べて年間平均気温が上がり、年間降水量も増えた年は何回あったか。選択肢の中から1つ選びなさい。

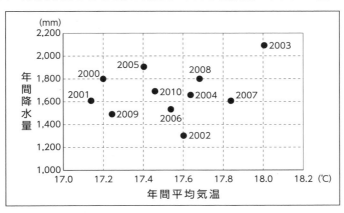

1. 1回　　2. 2回　　3. 3回　　4. 4回　　5. 5回

3 次のグラフは、ある製品の市場規模の割合を表したものである。2008年と2018年の南アメリカの市場規模が同額であるとき、2018年のインドの市場規模は2008年のおよそ何倍か。最も近いものを選択肢の中から1つ選びなさい。

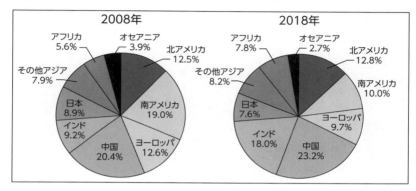

1. 1.2倍　　2. 2.0倍　　3. 2.9倍　　4. 3.7倍　　5. 4.8倍

---

4 次のグラフは、ある地域の20代若者のモノの保有率の変化をみたものである。「自分専用として持っている」と答えた割合を保有率として、2010年調査時の保有率から、2000年調査時の保有率を引いたものを表している。デジタルカメラの2010年の保有率が、2000年の保有率と比べて1.9倍であったとき、2010年のデジタルカメラの保有率はおよそ何%か。最も近いものを選択肢の中から1つ選びなさい。

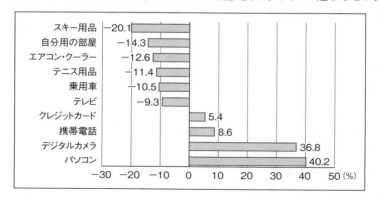

1. 19.4%　　2. 48.0%　　3. 69.2%　　4. 77.7%　　5. 86.3%

5 A〜Eの5チームが野球の総当たり戦を行った。現在の進行状況は、各チームとも2試合を終えたところである。AとCはすでに対戦したが、BとDはまだ対戦していない。このとき、確実にいえるのは次のうちどれか。

1. AはBとすでに対戦している
2. DはCとすでに対戦している
3. CはBとまだ対戦していない
4. BはEとすでに対戦している
5. DはAとまだ対戦していない

6 フランスと日本のいずれかにあるA〜Eの5つの都市の人口を比べたところ、次のことがわかった。

- ・CとEは異なる国にある
- ・Dの人口はAの人口より多い
- ・Bの人口はAの人口より少なく、Aの人口はCの人口より少ない
- ・日本にある都市の人口は、フランスにある都市の人口より必ず多い
- ・A、B、C、Eのうち、2都市はフランスにあり、2都市は日本にある

このとき、日本にある都市をすべてあげているのは次のうちどれか。

1. B、E　　2. C、D　　3. A、C、D　　4. A、D、E　　5. B、D、E

7 A〜Dの4人がそれぞれ学生時代にしていたスポーツについて話をしている。4人がしていたスポーツはバレーボール、サッカー、アイスホッケー、ソフトボールと1人ずつ異なり、背番号も3番、4番、5番、6番と異なっていた。4人は次のように発言した。

A「私の背番号は4番で、バレーボールをしていた人の背番号は3番だった」
B「私はアイスホッケーもサッカーもしていなかった」
C「Bの背番号は3番ではなかった」
D「私ではないが、サッカーをしていた人の背番号は6番だった」

このとき、確実にいえるのは次のうちどれか。

1. Dはソフトボールをしていた　　　　2. Aの背番号は6番だった
3. 背番号が5番の人はアイスホッケーをしていた
4. Bの背番号はAの背番号より小さい　　5. Cの背番号は6番だった

計数　検査2　模擬テスト

解説と正解

1 2010年について「給付費総額×年金の割合」で、年金額を求める。選択肢の値は離れている。有効数字の上2桁までを使って概算する。概算では兆は省略する。

	1990年	2000年	2010年	2020年
国民所得額(兆円)	208.14	197.5	217.6	238.6
給付費総額(兆円)	28.6(100%)	54.8(100%)	75.2(100%)	81.7(100%)
(内訳)年金	(39.2%)	(43.6%)	(41.5%)	(40.1%)
医療	(45.5%)	(39.0%)	(40.3%)	(41.2%)
福祉その他	(15.3%)	(17.4%)	(18.2%)	(18.7%)

2010年の給付費総額　　2010年の年金の割合　　2010年の年金額

~~75.2~~　　　　×　　　~~0.415~~

75　　　×　　　0.42　　＝　31.5

最も近い選択肢は、**3**の「31兆円」。

正解　3

参考 概算しないときの計算結果は、以下の通り
75.2×0.415＝31.208

2 グラフの点の位置が、前年と比べて右上にきていれば、気温が上がり、降水量も増えていることになる。当てはまるのは、2003年、2007年、2010年。よって、3回。

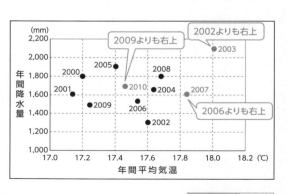

正解　3

3 設問から、南アメリカの2008年と2018年は、同じ金額。円グラフでの割合は、南アメリカは、2008年が19.0%、2018年が10.0%で「19 ÷ 10 ＝ 1.9倍」。

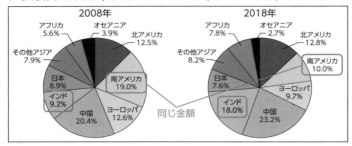

ここから、インドの2018年の割合を1.9倍すれば、2008年の割合に換算した値が求められることがわかる。「2008年の割合に換算した2018年のインドの割合 ÷ 2008年のインドの割合」で、2018年のインドが2008年の何倍かが求められる。選択肢の値はそれなりに離れている。小数点以下の値を四捨五入して概算する。

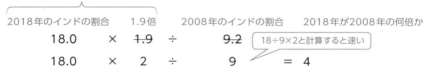

最も近い選択肢は、**4**の「3.7倍」。

正解	4

> **参考** 概算しないときの計算結果は、以下の通り
> 18.0 × 1.9 ÷ 9.2 ＝ 3.71…

> **別解** 南アメリカを2008年も2018年も100円と仮定
> 南アメリカを2008年も2018年も100円と仮定すると、「100円 ÷ 南アメリカの割合」で、その年の世界全体の金額が求められる。そこにインドの割合をかけ算すれば、インドの金額がわかる。最後に、インドの金額を「2018年 ÷ 2008年」して何倍かを求める。以下では、概算ではなく、正確に計算したときの値を紹介する。
>
> | | | 世界全体の金額 | | | |
> | --- | --- | --- | --- | --- | --- |
> | | 南アメリカの金額 | 南アメリカの割合 | インドの割合 | | インドの金額 |
> | 2008年 | 100 | ÷ 0.19 | × 0.092 | ＝ | 48.42… ≒ 48.4 |
> | 2018年 | 100 | ÷ 0.10 | × 0.18 | ＝ | 180 |
>
> | 2018年 | 2008年 | 何倍か |
> | --- | --- | --- |
> | 180 ÷ | 48.4 ＝ | 3.71… ≒ 3.7倍 |

4 グラフに示されているのは、2000年から2010年にかけて保有率がどれだけ増減したか。デジタルカメラの保有率は2000年と比べて36.8%増えている。仮に、2000年のデジタルカメラの保有率を「x」%とすると、2010年は「$x + 36.8$」%と表せる。また、設問文から、デジタルカメラの保有率は、2000年と比べて、2010年には1.9倍。2000年の保有率を「x」%とすると、2010年は「$x \times 1.9$」%と表せる。この2つの値（「$x + 36.8$」と「$x \times 1.9$」）をイコールでつないで方程式を作って解く。方程式の途中で概算すると、わかりづらくなるので、以下では普通に計算する。

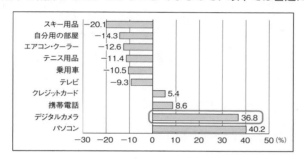

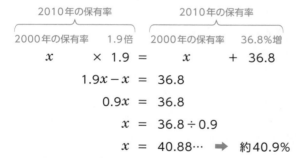

$$x \times 1.9 = x + 36.8$$
$$1.9x - x = 36.8$$
$$0.9x = 36.8$$
$$x = 36.8 \div 0.9$$
$$x = 40.88\cdots \ \Rightarrow \ 約40.9\%$$

求めるのは2010年の保有率なので

2000年の保有率　36.8%増　　　　　　　　　　　2010年の保有率
$$x \ + \ 36.8 = 40.9 + 36.8 = \ 77.7\% \quad ※概算なら41 + 37 = 78$$

正解　4

別解 保有率の差36.8%が、2000年の保有率の0.9倍に相当
保有率の差36.8%が、2000年の保有率の0.9倍に相当する（1.9倍になったときに、増えた分はもとの0.9倍に相当）。ここから「36.8 ÷ 0.9 = 40.88…」が2000年のデジタルカメラの保有率だとわかる。2010年はこれに36.8%を足す。概算で「41 + 37 = 78%」。

5 設問からわかる対戦の有無と、それ以外に行った試合は以下の通り。

	A	B	C	D	E	左以外に行った試合
A			有			1試合（相手はB、D、Eのうち1チーム）
B				無		2試合（相手はA、C、Eのうち2チーム）
C	有					1試合（相手はB、D、Eのうち1チーム）
D		無				2試合（相手はA、C、Eのうち2チーム）
E						2試合（相手はA、B、C、Dのうち2チーム）

上記から、BとDは、どちらも「A、C、Eのうち2チーム」と対戦（計4試合）。A、C、E
の相手が判明していない試合は、「Aは1試合」「Cは1試合」「Eは2試合」で足し算する
と4試合。つまり、A、C、Eの相手が判明していない試合すべてが、BかDとの対戦。
BとDは、「AかCのいずれかと1試合」＋「Eとは必ず1試合」したことになる。以上か
ら、確実にいえる選択肢は**4**。

※他の選択肢は、いずれも正誤どちらもあり得る。

正解 　4

---

6 5つの条件からわかる国の違いや人口の順番を書き出す。

　　・CとEは異なる国にある　　　　　C ←異なる国→ E

　　・Dの人口はAの人口より多い　　　D ＞ A

　　・Bの人口はAの人口より少なく、Aの人口はCの人口より少ない　C ＞ A ＞ B

　　・日本にある都市の人口は、フランスにある都市の人口より必ず多い

　　・A、B、C、Eのうち、2都市はフランスにあり、2都市は日本にある

　　　　　　　A、B、C、Eのうち人口が多い2都市が日本、残りがフランス

条件からわかった「A、B、C、Eのうち人口が多い2都市が日本、残りがフランス」に、
順番「C ＞ A ＞ B」を合わせると、**少なくともCは日本、Bはフランス**。また、CとEは
異なる国にあるため、Cが日本なので**Eはフランス**。フランスはB、Eと決まったので、
残るAは日本。従って、日本はAとC。Dの国名が不明だが、この時点で選択肢にA
とCが入っているのは**3**しかないので「A、C、D」が正解だと決まる。

正解 　3

　補足 Dが日本と決まるのは、D ＞ Aのため
　日本の都市は、必ずフランスの都市より人口が多い。Aの日本の都市より人口が多いDは日本の都
　市。

7 発言から明らかなのは、Aが4番。

	スポーツ	背番号
A		4番
B		
C		
D		

次にDの「サッカーをしていた人の背番号は6番だった」を考える。Dは「私ではない」と発言、Aは4番、Bはサッカーをしていないと発言していて、いずれも当てはまらない。残るCがサッカーで6番と決まる。

	スポーツ	背番号
A		4番
B		
C	サッカー	6番
D		

次にAの「バレーボールをしていた人の背番号は3番」を考える。Cが「Bの背番号は3番ではなかった」と発言しているので、3番でバレーボールはD。

	スポーツ	背番号
A		4番
B		
C	サッカー	6番
D	バレーボール	3番

A・Cは3番ではない。Bが3番でないならば、Dが3番と決まる

Bの「私はアイスホッケーもサッカーもしていなかった」から、Bはソフトボール。Aがアイスホッケー。背番号はBが、残る5番。

	スポーツ	背番号
A	アイスホッケー	4番
B	ソフトボール	5番
C	サッカー	6番
D	バレーボール	3番

以上から、確実にいえる選択肢は**5**。

※他の選択肢は、いずれも確実に誤り。

正解 **5**

ヒューマネージ社のテストセンター 言語の概要

◼️○ 2種類の長文読解が出題される

ヒューマネージ社のテストセンターの言語では、「長文読解」のみが出題されます。

「長文読解」には2種類あります。1種類は独自のタイプで、「主旨」(筆者が最も言いたいこと)を判定する長文読解です。もう1種類は、TG-WEBの標準型・時短型で出題される「主張合致」と同じタイプです。

◼️○ 1長文あたりに使える時間が短い

テストセンターの言語は30問(12長文)を15分で解きます。時間をうまく使わないと全問を解くのは難しいでしょう。

※問題数と制限時間は、これ以外にも複数の情報が寄せられています。

◼️○ 問題の特徴と攻略ポイント

① 「主旨」では、1長文につき4つの設問文を判定します。

選択肢は共通で、以下の3つです。

> **1.** 筆者が最も言いたいことである。
>
> **2.** 本文に書かれているが、最も言いたいことではない。
>
> **3.** 本文に書かれていないことである。

通常は、1つの長文に1は1つだけです。

② 「主張合致」の解き方は、標準型・時短型と同じです。

筆者の主張と合致するものを選択します。選択肢を本文と照らし合わせ、合致しているかどうかを見ます。**本文と合致する選択肢は通常1つだけです。合致するものが見つかったら、以降の照らし合わせは省略してもかまいません。**

■◗ 「主旨」の解き方

・ななめ読みして大体の内容をつかむ

　ヒューマネージ社のテストセンターの言語では、1長文にかけられる時間は1分15秒程度です。本文をていねいに読み込んでいては、時間が足りなくなります。しかし、**本文の全体を把握せずに設問文を判定すると、間違う恐れがあります。まずは本文をざっと読み、大ざっぱでいいので内容をつかんでおきましょう。**

・設問文を分類してから主旨を1つ決める

　次に、**「設問文が、本文と合致するかどうか」を見て、3と「3以外」に分類します。**設問文が本文と合致すれば「3以外」です。設問文が本文と合致しなければ3です。分類し終わったら、「3以外」の中から主旨を決めて1にします。1以外は自動的に2になります。

> ※主旨がわかりにくい長文が出題されたときなどは、「3以外」の中から先に2を判定し、残った1つを1にしてもかまいません。臨機応変に解きましょう。

1 長文読解（主旨）

● 設問文が主旨（筆者が最も言いたいこと）かどうかを判定する問題
● 全部の設問文を本文と合致するかどうかで分類し、主旨を1つ決める

例題

次の文章を読み、**1** 〜 **4** のそれぞれが**1〜3**のどれに当てはまるか答えなさい。

地球上には多くの種が存在しているが、その総数は正確には把握されていない。国連環境計画（UNEP）によれば、未知の種も合わせると種の総数は300万種から1億1,100万種に及ぶとも推定されており、そのうち現在確認されている数は約175万種程度である。特に、世界の陸地面積の7％を占めるに過ぎない熱帯多雨林には種全体の半数以上が生息していると言われ、熱帯地域は世界の種の多様性の核心である。このような種の多様性の他、遺伝子レベルの多様性、生態系の多様性をも含め、生物多様性と呼ばれている。生物多様性には、我々人類を含む生物自身にとって良好な環境を作り、健全に保つ生存基盤としての価値、食物や薬等資源としての価値、また、自然とのふれあいを通して心の安らぎを得、さらにレクリエーションやスポーツを楽しむ場としての文化的価値がある。しかしこのような生物多様性は、生息・生育地の破壊により急速に失われている。このままの割合で森林破壊が続くと熱帯の閉鎖林に生息する種の4〜8％が今後25年の間に絶滅するという試算もある。種の絶滅は、自然界の進化の過程で絶えず起こってきたことであるが、その速度はきわめて緩やかであった。今日の種の絶滅は、自然のプロセスではなく、人類の経済社会活動が主たる原因であり、地球の歴史始まって以来の速さで進行している。種の絶滅は地球環境問題の重要な課題として捉えられ、国際的な取組が進められている。

（『環境白書　平成11年版』（環境省ホームページより一部改変））

1 熱帯多雨林は世界の陸地面積の半数以上を占めている。

　　1. 筆者が最も言いたいことである。

　　2. 本文に書かれているが、最も言いたいことではない。

　　3. 本文に書かれていないことである。

2 地球上の種の総数は正確にはわからない。

　　1. 筆者が最も言いたいことである。

　　2. 本文に書かれているが、最も言いたいことではない。

　　3. 本文に書かれていないことである。

3 自然界の進化の過程において、種の絶滅の速度は緩やかだった。

　　1. 筆者が最も言いたいことである。

　　2. 本文に書かれているが、最も言いたいことではない。

　　3. 本文に書かれていないことである。

4 現在の種の絶滅は地球環境問題の重要な課題である。

1. 筆者が最も言いたいことである。
2. 本文に書かれているが、最も言いたいことではない。
3. 本文に書かれていないことである。

1 本文は、環境破壊によって種の多様性を含む生物多様性が失われていること、種の絶滅が地球環境問題の重要な課題として捉えられているという内容。

まずは、設問文を**3**と「**3以外**」に分類する。熱帯多雨林が世界の陸地面積に占めるのは7%。半数以上ではない。この設問文は**3**。

3～5行目

> 特に、世界の陸地面積の7%を占めるに過ぎない熱帯多雨林には種全体の半数以上が生息していると言われ、熱帯地域は世界の種の多様性の核心である。

2 本文では、地球上の種の総数は正確には把握されていないと述べている。この設問文は「**3以外**」。

1行目

> 地球上には多くの種が存在しているが、その総数は正確には把握されていない。

3 本文では、種の絶滅は自然界の進化の過程で絶えず起こってきたことで、その速度はきわめて緩やかだったと述べている。この設問文は「**3以外**」。

10～11行目

> 種の絶滅は、自然界の進化の過程で絶えず起こってきたことであるが、その速度はきわめて緩やかであった。

4 本文では、種の絶滅が、地球環境問題の重要な課題として捉えられていると述べている。この設問文は「**3以外**」。

13行目

> 種の絶滅は地球環境問題の重要な課題として捉えられ、国際的な取組が進められている。

最後に、「**3以外**」だった **2** 、**3** 、**4** を判定する。より主旨に近いのは、「地球環境問題の重要な課題」とある **4** 。これが**1**になる。残りの **2** と **3** は**2**。

正解	**1** 3	**2** 2	**3** 2	**4** 1

次の文章を読み、**1** ～ **4** のそれぞれが**1**～**3**のどれに当てはまるか答えなさい。

> 「情けは人のためならず」ということわざがある。辞書には「情けを人にかけておけば、巡り巡って自分によい報いが来るということ」とあるが、「情けをかけるのは相手のためにならないから、かけてはいけない」という意味に誤用されることが多い。本来なら「人のためならず」は「人のためにかけるのではない（自分のためにかける）」という意味だが、誤用する人の多くは「相手のためにならない」と解釈する。しかし、よく考えてみると、この「相手のためにならない」という解釈はそんなに間違っているとも思えないのだ。いずれは自分に返ってくるのだから他人に援助を惜しむべきでないという解釈は、伝統的な義理人情の世界で生きてきた人間が、その価値観に疑いを持たずに受け入れてきたものにすぎない。ことわざの解釈の正誤を離れて考えてみれば、純粋に相手の自立を思って援助をしないという考え方は、損得勘定を抜きにした善良で健康的な発想といえないか。このような発想をする人は、何かあったときでも他人をあてにしない、なるべく自分の力で困難を乗り切っていこうという精神を持つ人だろうからだ。こうした人にはまた別のふさわしいことわざがある。「艱難汝を玉にす」という。「苦労や困難を堪えてこそ立派な人間になれる」という意味だ。

1 「情けは人のためならず」ということわざは誤用されやすい。

　1. 筆者が最も言いたいことである。

　2. 本文に書かれているが、最も言いたいことではない。

　3. 本文に書かれていないことである。

2 「情けは人のためならず」ということわざの誤用とされる解釈にも、一面では真理がある。

　1. 筆者が最も言いたいことである。

　2. 本文に書かれているが、最も言いたいことではない。

　3. 本文に書かれていないことである。

3 他人に援助をしない人は人間関係を損得勘定で考える人である。

　1. 筆者が最も言いたいことである。

　2. 本文に書かれているが、最も言いたいことではない。

　3. 本文に書かれていないことである。

4 ことわざの誤用は、言葉の意味の変化を助長するものだ。

　1. 筆者が最も言いたいことである。

　2. 本文に書かれているが、最も言いたいことではない。

　3. 本文に書かれていないことである。

1 本文は、「情けは人のためならず」ということわざが、本来とは違う意味で誤用されることがあるということ、また、誤用とされることわざの解釈もあながち間違っているとは思えないという内容。この設問文は「**3以外**」。

1～3行目

> 「情けは人のためならず」ということわざがある。辞書には「情けを人にかけておけば、巡り巡って自分によい報いが来るということ」とあるが、「情けをかけるのは相手のためにならないから、かけてはいけない」という意味に誤用されることが多い。

2 **1** で見たことわざの誤用とされる解釈について、本文では「そんなに間違っているとも思えない」（5～6行目）、「損得勘定を抜きにした善良で健康的な発想」（9行目）と述べている。誤用とされる解釈にも、一面では真理があるといえる。この設問文は「**3以外**」。

8～9行目

> ことわざの解釈の正誤を離れて考えてみれば、純粋に相手の自立を思って援助をしないという考え方は、損得勘定を抜きにした善良で健康的な発想といえないか。

3 本文では、相手の自立を思って援助をしないという考え方は、損得勘定を抜きにした発想と述べている。この設問文は**3**。

8～9行目

> ことわざの解釈の正誤を離れて考えてみれば、純粋に相手の自立を思って援助をしないという考え方は、損得勘定を抜きにした善良で健康的な発想といえないか。

4 本文では、ことわざの誤用から言葉の意味が変化することについて述べていない。この設問文は**3**。

最後に、「**3以外**」だった **1** 、**2** を判定する。より主旨に近いのは、「『情けはひとのためならず』ということわざの誤用とされる解釈にも、一面では真理がある」とある **2** 。これが**1**になる。残りの **1** は**2**。

正解	**1** 2	**2** 1	**3** 3	**4** 3

※言葉の定義は『大辞林第四版』（三省堂）から引用しました。

次の文章を読み、**1** 〜 **4** のそれぞれが**1〜3**のどれに当てはまるか答えなさい。

　たいていは、既成の知識の枠組、常識として皆が信じていることのほうが正しいのです。既成の知識の枠組というのは、みな一朝一夕にできたものではありません。それなりの時間をかけて、その間に多くの論者が疑問点を叩きに叩くことでできあがってきたものです。そう簡単に誤りは発見できないものです。大胆に定説に挑戦して、新説を唱えたつもりになっても、実はとっくの昔に捨てられていた誤った説だったなどということが珍しくありません。あるいは、知識が足りなかったがために、大事なポイントの見落しがあり、ありえないことをありうるとしてしまった珍説とか、陥りやすいトンデモ科学への道は沢山あるのです。大事なのは、その常識破りの大胆な発想に、前提としての十分な根拠があるかどうかです。根拠となる事実がない大胆な発想は、多くの場合、単なる妄想にすぎないことがよくあります。もちろん既成の説にとらわれないでものを考えるということは大事だし、そういうものの登場によって学問というものは進歩していくんですが、どちらかというと常識破りの説は真説より妄説のほうが多いんです。真説と妄説を見分けるにはどうすればよいか。まず、その説に事実との整合性が十分にあるかどうかということです。これが一番大事です。要するに、常識破りの説が登場するには、常識破りの事実発見が先行しているはずです。その事実の十分な説明になっているかです。次にその説の論理構造に破綻はないかどうかを見なければなりません。さらにその説は既成の説にくらべてよりスマートにできているかという点も大事です。スマートというのは、ちょっとむずかしい語感ですが、知的に美しい、なるほどと思わせる見事な構造を持っているということです。

（『脳を鍛える』立花隆、新潮社）

---

1 新説を唱えたつもりでも、とっくの昔に捨てられていた誤った説だったということが珍しくない。

　1. 筆者が最も言いたいことである。

　2. 本文に書かれているが、最も言いたいことではない。

　3. 本文に書かれていないことである。

2 真説と妄説を見分けるときは、事実との整合性、論理構造、スマートさについて見る必要がある。

　1. 筆者が最も言いたいことである。

　2. 本文に書かれているが、最も言いたいことではない。

　3. 本文に書かれていないことである。

3 既成の説にとらわれずに、ものを考えることは大事なことだ。

　1. 筆者が最も言いたいことである。

　2. 本文に書かれているが、最も言いたいことではない。

　3. 本文に書かれていないことである。

4 新説の論理構造が破綻していないということは、既成の説よりもスマートにできているということだ。

1. 筆者が最も言いたいことである。
2. 本文に書かれているが、最も言いたいことではない。
3. 本文に書かれていないことである。

1 本文は、新説を唱えるとき、前提として十分な根拠があることが大事であり、また、その説が妄説か真説かを見分けるには、事実との整合性や、論理構造に破綻がないかどうか、既成の説よりスマートかを見ることが大事という内容。

本文の4～5行目で、新説を唱えたつもりになっても、とっくの昔に捨てられていた誤った説だったことは珍しくないと述べている。この設問文は「**3**以外」。

2 本文では、真説と妄説を見分けるポイントとして、事実との整合性、論理構造、スマートさが挙げられている。これらを見る必要があるといえる。この設問文は「**3**以外」。

11～15行目

> 真説と妄説を見分けるにはどうすればよいか。まず、その説に事実との整合性が十分にあるかどうかということです。（略）次にその説の論理構造に破綻はないかどうかを見なければなりません。さらにその説は既成の説にくらべてよりスマートにできているかという点も大事です。

3 本文では、「根拠となる事実がない大胆な発想は、多くの場合、単なる妄想にすぎない」（8行目）を受けて、既成の説にとらわれずにものを考える大事さを述べている。この設問文は「**3**以外」。

9～10行目

> もちろん既成の説にとらわれないでものを考えるということは大事だし、そういうものの登場によって学問というものは進歩していく

4 本文では、「論理構造に破綻はないか」を見た上で、さらに「既成の説にくらべてよりスマートにできているか」を見ることが必要と述べている。この設問文は**3**。

13～15行目

> 次にその説の論理構造に破綻はないかどうかを見なければなりません。さらにその説は既成の説にくらべてよりスマートにできているかという点も大事です。

最後に、「**3**以外」だった **1** 、 **2** 、 **3** を判定する。より主旨に近いのは、真説と妄説の見分け方を述べたとある **2** 。これが1になる。残りの **1** 、 **3** は2。

正解	**1** 2	**2** 1	**3** 2	**4** 3

2 長文読解（主張合致）

●TG-WEBの標準型・時短型の「長文読解」の「主張合致」と同じ
●筆者の主張と合致するものを選択する問題。合致する選択肢は1つ

例題

次の文章について、筆者の主張に合致するものとして最も適切なものはどれか。

いわゆる頭のいい人は、言わば足の早い旅人のようなものである。人より先に人のまだ行かない所へ行き着くこともできる代わりに、途中の道ばたあるいはちょっとしたわき道にある肝心なものを見落とす恐れがある。頭の悪い人足ののろい人がずっとあとからおくれて来てわけもなくそのだいじな宝物を拾って行く場合がある。頭のいい人は、言わば富士のすそ野まで来て、そこから頂上をながめただけで、それで富士の全体をのみ込んで東京へ引き返すという心配がある。富士はやはり登ってみなければわからない。頭のいい人は見通しがきくだけに、あらゆる道筋の前途の難関が見渡される。少なくも自分でそういう気がする。そのためにややもすると前進する勇気を阻喪しやすい。頭の悪い人は前途に霧がかかっているためにかえって楽観的である。そうして難関に出会っても存外どうにかしてそれを切り抜けて行く。どうにも抜けられない難関というのはきわめてまれだからである。それで、研学の徒はあまり頭のいい先生にうっかり助言を請うてはいけない。きっと前途に重畳する難関を1つ1つしらみつぶしに枚挙されてそうして自分のせっかく楽しみにしている企図の絶望を宣告されるからである。委細かまわず着手してみると存外指摘された難関は楽に始末がついて、指摘されなかった意外な難点に出会うこともある。頭のよい人は、あまりに多く頭の力を過信する恐れがある。その結果として、自然がわれわれに表示する現象が自分の頭で考えたことと一致しない場合に、「自然のほうが間違っている」かのように考える恐れがある。まさかそれほどでなくても、そういったような傾向になる恐れがある。これでは自然科学は自然の科学でなくなる。

（『寺田寅彦随筆集　第四巻』（岩波書店）寺田寅彦「科学者とあたま」より一部改変）

1. いわゆる頭のいい人は、わき道にある肝心なものを見落とさない。
2. たとえ混乱の中にあっても、部分と全体との関係を見失ってはいけない。
3. 常識的に考えてわかりきっていると思うことを疑ってみるべきだ。
4. 前途にある難関をあまり気にせずに着手すると、案外とうまくいく。
5. 科学が人間の知恵のすべてであるもののように考えてはいけない。

主張と合致するものを選ぶ問題。選択肢を本文と照らし合わせる。

✕ 本文では、いわゆる頭のいい人は、わき道にある肝心なものを見落とす恐れがある

と述べている。見落とさないのではない。

1〜3行目

> いわゆる頭のいい人は、言わば足の早い旅人のようなものである。人より先に人のまだ行かない所へ行き着くこともできる代わりに、途中の道ばたあるいはちょっとしたわき道にある肝心なものを見落とす恐れがある。

✕ 「部分と全体」について、本文では富士登山に例えて説明している。頭のいい人は、富士のすそ野から頂上という「部分」を見ただけで全体を把握したつもりになってやめてしまう心配がある。しかし、本文では混乱に関することは述べていない。また、部分と全体の関係を見失うこととの関連も、本文からはわからない。

4〜6行目

> 頭のいい人は、言わば富士のすそ野まで来て、そこから頂上をながめただけで、それで富士の全体をのみ込んで東京へ引き返すという心配がある。富士はやはり登ってみなければわからない。

✕ 本文では、何かを疑うことについて述べていない。

④ 選択肢の「あまり気にせず着手すると」「案外とうまくいく」と同じ意味合いの表現が、本文の12〜13行目で述べている、「委細かまわず着手してみると存外指摘された難関は楽に始末がついて」。選択肢はこの文の言い換え。

12〜13行目

> 委細かまわず着手してみると存外指摘された難関は楽に始末がついて、指摘されなかった意外な難点に出会うこともある。

✕ 本文では、科学が人間の知恵のすべてであるとも、そのような考えについて筆者がどう考えているかも述べていない。

正解 4

言語　模擬テスト

次の文章を読み、**1** ～ **4** のそれぞれが**1～3**のどれに当てはまるか答えなさい。

> 水は、浸透・湧出、流下等により地表・地下を通じて、河川の普段の水量確保、水質浄化、水辺環境及び生態系の保全に大きな役割を果たしながら、循環している。また、水は化石燃料と違い、循環することにより繰り返し利用が可能になる「循環する資源」という特徴を持っており、環境保全上健全な水循環の維持・回復は水環境の保全において重要な課題である。しかし、現在は健全な水環境を損なう様々な問題が生じている。雨水の地下浸透により、水は自然の浸透過程による浄化作用を受けるが、急速な都市化により水が地下に浸透しない地域が広がっている。都市域の拡大等により、水需要の増大、水質汚濁物質の排出量増加の問題も発生している。また、森林や水田は、地下水涵養・貯留、水質浄化の機能と共に、その保水能力により自然・循環における水の移動速度を調節する機能を持っているが、その面積の減少や整備不足が懸念されている。さらに渇水年における水資源賦存量は近年だんだん小さくなってきている。これらの結果、健全な水循環が損なわれ、河川流量の不安定化(都市型水害の発生、普段の流量の減少等)や湧水の枯渇、水質悪化の進行、地盤沈下の発生及びヒートアイランド現象の助長等様々な障害が発生している。健全な水環境を維持・回復するためには、水循環を1つのつながりとして、流域を単位とし、流域の自然的社会的条件を踏まえ、総合的に水循環の現状を診断・評価し、関係者が連携して施策を推進することが必要である。具体的には、従来行われてきた水質に係る規制等に加えて、森林や水田の整備・保全、雨水の貯留・浸透施設の設置、緑地の整備等があり、農村、都市を問わず、総合的に行っていくことが望ましい。なお、これらの施策は都市気候の緩和を通じ地球温暖化防止にも資することになる。
>
> (『環境白書　平成11年版』環境省)

1 健全な水環境の維持・回復のためには、流域単位で関係者が連携して施策を推進することが必要だ。

　1. 筆者が最も言いたいことである。

　2. 本文に書かれているが、最も言いたいことではない。

　3. 本文に書かれていないことである。

2 水は化石燃料と同じく、繰り返し利用が可能な資源だ。

　1. 筆者が最も言いたいことである。

　2. 本文に書かれているが、最も言いたいことではない。

　3. 本文に書かれていないことである。

3 急速な都市化は健全な水循環を損ない、地球温暖化を進行させる。

　　1. 筆者が最も言いたいことである。

　　2. 本文に書かれているが、最も言いたいことではない。

　　3. 本文に書かれていないことである。

4 森林や水田は、水質浄化の機能と、保水能力によって水の移動速度を調節する機能をもつ。

　　1. 筆者が最も言いたいことである。

　　2. 本文に書かれているが、最も言いたいことではない。

　　3. 本文に書かれていないことである。

次の文章を読み、**5** ～ **8** のそれぞれが**1**～**3**のどれに当てはまるか答えなさい。

> 　日本では、今でも受験指導に偏った英語教育が行われている。志望校への入学を目指し、難解な文法をひたすら暗記したり、大量の英文読解に取り組んだ記憶がある人も多いだろう。興味のない知識の詰め込みで英語に苦手意識を持った人もいるのではないだろうか。これでは日本人の英語力が伸びるとは思えない。受験のための英語が悪いなら、大学入試の科目から一律に英語を外せばよいという極論もある。それでは中高生はもとより小学生も英語を勉強しなくなるだろう。世界の共通語として英語が広く使われている状況を考えれば、この方法はまったく現実的でない。英語教育は、受験指導に偏ったものから、海外でも使える英語を身につけるものに変えていかねばならない。文法や読解中心の英語教育をやめて、「話す」「聞く」中心のカリキュラムに変えるべきだ。義務教育の段階から会話主体の「使える英語」を学ぶことが大事だ。そして大学入試の英語は、「話す」「聞く」を実践するテストに変えていく。すべての日本人が必ずしも英語能力を必要とするわけではない、社会に出てその必要が生じたら個人的に学べばよいので、義務教育で力を入れて教える必要はないと主張する人もいる。しかし、それは英語に限らず、すべての科目にいえることだ。義務教育の大きな役割の1つは、子どもたちをさまざまな分野の学習に触れさせることにより、それぞれの可能性を開花させるチャンスを与えることだ。どの分野でも最善の教育を提供することを念頭に置いて考えたい。

5 入試で英語を実施しない大学が増えている。

　　1. 筆者が最も言いたいことである。

　　2. 本文に書かれているが、最も言いたいことではない。

　　3. 本文に書かれていないことである。

6 義務教育で、英語に力を入れるべきではないと主張する人もいる。

　　1. 筆者が最も言いたいことである。

　　2. 本文に書かれているが、最も言いたいことではない。

　　3. 本文に書かれていないことである。

7 英語以外の科目の教育に、もっと力を入れるべきだ。

1. 筆者が最も言いたいことである。

2. 本文に書かれているが、最も言いたいことではない。

3. 本文に書かれていないことである。

8 英語教育は「話す」「聞く」中心のカリキュラムに変えるとよい。

1. 筆者が最も言いたいことである。

2. 本文に書かれているが、最も言いたいことではない。

3. 本文に書かれていないことである。

次の文章を読み、9 〜 12 のそれぞれが1〜3のどれに当てはまるか答えなさい。

> 明治維新後のわが国近代の教育は、その源をさぐれば江戸時代に遡る。近世封建社会の中で教育
> の近代化がしだいに進められていたのである。特に幕末開港後は近代化の傾向が顕著となり、これ
> が明治維新後の文明開化の思潮とともに一挙に開花したものと見ることができる。明治維新後の近
> 代教育は、欧米先進国の教育を模範とし、その影響の下に成立し発達した。その意味で、わが国近
> 代の教育は近世の教育と明らかに区別され、そこには教育の一大転換を認めねばならない。しかし、
> 他面から見れば、わが国の近代の教育の内容は、必ずしも欧米の近代教育と同一であるとはいえな
> い。そこには江戸時代までの長い歴史の過程を経て形成された生活と思想があり、文化と教育の伝
> 統が継承されている。その意味で、わが国近代の教育は近世の文化と教育を基盤とし、その伝統の
> 上に成立したものといえよう。明治維新後において、わが国の近代化が急速に進められ、短期間に
> 高度な近代社会を成立させることができたことについても、その背後に幕末において、わが国の文
> 化と教育が高い水準に達していたことを見のがすことができないのである。
>
> (『学制百年史』（文部科学省ホームページより一部改変）)

9 近世封建社会では教育の近代化は行われていなかった。

1. 筆者が最も言いたいことである。

2. 本文に書かれているが、最も言いたいことではない。

3. 本文に書かれていないことである。

10 封建社会の構造に基づいた身分制により、武士と庶民は厳格に区別された。

1. 筆者が最も言いたいことである。

2. 本文に書かれているが、最も言いたいことではない。

3. 本文に書かれていないことである。

11 明治維新後の近代教育は、近世の文化と教育を基盤とした伝統の上に成立したもので
ある。

1. 筆者が最も言いたいことである。

2. 本文に書かれているが、最も言いたいことではない。

3. 本文に書かれていないことである。

12 わが国は明治維新後の短期間に高度な近代社会を成立させた。

1. 筆者が最も言いたいことである。
2. 本文に書かれているが、最も言いたいことではない。
3. 本文に書かれていないことである。

---

13 次の文章について、筆者の主張に合致するものとして最も適切なものはどれか。

> 果たして「善き」社会とは何だろうか。様々な考え方や定義はあろうが、多くの人々が幸せを感じることができる社会ともいえる。では、今、人々は幸せだろうか。成熟化、多様化した社会の中で、幸せとは何か一概にはいえないが、例えば、生活の上で経済的な問題がなく、社会に参加して、仲間や友人に囲まれて生活できることかもしれない。客観的に見れば、全体的な豊かさの水準は、決して低くなく、多くの人々も健康である。また、科学や技術の進歩等により、一昔前では考えられなかった便利さを享受し、様々なコミュニケーションツールを活用して身近にいない人ともつながれるようになった。——では、果たして多くの人が幸せを実感しているのだろうか。現実にはそうともいえなそうである。その要因の1つが、先行きの不透明さや、より良い未来への確信が持ちづらいこと、特に、生活面や社会保障における不安である。社会的格差が拡大傾向にあるといわれ、貧富の格差や社会的排除が身近な存在となってきており、実際、若者にとっても就職がこれまで以上に困難となっていることは閉塞状況の表れとみることができる。また、過去に比べて希望が持てない社会ともいわれている。少子高齢化がさらに進展し、経済の低成長が常態化するなど社会が変化していく中で、社会保障には、もう望みはないのか。社会保障が十分に機能することで、豊かさを現実感あるものとして皆が享受できる可能性はないのか。
>
> （『厚生労働白書　平成24年版』（厚生労働省ホームページより一部改変））

1. 「善き」社会のありかたについて、社会的な関心が高まっている。
2. コミュニケーションツールの活用により、「善き」社会の実現の可能性が出てきた。
3. 生活面や社会保障における不安により、多くの人々が幸せを実感できなくなっている。
4. 自分たちの幸福を客観的に見ることができなければ、幸せは実感できない。
5. 社会が成熟化、多様化したことによって、「善き」社会とは何か、定義することが難しくなっている。

14 次の文章について、筆者の主張に合致するものとして最も適切なものはどれか。

　あやまちを為すことを恐れている者は何も摑むことができぬ。人生は冒険である。恥ずべきことは、誤謬を犯すということよりも寧ろ自分の犯した誤謬から何物をも学び取ることができないということである。努力する限りひとはあやまつ。誤謬は人生にとって飛躍的な発展の契機ともなることができる。それ故に神もしくは自然は、老人の経験に基く多くの確かに有益な教訓が存するにも拘らず、青年が自分自身でつねに再び新たに始めるように仕組んでいるのである。だからといって、もちろん、先に行く者の与える教訓が後に来る者にとって決して無意味であるというのではない。そこに人生の不思議と面白さとがあるのである。読書における濫読も同様の関係にある。濫読を戒めるのは大切なことである。しかしひとは濫読の危険を通じて自分の気質に適した読書法に達することができる。1冊の本を精読せよと云われても、特に自分に必要な1冊が果して何であるかは、多く読んでみなくては分らないではないか。古典を読めと云われても、すでにその古典が東西古今に亘って数多く存在し、しかも新しいものを知っていなくては古典の新しい意味を発見することも不可能であろう。読書は先ず濫読から始まるのが普通である。しかしいつまでも濫読のうちに止まっていることは好くない。真の読書家は殆どみな濫読から始めている、しかし濫読から抜け出すことのできない者は真の読書家になることができぬ。

（『読書と人生』（講談社）三木清「如何に読書すべきか」より一部改変）

1. 努力を重ねれば、人は間違わなくなる。

2. 濫読する人は古典の新しい意味を発見できない。

3. 真の読書家とは濫読から始め、濫読から抜け出した者である。

4. 有益な教訓を充分に生かせる人は、濫読の危険を冒さない。

5. 老人の教育を忠実に守るだけの青年は独創性に乏しい。

言語　模擬テスト

解説と正解

※言葉の定義は『大辞林第四版』(三省堂)から引用しました。

1　「主旨」の問題。本文は、健全な水循環が損なわれていること、健全な水循環の維持・回復のためには流域単位で関係者が連携して施策を推進することが必要と述べている。設問文は、本文で述べている内容と合致する。これが本文の主旨。

12～15行目

> 健全な水環境を維持・回復するためには、水循環を1つのつながりとして、流域を単位とし、流域の自然的社会的条件を踏まえ、総合的に水循環の現状を診断・評価し、関係者が連携して施策を推進することが必要である。

正解　**1**

2　本文では、水は循環することにより繰り返し利用が可能になる「循環する資源」と述べているが、化石燃料とは違うとも述べている。

2～3行目

> 水は化石燃料と違い、循環することにより繰り返し利用が可能になる「循環する資源」という特徴を持っており

正解　**3**

3　本文では、急速な都市化が地球温暖化を進行させるとは述べていない。

正解　**3**

4　本文では、森林や水田の機能として、地下水涵養・貯留、水質浄化と、保水能力によって自然・循環における水の移動速度を調節することが挙げられている。これは現状説明の一部であり、主旨ではない。

7～9行目

> 森林や水田は、地下水涵養・貯留、水質浄化の機能と共に、その保水能力により自然・循環における水の移動速度を調節する機能を持っているが、その面積の減少や整備不足が懸念されている。

正解　**2**

5 「主旨」の問題。本文は、受験指導に偏った現在の日本の英語教育を、義務教育の段階から「話す」「聞く」中心のカリキュラムに変えるべきだという内容。

本文では、入試で英語を実施しない大学が増えているとは述べていない。

正解 3

6 本文では、英語について、義務教育で力を入れて教える必要はないと主張する人もいると述べている。これは主旨を導くための記述で、主旨ではない。

10〜12行目

> すべての日本人が必ずしも英語能力を必要とするわけではない、社会に出てその必要が生じたら個人的に学べばよいので、**義務教育で力を入れて教える必要はないと主張する人もいる。**

正解 2

7 英語以外の科目は、義務教育で英語に力を入れて教える必要はないという主張への反論で出てくるが、それらの科目の教育にもっと力を入れるべきとは述べていない。

10〜12行目

> すべての日本人が必ずしも英語能力を必要とするわけではない、**社会に出てその必要が生じたら個人的に学べばよいので、義務教育で力を入れて教える必要はないと主張する人もいる。しかし、それは英語に限らず、すべての科目にいえることだ。**

正解 3

8 本文では、英語教育は「話す」「聞く」中心のカリキュラムに変えるべきと述べている。これが本文の主旨。

6〜8行目

> 英語教育は、受験指導に偏ったものから、海外でも使える英語を身につけるものに変えていかねばならない。**文法や読解中心の英語教育をやめて、「話す」「聞く」中心のカリキュラムに変えるべきだ。**

正解 1

9 「主旨」の問題。本文は、教育の近代化の源は近世封建社会にあり、近代教育は近世の伝統の上に成立したという内容。

本文では、近世封建社会で、教育の近代化がしだいに進められていたと述べている。

1～2行目

> 明治維新後のわが国近代の教育は、その源をさぐれば江戸時代に遡る。近世封建社会の中で教育の近代化がしだいに進められていたのである。

正解　3

10 本文では、封建社会の身分制については述べていない。

正解　3

11 近世の文化と教育を基盤として、その伝統の上に成立したものが「わが国近代の教育」。これを言い換えたものが、設問文の「明治維新後の近代教育」。これが主旨。

8～9行目

> その意味で、わが国近代の教育は近世の文化と教育を基盤とし、その伝統の上に成立したものといえよう。

正解　1

12 本文では、明治維新後に近代化が急速に進められ、短期間に高度な近代社会が成立したと述べている。これは主旨に対する補足で、主旨ではない。

9行目～末尾

> 明治維新後において、わが国の近代化が急速に進められ、短期間に高度な近代社会を成立させることができたことについても、その背後に幕末において、わが国の文化と教育が高い水準に達していたことを見のがすことができないのである。

正解　2

13 「主張合致」の問題。選択肢を本文と照らし合わせる。

✗ 本文では、「善き」社会のありかたに社会的な関心が高まっているとは述べていない。

✗ 「善き」社会は、「多くの人々が幸せを感じることができる社会」（1〜2行目）。コミュニケーションツールの活用によって、多くの人が幸せを実感しているとはいえないので、「善き」社会の実現の可能性が出てきたとはいえない。

5〜8行目

> 科学や技術の進歩等により、一昔前では考えられなかった便利さを享受し、様々なコミュニケーションツールを活用して身近にいない人ともつながれるようになった。——では、果たして多くの人が幸せを実感しているのだろうか。現実にはそうともいえなそうである。

③ 本文では、多くの人が幸せを実感しているとはいえないと述べている。また、その要因として特に生活面や社会保障における不安が挙げられている。

7〜9行目

> では、果たして多くの人が幸せを実感しているのだろうか。現実にはそうともいえなそうである。その要因の1つが、先行きの不透明さや、より良い未来への確信が持ちづらいこと、特に、生活面や社会保障における不安である。

✗ 本文では、幸福を客観的に見ることについては述べていない。

✗ 本文の冒頭で、「善き」社会について定義されている。定義することが難しくなっているとは述べていない。

1〜2行目

> 果たして「善き」社会とは何だろうか。様々な考え方や定義はあろうが、多くの人々が幸せを感じることができる社会ともいえる。

正解　3

14 「主張合致」の問題。選択肢を本文と照らし合わせる。

本文中の「濫読」の意味は「種々の書物を系統立てずに手当たり次第に読むこと」。「乱読」とも書く。

✗ 本文では、人は努力する限り間違うと述べている。間違わなくなるのではない。

3〜4行目

> 努力する限りひとはあやまつ。誤謬は人生にとって飛躍的な発展の契機ともなることができる。

✘ 本文では、古典が数多く存在すること、また、新しいものを知っていなければ、古典の新しい意味は発見できないと述べている。選択肢の内容とは逆で、古典の新しい意味を発見できるのは多く読む人、つまり、濫読の経験がある人といえる。

10〜12行目

> 古典を読めと云われても、すでにその古典が東西古今に亙って数多く存在し、しかも新しいものを知っていなくては古典の新しい意味を発見することも不可能であろう。読書は先ず濫読から始まるのが普通である。

③ 濫読から始めるが、濫読から抜け出せない者は真の読書家にはなれない。つまり、真の読書家は、濫読から始め、濫読から抜け出した者といえる。

12行目〜末尾

> しかしいつまでも濫読のうちに止まっていることは好くない。真の読書家は殆どみな濫読から始めている、しかし濫読から抜け出すことのできない者は真の読書家になることができぬ。

✘ 「有益な教訓」は、あやまちから学ぶことの大事さの説明で出てくる。教訓を生かすことと、濫読の関係については述べていない。

3〜5行目

> 誤謬は人生にとって飛躍的な発展の契機ともなることができる。それ故に神もしくは自然は、老人の経験に基く多くの確かに有益な教訓が存するにも拘らず、青年が自分自身でつねに再び新たに始めるように仕組んでいるのである。

✘ 本文では老人の教訓については述べているが、老人の青年に対する教育については述べていない。

正解	3

Web サイトでも貴重な情報をお知らせしています

「SPI ノートの会」は、独自の Web サイトを開設しています。
https://www.spinote.jp/

　就活生、転職志望者、大学就職課、そして、企業の人事担当者にも活用していただける貴重な採用テスト情報・就活情報を公開しています。今後も続々と新情報を掲載しますので、乞うご期待！

第**6**部

TG-WEB
英語

TG-WEB
英語の概要

◼️◗ 長文読解が出題される

英語では、「長文読解」が出題されます。出題される問題の種類は、「空欄補充」「言い換え・同義語」「内容合致」です。

◼️◗ 長文の難易度は高め

長文の難易度は高めです。難しい単語や抽象的な言い回しが用いられた長文で、英語力はもちろんのこと、文章自体の読解力も要求されます。テーマは、経済からレジャーの話題まで多岐にわたります。

◼️◗ 手早く解かないと間に合わない

英語は1長文につき5問、合計で10問（2長文）を15分で解きます。長文の分量のわりに、制限時間は短めです。精読してから問題に取りかかると時間が足りなくなります。まずは、ざっと長文に目を通して大意をつかみ、その上で、問題に応じて詳しく読んでいくとよいでしょう。

◼️◗ 問題の特徴と攻略ポイント

① 「空欄補充」は、長文の空欄に入る言葉を選択する問題です。
選択肢や、空欄の前後の文章を参考にして、適切な内容を見つけます。

② 「言い換え・同義語」は、長文中の下線の内容について、言い換えや同義語を選択する問題です。
言い換えは、長文の内容を理解していないと解けないものが出題されます。
同義語は、単語の意味を知っていれば答えがわかる問題が出題されることがあります。取りこぼさないようにしましょう。

③「内容合致」は、本文の内容と合致するものを選択する問題です。

　選択肢を本文と照らし合わせ、合致しているかどうかを見ます。選択肢は、本文を
そのまま引用するのではなく、別の表現で言い換えたものがほとんどです。本文の
内容をきちんと読解していないと、正解の選択肢を選べません。

　間違いの選択肢に多いのが、「**本文には書かれていない内容**」「**本文とは正反対の内
容**」です。本文の大意を把握していれば、すぐに間違いだと気づくものがほとんど
です。

■○ 手早く解くために、メモなどの工夫をしよう

　大意をとらえる際に、段落ごとのテーマやキーワードなどを簡単にメモしておくと、
読み返すときに、どこに書かれているのかがわかりやすくなります。

英語は20問15分のタイプも確認されています

　英語では、本書で解説する「長文読解」のみのタイプのほかに、短文の「空欄補充」
と、実用文の「長文読解」を組み合わせた20問15分のタイプもあることが確認され
ています。「空欄補充」は、英語の短文にある空欄に適切な語句を補う問題です。出
題数は8問程度です。「長文読解」は、ネットストアの注文確認や、顧客からメーカ
ーへの苦情などの実用文から、文章の目的や商品の内容について答える問題が出題
されます。出題数は12問（3長文）程度です。

●20問15分のタイプの問題例（空欄補充）

A word or phrase is missing in the sentences below. Choose the best answer to complete the
sentence.

This is a guidebook about how to evacuate in the (　　) of a natural disaster.

1. medium　　**2.** solid　　**3.** case　　**4.** accord

【解説】

　問題文の意味は「以下の文には単語または熟語が抜けている。文を完成させるた
めに最も適切な答えを選びなさい」。文の意味は「これは、自然災害の場合の避難方
法のガイドブックです」。正解は**3**の「case」です。in the case of〜は「〜の場合」の
意味です。

1 長文読解（空欄補充）

●長文の空欄に入る言葉を選択する問題
●選択肢や、空欄の前後の文章を参考にして、適切な内容を見つける

例題

以下の長文を読んで、設問に答えなさい。

As the end of the twentieth century approaches, the globalization of production has accelerated sharply. National boundaries once limited the regions within which groups of people were engaged in their economic activities. Today, however, we have entered into an era in which the flow of goods, information, money and people is unimpeded by geographical distribution.

(　①　), the concept of national boundaries is becoming different from what it used to be. It is now expressing a situation in which national boundaries ② simply delimit platforms of production. Surprisingly, however, the globalization of the economy has not brought an equitable distribution of wealth. In fact, it has brought certain nations to increasing concentrations of wealth and reinforcements of dominant statuses. It has not led Third World countries to the power centers of the world economy, but has left them as marginalized as before and made it more difficult for them to combat their (　③　) status. Many countries face deepened poverty, and the ④ cumulative effect of poverty is an increase in the number of malnourished children.

1 Choose the most suitable word(s) from those given below to fill in the blank①.
A. with unexpectedness　　B. although　　C. as a consequence　　D. however
E. of its own accord

2 Choose the most suitable word(s) from those given below to fill in the blank③.
A. peripheral　　B. independent　　C. extending　　D. abundant
E. immersed

空欄①、③に正解を入れた本文の訳は以下のとおり。

【本文の訳】
20世紀の終わりが近づくにつれて、生産のグローバル化が急激に加速した。かつて国境は多くの人々が経済活動に従事する領域を区切っていた。しかしながら、今日では、商品・情報・金・人の流れが地理的分布に妨げられない時代へと我々は突入した。
（①結果として）国境という概念は以前とは変わりつつある。それは今や国境は②生産基盤を単に定めている

にすぎないという状況を表している。しかしながら、驚いたことには、経済のグローバル化は富の公平な分配をもたらさなかった。実際は、グローバル化は特定の国に、富の集中の増大と支配的な地位の強化をもたらしている。〔グローバル化は、〕第3世界の国々を世界経済の中心部に導かず、それどころか、第3世界の国々を以前のまま置き去りにし、そして、第3世界が彼らの(③周辺の)地位と戦うことをより難しくした。多くの国は深刻化した貧困に直面しており、貧困の④累積した結果が栄養失調の子供の数の増加である。

問題文の意味は、「空欄(①または③)に当てはまる最も適切な言葉を以下から選択しなさい」。

1 選択肢の意味は**A**が「不意に、予想もせずに」、**B**が「〜だけれど」、**C**が「結果として」、**D**が「しかしながら」、**E**が「自発的に」。空欄には、空欄の文とそれ以前の文をつなぐ役割の言葉が入ることが推測できる。

冒頭から空欄を含む文の前までを見ると、2文目が「かつて国境は(National boundaries once)」、3文目が「しかしながら、今日では(Today, however,)」で始まっており、この2文は、過去と現在を対比していることがわかる。

昔	：かつて国境は多くの人々が経済活動に従事する領域を区切っていた
↕ 対比	
今	：しかしながら、今日では、商品・情報・金・人の流れが地理的分布に妨げられない時代へと我々は突入した
結論	：(①) 国境という概念は以前とは変わりつつある

空欄を含む文は、変化の結果を述べたもの。正解は、**C**の「as a consequence(結果として)」。

2 空欄を含む文は、第3世界の国々の経済的な地位について述べている。

この文で、第3世界の国々の地位は「置き去り(marginalized)」と表現されている。marginalizedは、中心に対する周辺(辺境)という意味合いのmarginalから派生した言葉。同様の意味合いの言葉は、**A**の「peripheral(周辺の、末梢の)」。

補足 残りの選択肢の意味
B. independent(独立した)　　C. extending(延長した)　　D. abundant(豊富な)
E. immersed(浸された)

正解	**1** C	**2** A

2 長文読解（言い換え・同義語）

● 「言い換え」は、長文中の下線の内容の言い換えを選択する問題
● 「同義語」は、長文中の下線の言葉と同じ意味の言葉を選択する問題

例題

以下の長文を読んで、設問に答えなさい。

> As the end of the twentieth century approaches, the globalization of production has accelerated sharply. National boundaries once limited the regions within which groups of people were engaged in their economic activities. Today, however, we have entered into an era in which the flow of goods, information, money and people is unimpeded by geographical distribution.
>
> (①), the concept of national boundaries is becoming different from what it used to be. It is now expressing a situation in which national boundaries ② simply delimit platforms of production. Surprisingly, however, the globalization of the economy has not brought an equitable distribution of wealth. In fact, it has brought certain nations to increasing concentrations of wealth and reinforcements of dominant statuses. It has not led Third World countries to the power centers of the world economy, but has left them as marginalized as before and made it more difficult for them to combat their (③) status. Many countries face deepened poverty, and the ④ cumulative effect of poverty is an increase in the number of malnourished children.

※「長文読解（空欄補充）」（P.290）と同じ長文です。

1 Choose the phrase from those given below which best translates the underlined words ②.

　A. simply strengthen the regulation of production

　B. merely share the opportunity for production

　C. simply restrict the means of transportation to and from work

　D. merely set the boundaries for places of production

　E. simply expand the boundaries to promote business

2 Choose the word (s) from those given below with the same meaning as underlined word ④.

　A. piled up　　B. defined　　C. accelerating　　D. limited　　E. collected

本文の訳は「長文読解（空欄補充）」（P.290）を参照。

1 言い換えの問題。問題文の意味は「下線部②の最も適切な言い換えを以下から選択しなさい」。

下線部②「simply delimit platforms of production」は「(国境は)生産基盤を単に定めている」という内容。国境についての文なので、「基盤」は場所に関係する言葉であることが推測できる。

正解は、**D**の「merely set the boundaries for places of production（生産の場所に対する境界を単に設置する）」。

> **補足** 残りの選択肢の意味
>
> A. simply strengthen the regulation of production（生産に関する規制を単に強化する）
> B. merely share the opportunity for production（生産の機会を単に分け合う）
> C. simply restrict the means of transportation to and from work（仕事の場所への移動手段を単に制限する）
> E. simply expand the boundaries to promote business（ビジネスを促進するために境界を単に拡張する）

2 同義語の問題。問題文の意味は「下線部④と同じ意味のものを以下から選択しなさい」。

下線部④「cumulative」は「累積した、積み重なった」という意味の言葉。同じ意味の言葉は、**A**の「piled up（積み重なった）」。このように、単語の意味を知っていれば答えがわかる問題も出題されるので、取りこぼさないようにしよう。

> **補足** 残りの選択肢の意味
>
> B. defined（定義された）　　C. accelerating（加速する）　　D. limited（制限された）
> E. collected（集まった）

正解	**1** D	**2** A

3 長文読解（内容合致）

- ●本文の内容と合致するものを選択する問題
- ●選択肢の内容が、本文と合致していれば正解

例題

以下の長文を読んで、設問に答えなさい。

As the end of the twentieth century approaches, the globalization of production has accelerated sharply. National boundaries once limited the regions within which groups of people were engaged in their economic activities. Today, however, we have entered into an era in which the flow of goods, information, money and people is unimpeded by geographical distribution.

(①), the concept of national boundaries is becoming different from what it used to be. It is now expressing a situation in which national boundaries ② simply delimit platforms of production. Surprisingly, however, the globalization of the economy has not brought an equitable distribution of wealth. In fact, it has brought certain nations to increasing concentrations of wealth and reinforcements of dominant statuses. It has not led Third World countries to the power centers of the world economy, but has left them as marginalized as before and made it more difficult for them to combat their (③) status. Many countries face deepened poverty, and the ④ cumulative effect of poverty is an increase in the number of malnourished children.

※「長文読解（空欄補充）」「長文読解（言い換え・同義語）」（P.290・P.292）と同じ長文です。

Choose the sentence from those given below which best agrees with what is mentioned above.

A. In the past, the globalization of production restricted the migration of people who could pursue wealth.

B. In Third World countries, a close correlation has been confirmed between the disparity of information due to geographic causes and poverty.

C. Globalization has boosted Third World countries to the center of the world economy from a peripheral position.

D. The status of developed countries has fallen in the world economy owing to increasing multinationalization.

E. The globalization of the world economy has marginalized Third World countries with regard to wealth distribution.

本文の訳は「長文読解（空欄補充）」（P.290）を参照。

問題文の意味は「上記（の長文）が描写した内容と最も合致したものを以下から選択しなさい」。選択肢と本文を照らし合わせる。

A. 選択肢の意味は「過去において、生産のグローバル化は、富を追求できたであろう人々の移動を制限してきた」。
   人々の移動に関して、本文では、国境によって人々が経済活動に従事する領域が区切られていたこと、生産のグローバル化によって人の流れが妨げられなくなったことを述べている。生産のグローバル化が人々の移動を制限してきたのではない。

B. 選択肢の意味は「第3世界の国々における貧困と地理的な原因による情報の格差には密接な相関関係が確認されている」。
   本文では、第3世界の国々の貧困と情報格差の相関関係は述べていない。

C. 選択肢の意味は「経済のグローバル化は、第3世界の国々を世界経済の周辺部から中心部へと押し上げた」。
   第3世界の国々は以前のまま置き去りにされている。周辺部から押し上げられていない。

D. 選択肢の意味は「多国籍化の促進によって、世界経済における先進国の地位は低下している」。
   本文では、先進国の地位の低下については述べていない。

E. 選択肢の意味は「経済のグローバル化は、富の分配に関して、第3世界の国々を置き去りにした」。
   本文で述べていることと合致する。これが正解。

正解 E

第 7 部

TG-WEB
性格

※ヒューマネージ社のテストセンターでは、
TG-WEB の性格テストが出題されます。

TG-WEBの性格テストとは？

🔘 複数の種類がある

TG-WEBの性格テストは、**仕事の場における受検者の資質をさまざまな切り口で測定するためのテスト**です。目的に応じて複数の種類があります。

テスト名	特徴	質問数	制限時間
エーエイト A8	コンピテンシー（仕事に必要な行動特性）を測定	98問	15分
		156問	30分
ジーナイン G9	「ストレス状態」と「ストレス対処法」を測定	60問	10分
ダブリューエイト W8	社会性を「自尊」「共感」の軸で測定	40問	10分
ティーフォー T4	エンゲージメント（仕事にのめり込む力）を測定	35問	10分
カム CAM	社会的な場面で、能力を円滑に発揮できるかを測定	161問	20分
シーピー CP	キャリアパーソナリティ（仕事の成果につながる性格）を測定	125問	15分
ビジョン Vision	会社と受検者の働き方との適合度を測定	54問	20分

※企業により質問数や制限時間が異なることがあります。
※これ以外に、「B5」「U1」「P8」「Scope」という性格テストがあります。

🔘 多く実施されているのはA8・G9・W8

TG-WEBの性格テストでは、企業が求める人物像に応じて、適したテストが1〜数種類実施されます。比較的多く実施されているのは**A8（制限時間15分のタイプ）、G9、W8**の3つです。

ヒューマネージ社のテストセンターでも、この3つが多く実施されます。

🔘 企業によっては、性格テストだけを実施することもある

企業によっては、性格テストだけを実施することもあります。その場合も、企業が求める人物像に応じて、適したテストが1〜数種類実施されます。

A8の概要

● コンピテンシー（仕事に必要な行動特性）を測定

A8は、「コンピテンシー（仕事に必要な行動特性）」を測定するテストです。質問数と制限時間が異なる2つのタイプがあります。

質問数	制限時間
98問	15分
156問	30分

● 学生時代にどのように考え行動してきたかを選択

どちらのタイプも、質問について、自分がどのように考え行動してきたかを選択します。

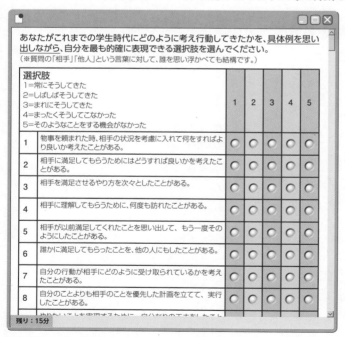

※質問数156問、制限時間30分のタイプでは、テスト開始直後に「学生時代に一生懸命取り組んだこと」を26項目から3つまで選びます。その後、この画面にあるような質問に答えます。

A8の攻略法

⬛️● コンピテンシーがまんべんなく高いとプラスになる

　A8では12のコンピテンシーを測定します。12のコンピテンシーは「方向性」に関する6つ（「顧客を満足させる」「自己実現」「競合する」など）と、「パターン」に関する6つ（「スピード」「粘り強さ」「独創性」など）に分かれます。そして、A8では1つの質問で、「方向性」に関するコンピテンシーと「パターン」に関するコンピテンシーの両方を測定します。A8で調べているコンピテンシーは、一般的にどのような企業・職種においても仕事の場で必要なものです。**すべてのコンピテンシーがまんべんなく高いことが望ましく、質問に「常にそうしてきた」「しばしばそうしてきた」と回答すると、プラス評価になります。**

⬛️○ A8〔尺度の定義と質問例〕

	尺度	測定内容	質問例
方向性に関するコンピテンシー	顧客を満足させる	計画→実行→確認→改善のサイクルを使って、顧客や相手を満足させる行動特性	・自分のことよりも相手のことを優先した計画を立てて、実行したことがある。 ・相手を満足させるやり方を次々としたことがある。 ・自分の行動が相手にどのように受け取られているかを考えたことがある。 ・相手の期待に添うようにアプローチを変えたことがある。
	自己実現	計画→実行→確認→改善のサイクルを使って、自分の目標を実現する行動特性	・自分の目標を実現するために、さまざまな情報を集めたことがある。 ・自分のやりたいことの中で優先順位を決め、それに集中したことがある。 ・今やっていることは自分に意味のあることかを何回も振り返ったことがある。 ・やりたいことを実現するために、自分なりの工夫をしたことがある。
	競合する	計画→実行→確認→改善のサイクルを使って、競争に勝つ行動特性	・競争に勝つために、情報を徹底的に調べ上げたことがある。 ・相手に勝つまで次々と手を打ち続けたことがある。 ・相手に負けた場合、その理由を詳細に分析したことがある。 ・競争に勝つために、今までのやり方を改良したことがある。
	リーダーシップ	計画→実行→確認→改善のサイクルを使って、リーダーシップを発揮する行動特性	・後輩の特徴を把握して、本人に合ったサポートをしたことがある。 ・「こうすればより良くなる」と思いついたら、後輩にすぐにしてあげたことがある。 ・後輩に出したアドバイスが本当に効果を上げているか確認したことがある。 ・後輩の状況に応じて、指示の出し方を変えたことがある。

	リーダーのサポート	計画→実行→確認→改善のサイクルを使って、リーダーをサポートする行動特性	・先輩の期待に応えるために計画を立てたことがある。 ・目上の人の期待に応えるための案を思いついたら、すぐに試したことがある。 ・自分の行動が目上の人の期待通りだったかを、実際に聞くなどして確認したことがある。 ・先輩の都合に合わせて、自分の役割を臨機応変に変えて手伝ったことがある。
	チームワーク	計画→実行→確認→改善のサイクルを使って、チームワークを発揮する行動特性	・自分の都合よりもチームを重視して計画を立てたことがある。 ・チームのために自分の感情を抑えながら行動したことがある。 ・チームで何かをやり遂げたとき、成功の要因は何だったかをみんなで振り返ったことがある。 ・チームのためにならないと判断したら、別のやり方に切り替えたことがある。
パターンに関するコンピテンシー	スピード	チャンスと感じたときに、即座に具体的な行動に移す行動特性	・「こうすればより良くなる」と思いついたら、後輩にすぐにしてあげたことがある。 ・目上の人の期待に応えるための案を思いついたら、すぐに試したことがある。
	粘り強さ	目標を達成するまで粘り強く取り組み続ける行動特性	・相手を満足させるやり方を次々としたことがある。 ・相手に勝つまで次々と手を打ち続けたことがある。
	独創性	自分なりの工夫やアイデアを加えたり、自分なりの視点で物事を捉えようとする行動特性	・相手の期待に添うようにアプローチを変えたことがある。 ・やりたいことを実現するために、自分なりの工夫をしたことがある。 ・競争に勝つために、今までのやり方を改良したことがある。
	正確な分析・判断	自分の思い込みだけで判断せずに、事実や情報を集め、正確に分析し、適切な判断をする行動特性	・自分の目標を実現するために、さまざまな情報を集めたことがある。 ・相手に負けた場合、その理由を詳細に分析したことがある。
	挑戦	1つの成果で満足せずに、さらに高い成果を目指す行動特性	・チームで何かをやり遂げたとき、成功の要因は何だったかをみんなで振り返ったことがある。
	緻密さ	常に進捗状況を確認し、細部まで気を配って、ミスの発生を防ぐ行動特性	・自分の行動が相手にどのように受け取られているかを考えたことがある。 ・自分の行動が目上の人の期待通りだったかを、実際に聞くなどして確認したことがある。

● A8の「コンピテンシーの安定性」への対応

コンピテンシーの発揮において、「思い込み」「責任転嫁」「やっても意味がないと考える」などの傾向が強いと、支障となることがあります。A8では、これらの傾向が強すぎないかを調べています。

「思い込み」の質問例	自分は今まで競争に負けたことがないと思ってきた。
「責任転嫁」の質問例	相手が頑固なため、自分の案が認められないことが多いと思ってきた。
「やっても意味がないと考える」の質問例	勝ち負けに一喜一憂しても意味がないと思ってきた。

誰でもこれらの傾向をある程度持っているものなので、表のような質問に対して「常にそうしてきた」という回答が少々あってもかまいません。ただし、「常にそうしてきた」という回答が多いと、「思い込み」「責任転嫁」「やっても意味がないと考える」傾向が強いとみなされ、コンピテンシーを安定的に発揮できない可能性があると判断されることがあります。

制限時間30分のタイプでは、最初に「学生時代に一生懸命取り組んだこと」を選ぶ

A8の質問数156問、制限時間30分のタイプでは、テスト開始直後に「学生時代に一生懸命取り組んだこと」を26項目から3つまで選びます。以降の質問では、ここで選んだことを念頭に置いて、自分がどのように考え行動してきたかを選択します。

ここで選んだことは、「診断表」に表示されるだけで、評価には特に関係しません。ただし、面接で、選んだ内容に基づいて質問されることがあるので、何を選択したかは記録しておくとよいでしょう。

G9の概要

● 「ストレス状態」と「ストレス対処法」を測定

G9は、受検者の「ストレス状態」と「ストレス対処法」を測定するテストです。前半・後半に分かれています。

構成	質問数		制限時間
前半	35問	合計60問	10分
後半	25問		

● 前半では、質問が自分にどの程度当てはまるかを選択

前半では、質問が自分にどの程度当てはまるかを選択します。

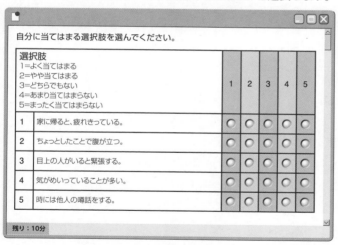

● 後半では、どのように考え行動してきたかを選択

後半では、ここ2〜3ヵ月で自分が困ったことや、いやだと感じたことを思い浮かべ、その状況に対して質問文の考え方や行動をどの程度取ったかを選択します。

ここ2〜3ヵ月であなたが困ったことや、いやだと感じたことを思い浮かべ、その状況に対して質問文の考え方や行動をどの程度取ったかを選んでください。

選択肢
1=よくした
2=かなりした
3=少しした
4=しなかった

		1	2	3	4
1	問題点を明確にすることに時間を使った。	○	○	○	○
2	過去に似た経験をした人に相談した。	○	○	○	○
3	そのことに関する専門家に相談した。	○	○	○	○
4	趣味に没頭した。	○	○	○	○
5	「その問題は重要ではない」と考えるようにした。	○	○	○	○
6	解決をするための計画をし、実行した。	○	○	○	○
7	その問題以外のことをして、時間をすごした。	○	○	○	○
8	「これは現実ではない」と考えるようにした。	○	○	○	○

残り：10分

性格テストの虚偽尺度（きょぎしゃくど）について

　G9、W8、CPでは、「虚偽尺度」を使用しています。虚偽尺度とは、性格テストへの回答態度で、自分を良く見せようと嘘の回答をしていないかを調べるものです。虚偽尺度の質問文はテストによって異なりますが、特徴は、自分を明らかに良く見せるような回答が可能なものであることです。

虚偽尺度があるテスト	虚偽尺度の質問例	虚偽尺度に引っかかる回答
G9（前半）	時には他人の噂話をする。	いずれも「まったく当てはまらない」と回答すると、虚偽尺度に引っかかる可能性がある
W8	知り合いみんなが好きなわけではなかった。	
CP	人の悪口を言ったことは一度もない。	

　あまりにも虚偽尺度に引っかかると、回答態度に問題があると診断されることがあります。

G9の攻略法

● 前半は、ストレスがたまっていない状態が望ましい

G9の前半は、「現在の自分がストレスによってどのような状態か」を「疲労」「怒り」「対人緊張感」「憂うつ感」の4つの尺度で測定します。**質問例にあるようなネガティブな質問に「まったく当てはまらない」「あまり当てはまらない」と回答すると、プラス評価になります。**

● 後半は、ストレス耐性が高い状態が望ましい

G9の後半は、ストレスへの対処法を「積極的な問題解決」「他者からの援助を求める」「逃避」「諦め」の4つの尺度で測定します。**「積極的な問題解決」「他者からの援助を求める」の質問に「よくした」「かなりした」と回答すると、プラス評価になります。「逃避」「諦め」の質問に「しなかった」と回答すると、プラス評価になります。**

● G9【尺度の定義と質問例】

	尺度	測定内容	質問例
前半	疲労	ストレスによって現在どの程度疲労した状態か	・家に帰ると、疲れきっている。
	怒り	ストレスによって現在どの程度怒りやすい状態か	・ちょっとしたことで腹が立つ。
	対人緊張感	ストレスによって現在どの程度の対人的な緊張感を持った状態か	・目上の人がいると緊張する。
	憂うつ感	ストレスによって現在どの程度の憂うつ感を持った状態か	・気がめいっていることが多い。
後半	積極的な問題解決	ストレス要因に対して、解決策を積極的に考え、行動する傾向 ※この傾向が高いと、ストレス耐性が高い	・問題点を明確にすることに時間を使った。 ・解決するための計画をし、実行した。
	他者からの援助を求める	ストレス要因に対して、他者からの援助を求める傾向 ※この傾向が高いと、ストレス耐性が高い	・過去に似た経験をした人に相談した。 ・そのことに関する専門家に相談した。
	逃避	ストレス要因に対して、逃避しようとする傾向 ※この傾向が高いと、ストレス耐性が低い	・趣味に没頭した。 ・その問題以外のことをして、時間をすごした。
	諦め	ストレス要因に対して、諦めようとする傾向 ※この傾向が高いと、ストレス耐性が低い	・「その問題は重要ではない」と考えるようにした。 ・「これは現実ではない」と考えるようにした。

※G9の前半では、これ以外に「虚偽尺度」を使用しています。

W8の概要

■○ 社会性を「自尊」「共感」の軸で測定

W8は、社会性を「自尊」と「共感」の2つの軸で測定するテストです。

質問数	制限時間
40問	10分

■○ 自分に最も当てはまるものを選択

質問に対して、自分に最も当てはまる選択肢を選びます。

```
自分に最も当てはまる選択肢を選んでください。

選択肢                                          1  2  3  4  5
1=よく当てはまる
2=やや当てはまる
3=どちらでもない
4=あまり当てはまらない
5=まったく当てはまらない

1  自分に自信があると思ってきた。              ○  ○  ○  ○  ○
2  失敗よりも成功のほうが多かった。            ○  ○  ○  ○  ○
3  自分がどんな人間かを理解しようとしてきた。  ○  ○  ○  ○  ○
4  他人の気持ちを理解しようとしてきた。        ○  ○  ○  ○  ○
5  困っている人を見ると助けてきた。            ○  ○  ○  ○  ○
6  他人に良い印象を与えているかを気にしてきた。○  ○  ○  ○  ○
7  知り合いみんなが好きなわけではなかった。    ○  ○  ○  ○  ○

残り：10分
```

W8の攻略法

●○ 「自尊」「共感」の両方が高いのが望ましい

　W8は、社会性を「自尊」の3つ、「共感」の3つ、計6つの尺度で測定します。「自尊」「共感」の両方が高いと、「社会性が高い」としてプラスの評価をされます。質問に「よく当てはまる」「やや当てはまる」と回答すると、プラス評価になります。

●○ W8【尺度の定義と質問例】

	尺度	測定内容	質問例
自尊	自己を肯定する	自己の能力や価値を肯定する傾向	・自分に自信があると思ってきた。
	成功を確信する	自己の成功を確信する傾向	・失敗よりも成功のほうが多かった。
	私的自己認識	「自分はこれが得意だが、あれが苦手だ」というように自分自身を正確に理解する傾向	・自分がどんな人間かを理解しようとしてきた。
共感	他人を理解する	他人を理解するようにつとめる傾向	・他人の気持ちを理解しようとしてきた。
	援助を提供する	みずから他人に援助を提供する傾向	・困っている人を見ると助けてきた。
	社会的自己認識	「今、他人は自分をこう見ている」といったように自分が他人からどう見られているかを正確に理解する傾向	・他人に良い印象を与えているかを気にしてきた。

※W8では、これ以外に「虚偽尺度」（自分を良く見せようと嘘の回答をしていないかを調べる尺度）を使用しています。質問文は「知り合いみんなが好きなわけではなかった。」などです。

●○ W8の「自尊」「共感」とは

・「自尊」とは

　W8では、「自尊」とは「自分には得意なことがあり、自分の価値を認める」ことを意味します。尺度の「自己を肯定する」「成功を確信する」「私的自己認識」をあわせもっていると、「自尊」が高く評価されます。

- **「共感」とは**

  W8では、「共感」とは「他人がどう考えているかを理解しようとする」ことを意味します。尺度の「他人を理解する」「援助を提供する」「社会的自己認識」をあわせもっていると、「共感」が高く評価されます。

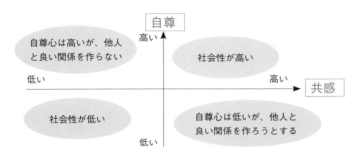

  W8では、「自尊」「共感」の両方とも高いことが望ましく、両方とも低いと、「社会性が低い」としてマイナスの評価をされます。

T4の概要

■○ エンゲージメント（仕事にのめり込む力）を測定

T4は、「エンゲージメント（仕事にのめり込む力）」を測定するテストです。

企業は、採用する人に「最大限のパフォーマンスを発揮してほしい」と考えています。人が仕事でストレスなく高いパフォーマンスを発揮できるのは、のめり込むことができるときです。T4は、この「のめり込む力」と「どのような仕事にのめり込むか」を測定します。

質問数	制限時間
35問	10分

■○ 自分に最も当てはまるものを選択

質問に対して、自分に最も当てはまる選択肢を選びます。

選択肢 1=(A)によく当てはまる 2=どちらかといえば(A) 3=どちらともいえない 4=どちらかといえば(B) 5=(B)によく当てはまる		1	2	3	4	5
1	(A) ものごとにすぐ熱中するほうだ。 (B) いつも冷静なほうだ。	○	○	○	○	○
2	(A) できるだけルールを守りたい。 (B) できるだけルールに縛られたくない。	○	○	○	○	○
3	(A) なにかの第一人者になりたいとは思わない。 (B) ある分野の第一人者になりたい。	○	○	○	○	○
4	(A) その日にやるべきことも、事情があれば、無理をせずに、翌日にやる。 (B) その日にやるべきことは、時間が足りなくても、工夫して、その日のうちにやる。	○	○	○	○	○
5	(A) 多くの人と議論をすることが好きなほうだ。 (B) 自分でじっくり考えるのが好きなほうだ。	○	○	○	○	○

自分に最も当てはまる選択肢を選んでください。

残り：10分

T4の攻略法

●○ 仕事の4タイプすべてに当てはまるのが望ましい

　T4の質問は、受検者が「物事にのめり込む傾向があるか」を調べるものと、受検者が「どのようなタイプの仕事にのめり込むか」を調べるものの2種類です。仕事のタイプは以下の4つです。

スペシャリスト	規則などに縛られず、自由な発想・活動をすることを好む
プロフェッショナル	1つの領域を専門的に探求し、深めていくことで、その領域の第一人者・権威になることを好む
チームオペレーション	仕事を分担しながら、効率よく大量に処理し、期限までにすべてやり遂げることを好む
プロジェクト	仲間と議論し、異なる意見をぶつけ合い、何かを作り出すことを好む

　T4では、これらの4タイプすべてに当てはまるように回答をすると、さまざまな仕事にのめり込むことができると判断されます。回答するときは、次の「T4で望ましい性格傾向」を踏まえて答えるとよいでしょう。

●○ T4で望ましい性格傾向

・物事にのめり込む傾向があり、かつ、人間関係に気を配れる

　「熱しやすく冷めにくい」つまり、のめり込みやすく、その状態が長続きするのが、T4で望ましい性格傾向です。感情に任せて行動するのではなく、人間関係を悪くしない配慮ができることも望ましい性格傾向です。

・さまざまな仕事にバランスよくのめり込む

　個人で取り組む仕事には強い興味を示すが、チームで行う仕事にはまったく興味を示さない、というように偏りがある人は、企業にとっては好ましくありません。さまざまな仕事に、バランスよくのめり込むことが望ましいといえます。

CAMの概要

◼️◯ 社会的な場面で能力を円滑に発揮できるかを測定

　CAMは、対人・対組織など社会的な場面で、能力を円滑に発揮できる性格かどうかを測定するテストです。前半・後半に分かれています。

構成	質問数		制限時間
前半	98問	合計161問	20分
後半	63問		

◼️◯ 前半では、質問が自分にどの程度当てはまるかを選択

　前半では、質問が、自分に「当てはまると思う」「当てはまらないと思う」のどちらかを選択します。

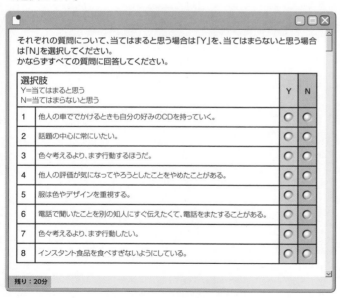

後半では、相反する質問から自分に近いほうを選択

後半では、相反する内容の質問から、自分により近いと感じるほうを選択します。

それぞれの質問について、「A」「B」の選択肢のうち自分により近いと思われるほうを選択してください。
かならずすべての質問に回答してください。

	選択肢 A＝(A)が自分により近いと思う B＝(B)が自分により近いと思う	A	B
1	(A)苦労が増えても、今よりも物質的に豊かな生活がしたい。 (B)無理をしないで、自分にあった生活がしたい。	○	○
2	(A)文章で説明したり、書いたもので説明するのが得意だ。 (B)文章の説明より話すほうが得意だ。	○	○
3	(A)現代的で新しい暮らし方をどんどん取り入れたい。 (B)日本の伝統的な暮らし方を大切にしている。	○	○
4	(A)楽天的だといわれるほうだ。 (B)神経質といわれることもある。	○	○
5	(A)暮らしは徐々に良くなると思う。 (B)暮らしは徐々に悪くなると思う。	○	○

残り：20分

CAMの攻略法

■○ 必要な尺度は企業や職種によって異なる

　CAMは、29の尺度で性格を測定します。尺度は「対人面での性格」「対組織面での性格」の2つに大きく分けられます。**必要な尺度は、企業や職種によって異なります。志望企業の採用基準や志望職種への適性を研究し、必要な尺度を割り出しておきましょう。**

■○ プラスの質問とマイナスの質問がある

　CAMの質問には、「当てはまると思う」「より近いと思う」と回答すると、その尺度が高くなるもの（プラスの質問）と、尺度が低くなるもの（マイナスの質問）があります。マイナスの質問でプラス評価を得るためには、前半では「当てはまらないと思う」と回答します。後半では、「A」「B」の質問のうち、マイナスの質問ではないほうで「より近いと思う」と回答します。

■○ CAM【尺度の定義と質問例】

	尺度	測定内容	質問例 ※（＋）はプラスの質問、（－）はマイナスの質問
対人面での性格	五感の感度	周囲からの刺激に対する五感の感度	（＋）服は色やデザインを重視する。
	環境への順応性	自分の置かれた環境への順応性	（－）他人の車ででかけるときも自分の好みのCDを持っていく。
	評価への感度	他人の評価をどれだけ意識するか	（＋）他人の評価が気になってやろうとしたことをやめたことがある。
	自己表現の意欲	自分の考えを表現しようとする意欲	（＋）話題の中心に常にいたい。
	行動の意欲	考えをすぐに行動に結びつける意欲	（＋）色々考えるより、まず行動するほうだ。 （＋）色々考えるより、まず行動したい。
	情報発信の意欲	自分の知識・情報を発信する意欲	（＋）電話で聞いたことを別の知人にすぐ伝えたくて、電話をまたすることがある。
	統率	集団をまとめようとする傾向	（＋）みんなをひっぱって何かをすすめることが多い。
	企画発想	新しい企画や発想をする傾向	（＋）新しい企画を考えるのが得意だ。

	協調性	他人と協調的な関係を作る傾向	（－）人が周囲にいないほうが落ち着く。
	柔軟性	意見を聞き、柔軟に修正する傾向	（－）融通があまりきかないほうだ。
	論理性	論理的に考え、論理的に伝える傾向	（＋）文章で説明したり、書いたもので説明するのが得意だ。 （－）文章の説明より話すほうが得意だ。
	明朗さ	楽観的で、明朗な印象を与える傾向	（＋）楽天的だといわれるほうだ。 （－）神経質といわれることもある。
	活発性	体を動かすことを好む傾向	（＋）じっとしているのをあまり好まない。
	粘り強さ	粘り強くやり抜く傾向	（＋）粘りのある性格だと思う。
	気長	上手く進まなくても、イライラしない傾向	（＋）思い通りに進まなくても、悩んだりしないほうだ。
対組織面での性格	自己開示	他人に対して自分を開示する傾向	（－）自分の過去はなるべく他人に話したくない。
	社交性	わけへだてなく、広く人と付き合う傾向	（＋）どちらかといえば、広く浅い人付き合いをするほうだ。
	積極性	積極的に他人と接触する傾向	（＋）初対面の人にも声を気軽にかけることができる。
	バランス感覚	過剰な主張や他者依存をしない傾向	（－）でしゃばってしまうことが多いほうだ。
	魅力	他人を引きつける傾向	（＋）周囲の友人から好かれている。
	競争性	競争性が必要な組織への適性	（＋）わりと負けず嫌いだ。
	独創性	独創性が必要な組織への適性	（＋）自分は独創的な人間だと思う。
	持続性	持続性が必要な組織への適性	（－）熱しやすく冷めやすいほうだと思う。
	規律性	規律が必要な組織への適性	（＋）ルールや常識という言葉に抵抗感はない。
	抑制性	自己抑制が必要な組織への適性	（＋）言いたいことを抑えても、気まずくなるのは避ける。
	調和性	集団の調和が必要な組織への適性	（＋）周囲と違う行動や服装はしたくない。
	生活への努力志向	自分の生活を豊かにするために積極的に努力する傾向	（＋）苦労が増えても、今よりも物質的に豊かな生活がしたい。 （－）無理をしないで、自分にあった生活がしたい。
	快適志向	心のゆとりや伝統よりも、生活を快適にするために金銭・時間などをつぎ込む傾向	（＋）現代的で新しい暮らし方をどんどん取り入れたい。 （－）日本の伝統的な暮らし方を大切にしている。
	生活柔軟志向	将来のために備えるよりも、その都度の生活を柔軟に楽しむ傾向	（＋）暮らしは徐々に良くなると思う。 （－）暮らしは徐々に悪くなると思う。

■□◯ CAMの「回答の安定性」「回答の特異性」への対応

　CAMでは、作為的な回答をしていたり、不真面目に回答している可能性があるかなどを、「回答の安定性」「回答の特異性」という項目で調べています。

・回答の安定性

ほぼ同じ内容の質問に対して、**矛盾した回答をするかどうかを調べる項目**です。矛盾した回答を繰り返すと、回答の安定性に欠けるとみなされ、**「作為的な回答をしている可能性がある」「不真面目に回答している可能性がある」**と判断されます。同じ内容の質問に対して食い違った回答をしないようにしましょう。

・回答の特異性

受検者の多くが同じ回答傾向を示す質問に対して、逆の回答をしているかどうかを調べる項目です。逆の回答をすると、回答の特異性があるとみなされる可能性があります。回答の特異性があるとみなされた場合、**「作為的な回答をしている可能性がある」**または**「一般的な受検者の行動・思考パターンと極めてかけ離れた人物の可能性がある」**と判断されることがあります。注意しましょう。

・CAMの前半の画面と「回答の安定性」「回答の特異性」

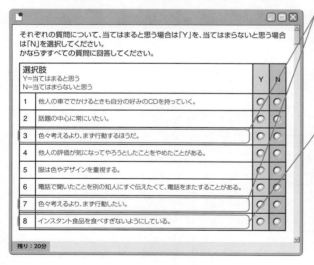

回答の安定性
3と7はどちらも「行動の意欲」の尺度に基づく質問。このようにほぼ同じ内容の質問に対し、一方では肯定し、もう一方では否定するような回答を繰り返すと、回答の安定性に欠けるとみなされる

回答の特異性
ここでは8の質問が該当する。インスタント食品の食べ過ぎは常識的に考えて不健康といえるので、受検者の多くは「当てはまると思う」と回答する傾向がある。このような質問に対して「当てはまらないと思う」と回答すると、回答の特異性があるとみなされる可能性がある

CPの概要

●● キャリアパーソナリティ（仕事の成果につながる性格）を測定

CPは、ビジネスの基本と実践、対人、ビジネスパワーという観点で「キャリアパーソナリティ（仕事の成果につながる性格）」を測定するテストです。仕事で成果を上げるためには、性格が関わってくるという観点から、受検者が仕事の成果を出すことができる性格の持ち主かどうかを測定します。

質問数	制限時間
125問	15分

●● 自分を最も的確に表現できるものを選択

質問に対して、自分を最も的確に表現できる選択肢を選びます。

自分を最も的確に表現できる選択肢を選んでください。

選択肢 1=よく当てはまる 2=やや当てはまる 3=どちらでもない 4=あまり当てはまらない 5=まったく当てはまらない	1	2	3	4	5
1 失敗しても成功するまで挑戦する。	○	○	○	○	○
2 良い案を出すための自分なりのチェックリストがある。	○	○	○	○	○
3 動き回ることが好きだ。	○	○	○	○	○
4 今できないこともいつかできるようになると思う。	○	○	○	○	○
5 自分を高めていこうと思う。	○	○	○	○	○
6 最後は誰かが何とかしてくれると思っている。	○	○	○	○	○
7 チームのためなら、多少の我慢は当然だと思う。	○	○	○	○	○
8 なんでも興味を持ち、やってみる。	○	○	○	○	○
9 人の能力を伸ばすのが得意だ。	○	○	○	○	○
10 人の悪口を言ったことは一度もない。	○	○	○	○	○

残り：15分

CPの攻略法

●● 必要な尺度は企業や職種によって異なる

CPは、24の尺度でキャリアパーソナリティを測定します。尺度は「ビジネス基本パーソナリティ」「ビジネス実践パーソナリティ」「対人スキル」「ビジネスパワー」の4つに大きく分けられます。**必要な尺度は、企業や職種によって異なります。志望企業の採用基準や志望職種への適性を研究し、必要な尺度を割り出しておきましょう。**

●● プラスの質問とマイナスの質問がある

CPの質問には、「よく当てはまる」「やや当てはまる」と回答すると、その尺度が高くなるもの（プラスの質問）と、尺度が低くなるもの（マイナスの質問）があります。マイナスの質問でプラス評価を得るためには、「まったく当てはまらない」「あまり当てはまらない」と回答します。

●● CP【尺度の定義と質問例】

	尺度	測定内容	質問例 ※（＋）はプラスの質問、（－）はマイナスの質問
ビジネス基本パーソナリティ	主体性	主体的に行動するか	（－）最後は誰かが何とかしてくれると思っている。
	活動性	活動的か	（＋）動き回ることが好きだ。
	協調性	集団に対して協調性を発揮するか	（＋）チームのためなら、多少の我慢は当然だと思う。
	向上心	向上心があるか	（＋）自分を高めていこうと思う。
	緻密性	緻密さを発揮するか	（＋）些細なことでもいい加減にしない。
	自己信頼	自己の能力を信頼しているか	（＋）自分の経験・知識を、その場にあわせて使いこなすことができる。
ビジネス実践パーソナリティ	チャレンジ性	チャレンジ精神があるか	（＋）なんでも興味を持ち、やってみる。
	柔軟性	柔軟性があるか	（＋）一度決めたことでも、状況に応じて変更するのは当たり前だ。
	独自性	発案において独自性を発揮するか	（＋）良い案を出すための自分なりのチェックリストがある。
	自己統制	自己の感情をコントロールできるか	（－）思い通りに物事が進まないと八つ当たりをする。
	リーダーシップ	リーダーシップを発揮するか	（＋）人の能力を伸ばすのが得意だ。

	解決への指向性	積極的に問題解決を進めるか	(＋)直接自分の責任範囲でなくても、必要ならばすぐに対応する。
対人スキル	開放性	他人に対して閉鎖的か開放的か	(－)多くの人と一緒にいるのが苦手なほうだ。
	敏感さ	他人の感情に対して鈍感か敏感か	(＋)他人から直接要望を言われなくても、察して行動するほうだ。
	融通性	他人の都合に対して硬直的か融通がきくか	(－)自分が無理をしてまで、相手に尽くしたくはない。
	受容性	他人の意見に対して排他的か受容的か	(＋)自分と反対の意見でも受け入れる。
	謙虚性	他人に対して傲慢か謙虚か	(－)一定の能力に達していない人は認めない。
	配慮・尊重性	自己中心的か他人に対して配慮・尊重をするほうか	(＋)相手にいやな思いをさせてまで、自分の意見を主張はしない。
ビジネスパワー	意欲	仕事において意欲を発揮するか	(＋)その日のうちにすべきことを、次の日に持ち越さないほうだ。
	粘り強さ	仕事において粘り強さを発揮するか	(＋)失敗しても成功するまで挑戦する。
	困難を乗り越える力	仕事の困難を乗り越える力があるか	(＋)困難なことほどやる気が出る。
	気力	仕事において気力を発揮するか	(＋)物事は気合を入れてやる。
	前向きの姿勢	仕事において前向きな姿勢を発揮するか	(＋)今できないこともいつかできるようになると思う。
	行動の俊敏さ	仕事において俊敏さを発揮するか	(＋)考えたことを素早く行動に移す。

※CPでは、これ以外に「虚偽尺度」（自分を良く見せようと嘘の回答をしていないかを調べる尺度）を使用しています。質問文は「人の悪口を言ったことは一度もない。」などです。

Visionの概要

■○ 会社と受検者の働き方との適合度を測定

Visionは、会社と受検者の働き方との適合度を測定するテストです。自分が社会人として、どのような取り組み方・考え方で仕事をしていきたいかを回答します。

質問数	制限時間
54問	20分

■○ 左右の質問に「自分はどちらが重要か」を選択

社会人としての取り組み方・考え方について、左右の質問のどちらが重要かを選択します。

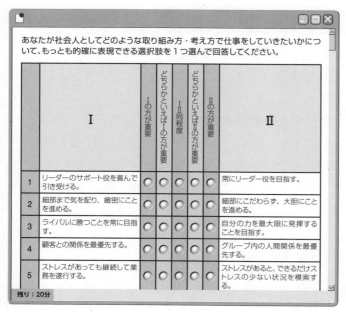

Visionの攻略法

● 必要な尺度は企業や職種によって異なる

　Visionは、18の尺度で会社と受検者の働き方に関する適合度を測定します。**必要な尺度は、企業や職種によって異なります。志望企業の採用基準や志望職種への適性を研究し、必要な尺度を割り出しておきましょう。**

● 左右の質問で尺度が異なる

　Visionの質問は、左右で尺度が異なります。例えば、前ページの画面の「1」の質問は、左側が「リーダーのサポート志向」、右側が「リーダー志向」の尺度の質問です。

「リーダーのサポート志向」の質問　　　　　　「リーダー志向」の質問

| 1 | リーダーのサポート役を喜んで引き受ける。 | ○ ○ ○ ○ ○ | 常にリーダー役を目指す。 |

　「重要」「どちらかといえば重要」を選択した質問の尺度は高くなり、反対側の質問の尺度は自動的に低くなります。

● プラスの質問とマイナスの質問がある

　Visionの質問には、「重要」「どちらかといえば重要」と回答すると、その尺度が高くなるもの（プラスの質問）と、尺度が低くなるもの（マイナスの質問）があります。マイナスの質問でプラス評価を得るためには、マイナスの質問とは反対側の質問で、「重要」「どちらかといえば重要」と回答します。

● Vision【尺度の定義と質問例】

	尺度	測定内容	質問例 ※（＋）はプラスの質問、（－）はマイナスの質問
対象志向性 仕事で働きかける対象は誰（何）か。右の3つから重みづけがされる	顧客志向	顧客や相手を満足させることを志向するか	（＋）顧客との関係を最優先する。
	自己実現志向	自分の目標を実現する行動を志向するか	（＋）常に自分を向上させるように努める。
	競合志向	競争に勝つことを志向するか	（＋）ライバルに勝つことを常に目指す。

組織志向性 組織に対してどのように自己のあり方を志向するか。右の3つから重みづけがされる	リーダー志向	リーダーシップを発揮することを志向するか	（＋）常にリーダー役を目指す。
	リーダーのサポート志向	リーダーをサポートすることを志向するか	（＋）リーダーのサポート役を喜んで引き受ける。
	チームワーク志向	チームワークを発揮することを志向するか	（＋）常にチームに貢献するように努める。
業務遂行志向性 自らの業務遂行上の特質として何を志向するか。右の6つから重みづけがされる	スピード志向	チャンスを感じたときに、即座に具体的な行動に移すことを志向するか	（＋）アイデアは素早くタイミングよく実行に移す。
	粘り強さ志向	目標を達成するまで粘り強く取り組み続けることを志向するか	（＋）困難に遭遇しても、自分の責務を最後まで全うする。
	独創性志向	自分なりの工夫やアイデアを加えたり、自分なりの視点で物事を捉えようとすることを志向するか	（＋）斬新な独自の視点で物事を見る。
	臨機応変志向	状況に応じて、臨機応変に判断や対応をすることを志向するか	（＋）状況に応じて、計画を柔軟に修正する。 （－）状況にかかわらず、計画通りの進行を重視する。
	挑戦志向	1つの成果で満足せずに、さらに高い成果を目指すことを志向するか	（＋）初めての仕事でも次々と挑戦する。
	緻密志向	常に進捗状況を確認し、細部まで気を配って、ミスの発生を防ぐことを志向するか	（＋）細部まで気を配り、緻密にことを進める。
行動志向性 行動と思索のいずれをどの程度志向するか	行動志向	思索よりも行動を志向するか	（＋）アイデアをすぐに実行する。 （－）アイデアを熟考してから実行する。
セルフマネジメント志向性 自らのセルフマネジメントの特質として何を志向するか。右の4つから重みづけがされる	企画・計画志向	自らのセルフマネジメントの特質として、企画・計画を志向するか	（＋）行動する前に計画を立てる。 （－）計画を立てるより、行動してみる。
	実行・率先志向	自らのセルフマネジメントの特質として、実行・率先を志向するか	（＋）率先して意見を述べ、行動する。 （－）他人の意見を聞き、そのうえで自分の意見を述べる。
	結果確認志向	自らのセルフマネジメントの特質として、結果確認を志向するか	（＋）行動の結果が期待通りだったかを客観的に分析する。 （－）行動の結果よりも、注ぎ込まれた熱意や努力を重視する。
	改善志向	自らのセルフマネジメントの特質として、改善を志向するか	（＋）創意工夫で最小の努力で最大の効果が出るようにする。
ストレス対処志向性 ストレスの対処において積極・消極のいずれをどの程度志向するか	ストレス対処志向	ストレスの積極的な対処を志向するか	（＋）ストレスがあると、できるだけストレスの少ない状況を模索する。 （－）ストレスがあっても継続して業務を遂行する。

第 **8** 部

「自宅受検型 Web テスト」
能力画面と
実施企業一覧

有力自宅受検型 Web テスト 「能力テスト」画面を完全再現!

> 受検後に便利!
> 問題画面からテストを見分ける!

■受検が終わったあとで、Webテストの種類が何かを確認しておこう!

■解けない問題があったときは、次回に備えて対策本で対策しよう!

※各画面は全体のイメージをつかむためのもので、問題の解答は掲載していません。

「玉手箱」の計数問題

※詳細は、『これが本当のWebテストだ!①』(講談社) を参照

● 図表の読み取り　29問15分/40問35分

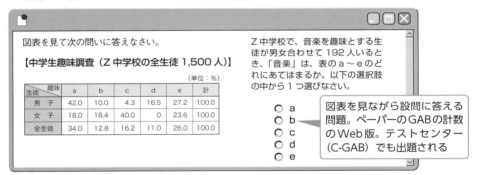

図表を見て次の問いに答えなさい。

【中学生趣味調査 (Z中学校の全生徒1,500人)】

(単位:%)

生徒＼趣味	a	b	c	d	e	計
男 子	42.0	10.0	4.3	16.5	27.2	100.0
女 子	18.0	18.4	40.0	0	23.6	100.0
全生徒	34.0	12.8	16.2	11.0	26.0	100.0

Z中学校で、音楽を趣味とする生徒が男女合わせて192人いるとき、「音楽」は、表のa～eのどれにあてはまるか。以下の選択肢の中から1つ選びなさい。

○ a
○ b
○ c
○ d
○ e

> 図表を見ながら設問に答える問題。ペーパーのGABの計数のWeb版。テストセンター (C-GAB) でも出題される

● 四則逆算　50問9分

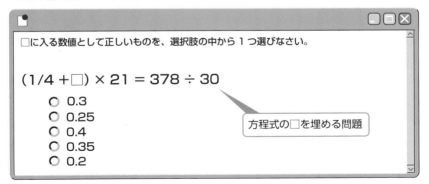

□に入る数値として正しいものを、選択肢の中から1つ選びなさい。

$(1/4 + \square) \times 21 = 378 \div 30$

○ 0.3
○ 0.25
○ 0.4
○ 0.35
○ 0.2

> 方程式の□を埋める問題

● 表の空欄の推測　20問20分/35問35分

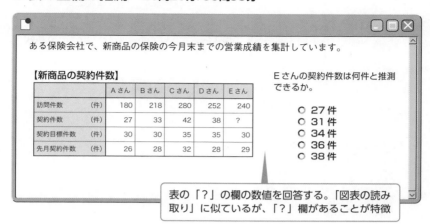

ある保険会社で、新商品の保険の今月末までの営業成績を集計しています。

【新商品の契約件数】

		Aさん	Bさん	Cさん	Dさん	Eさん
訪問件数	(件)	180	218	280	252	240
契約件数	(件)	27	33	42	38	?
契約目標件数	(件)	30	30	35	35	30
先月契約件数	(件)	26	28	32	28	29

Eさんの契約件数は何件と推測
できるか。

- ○ 27件
- ○ 31件
- ○ 34件
- ○ 36件
- ○ 38件

表の「?」の欄の数値を回答する。「図表の読み取り」に似ているが、「?」欄があることが特徴

「玉手箱」の言語問題

※詳細は、『これが本当のWebテストだ！①』（講談社）を参照

● 論理的読解（GAB形式の言語）　32問15分（8長文）/52問25分（13長文）

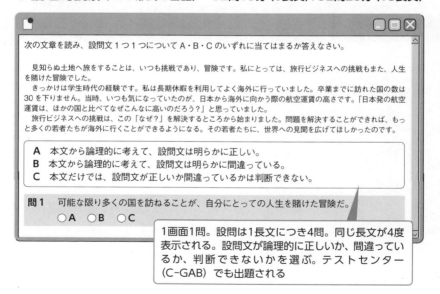

次の文章を読み、設問文1つ1つについてA・B・Cのいずれに当てはまるか答えなさい。

　見知らぬ土地へ旅をすることは、いつも挑戦であり、冒険です。私にとっては、旅行ビジネスへの挑戦もまた、人生を賭けた冒険でした。
　きっかけは学生時代の経験です。私は長期休暇を利用してよく海外に行っていました。卒業までに訪れた国の数は30を下りません。当時、いつも気になっていたのが、日本から海外に向かう際の航空運賃の高さです。「日本発の航空運賃は、ほかの国と比べてなぜこんなに高いのだろう？」と思っていました。
　旅行ビジネスへの挑戦は、この「なぜ？」を解決するところから始まりました。問題を解決することができれば、もっと多くの若者たちが海外に行くことができるようになる。その若者たちに、世界への見聞を広げてほしかったのです。

A	本文から論理的に考えて、設問文は明らかに正しい。
B	本文から論理的に考えて、設問文は明らかに間違っている。
C	本文だけでは、設問文が正しいか間違っているかは判断できない。

問1　可能な限り多くの国を訪ねることが、自分にとっての人生を賭けた冒険だ。
　　　○A　○B　○C

1画面1問。設問は1長文につき4問。同じ長文が4度表示される。設問文が論理的に正しいか、間違っているか、判断できないかを選ぶ。テストセンター（C-GAB）でも出題される

● 趣旨判定（IMAGES形式の言語） 32問10分（8長文）

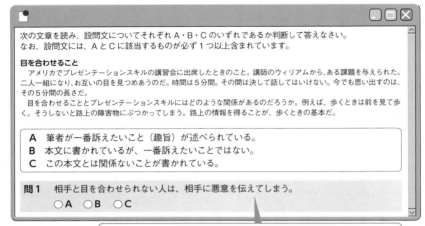

次の文章を読み、設問文についてそれぞれ A・B・C のいずれであるか判断して答えなさい。
なお、設問文には、A と C に該当するものが必ず 1 つ以上含まれています。

目を合わせること
　アメリカでプレゼンテーションスキルの講習会に出席したときのこと。講師のウィリアムから、ある課題を与えられた。二人一組になり、お互いの目を見つめあうのだ。時間は 5 分間。その間は決して話してはいけない。今でも思い出すのは、その 5 分間の長さだ。
　目を合わせることとプレゼンテーションスキルにはどのような関係があるのだろうか。例えば、歩くときは前を見て歩く。そうしないと路上の障害物にぶつかってしまう。路上の情報を得ることが、歩くときの基本だ。

> **A** 筆者が一番訴えたいこと（趣旨）が述べられている。
> **B** 本文に書かれているが、一番訴えたいことではない。
> **C** この本文とは関係ないことが書かれている。

> **問 1** 相手と目を合わせられない人は、相手に悪意を伝えてしまう。
> 　　　　〇A 　〇B 　〇C

1画面4問。設問文が筆者の一番訴えたいこと（趣旨）か、趣旨ではないか、本文には関係ないことかを選ぶ

● 趣旨把握 10問12分（10長文）

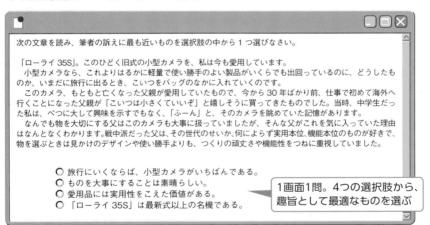

次の文章を読み、筆者の訴えに最も近いものを選択肢の中から 1 つ選びなさい。

　「ローライ 35S」。このひどく旧式の小型カメラを、私は今も愛用しています。
　小型カメラなら、これよりはるかに軽量で使い勝手のよい製品がいくらでも出回っているのに、どうしたものか、いまだに旅行に出るとき、こいつをバッグのなかに入れていくのです。
　このカメラ、もともと亡くなった父親が愛用していたもので、今から 30 年ばかり前、仕事で初めて海外へ行くことになった父親が「こいつは小さくていいぞ」と嬉しそうに買ってきたものでした。当時、中学生だった私は、べつに大して興味を示すでもなく、「ふーん」と、そのカメラを眺めていた記憶があります。
　なんでも物を大切にする父はこのカメラも大事に扱っていましたが、そんな父がこれを気に入っていた理由はなんとなくわかります。戦中派だった父は、その世代のせいか、何によらず実用本位、機能本位のものが好きで、物を選ぶときは見かけのデザインや使い勝手よりも、つくりの頑丈さや機能性をつねに重視していました。

> 〇 旅行にいくならば、小型カメラがいちばんである。
> 〇 ものを大事にすることは素晴らしい。
> 〇 愛用品には実用性をこえた価値がある。
> 〇 「ローライ 35S」は最新式以上の名機である。

1画面1問。4つの選択肢から、趣旨として最適なものを選ぶ

「玉手箱」の英語問題

※詳細は、『これが本当のWebテストだ！①』（講談社）を参照

● 長文読解（IMAGES形式の英語）　24問10分（8長文）

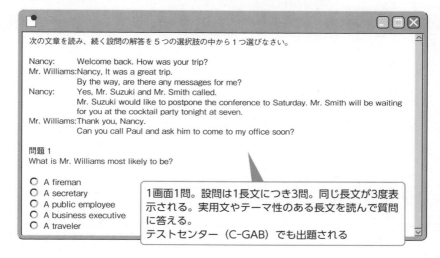

次の文章を読み、続く設問の解答を 5 つの選択肢の中から 1 つ選びなさい。

Nancy: 　　　Welcome back. How was your trip?
Mr. Williams:Nancy, It was a great trip.
　　　　　　　By the way, are there any messages for me?
Nancy: 　　　Yes, Mr. Suzuki and Mr. Smith called.
　　　　　　　Mr. Suzuki would like to postpone the conference to Saturday. Mr. Smith will be waiting
　　　　　　　for you at the cocktail party tonight at seven.
Mr. Williams:Thank you, Nancy.
　　　　　　　Can you call Paul and ask him to come to my office soon?

問題 1
What is Mr. Williams most likely to be?

○　A fireman
○　A secretary
○　A public employee
○　A business executive
○　A traveler

1画面1問。設問は1長文につき3問。同じ長文が3度表示される。実用文やテーマ性のある長文を読んで質問に答える。
テストセンター（C-GAB）でも出題される

● 論理的読解（GAB形式の英語）　24問10分（8長文）

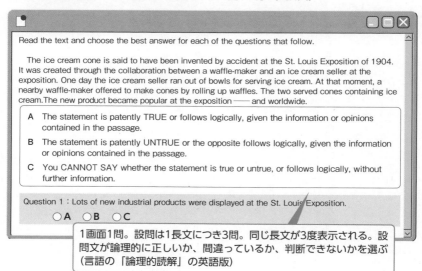

Read the text and choose the best answer for each of the questions that follow.

　　The ice cream cone is said to have been invented by accident at the St. Louis Exposition of 1904.
It was created through the collaboration between a waffle-maker and an ice cream seller at the
exposition. One day the ice cream seller ran out of bowls for serving ice cream. At that moment, a
nearby waffle-maker offered to make cones by rolling up waffles. The two served cones containing ice
cream.The new product became popular at the exposition —— and worldwide.

A　The statement is patently TRUE or follows logically, given the information or opinions
　　contained in the passage.

B　The statement is patently UNTRUE or the opposite follows logically, given the information
　　or opinions contained in the passage.

C　You CANNOT SAY whether the statement is true or untrue, or follows logically, without
　　further information.

Question 1：Lots of new industrial products were displayed at the St. Louis Exposition.
　　　　　　○ A　　○ B　　○ C

1画面1問。設問は1長文につき3問。同じ長文が3度表示される。設問文が論理的に正しいか、間違っているか、判断できないかを選ぶ（言語の「論理的読解」の英語版）

「Web-CAB」

※詳細は、『これが本当のCAB・GABだ!』(講談社) を参照

● 四則逆算→玉手箱の四則逆算と同じ

● 法則性　30問12分

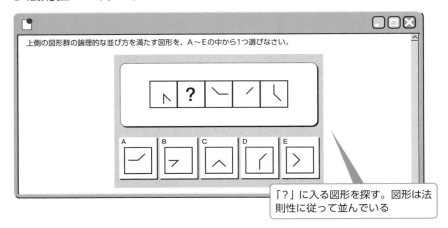

「?」に入る図形を探す。図形は法則性に従って並んでいる

● 命令表　36問15分

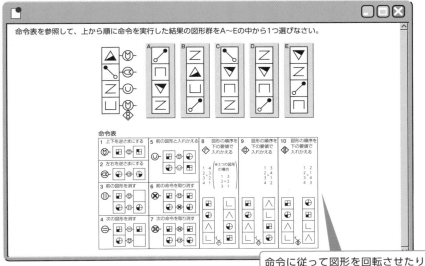

命令に従って図形を回転させたり入れ替えたりし、その結果、どのような図形の並びになるかを答える

328

● 暗号　30問16分

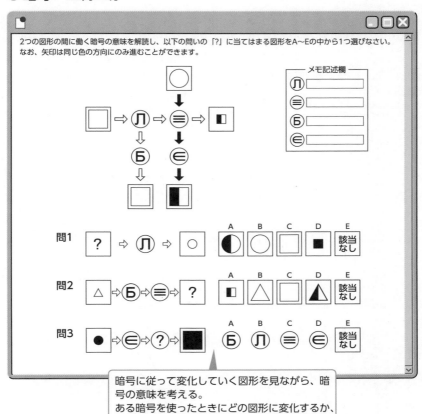

2つの図形の間に働く暗号の意味を解読し、以下の問いの「?」に当てはまる図形をA〜Eの中から1つ選びなさい。
なお、矢印は同じ色の方向にのみ進むことができます。

メモ記述欄

問1

問2

問3

暗号に従って変化していく図形を見ながら、暗号の意味を考える。
ある暗号を使ったときにどの図形に変化するか、ある図形に変化させるためにはどの暗号を使うかなどが問われる

TG-WEB

●計数（標準型）　9問18分（P.38）

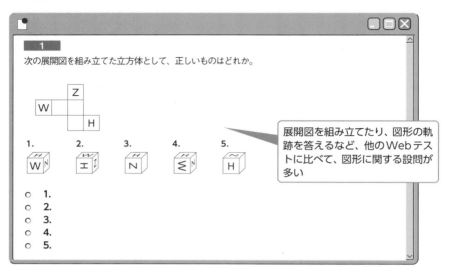

> 展開図を組み立てたり、図形の軌跡を答えるなど、他のWebテストに比べて、図形に関する設問が多い

1

次の展開図を組み立てた立方体として、正しいものはどれか。

1.　2.　3.　4.　5.

○　1.
○　2.
○　3.
○　4.
○　5.

●計数（時短型）　36問8分（P.170）

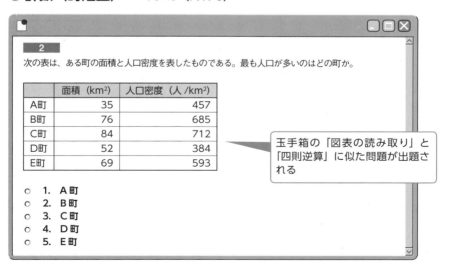

> 玉手箱の「図表の読み取り」と「四則逆算」に似た問題が出題される

2

次の表は、ある町の面積と人口密度を表したものである。最も人口が多いのはどの町か。

	面積（km²）	人口密度（人/km²）
A町	35	457
B町	76	685
C町	84	712
D町	52	384
E町	69	593

○　1.　A町
○　2.　B町
○　3.　C町
○　4.　D町
○　5.　E町

● 言語（標準型） 12問12分 （P.122）

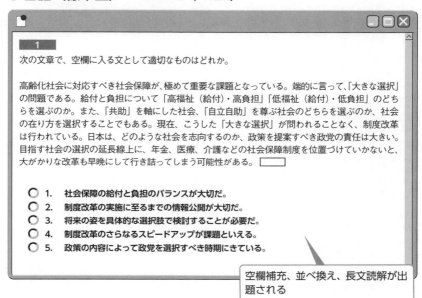

1

次の文章で、空欄に入る文として適切なものはどれか。

高齢化社会に対応すべき社会保障が、極めて重要な課題となっている。端的に言って、「大きな選択」の問題である。給付と負担について「高福祉（給付）・高負担」「低福祉（給付）・低負担」のどちらを選ぶのか。また、「共助」を軸にした社会、「自立自助」を尊ぶ社会のどちらを選ぶのか、社会の在り方を選択することでもある。現在、こうした「大きな選択」が問われることなく、制度改革は行われている。日本は、どのような社会を志向するのか、政策を提案すべき政党の責任は大きい。目指す社会の選択の延長線上に、年金、医療、介護などの社会保障制度を位置づけていかないと、大がかりな改革も早晩にして行き詰ってしまう可能性がある。 ────

- ○ 1.　社会保障の給付と負担のバランスが大切だ。
- ○ 2.　制度改革の実施に至るまでの情報公開が大切だ。
- ○ 3.　将来の姿を具体的な選択肢で検討することが必要だ。
- ○ 4.　制度改革のさらなるスピードアップが課題といえる。
- ○ 5.　政策の内容によって政党を選択すべき時期にきている。

空欄補充、並べ換え、長文読解が出題される

● 言語（時短型） 34問7分 （P.196）

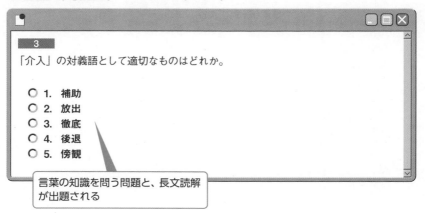

3

「介入」の対義語として適切なものはどれか。

- ○ 1.　補助
- ○ 2.　放出
- ○ 3.　徹底
- ○ 4.　後退
- ○ 5.　傍観

言葉の知識を問う問題と、長文読解が出題される

●英語　10問15分（P.288）

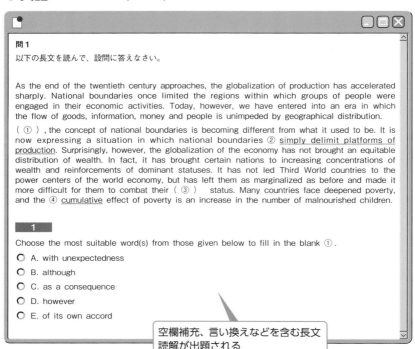

問1

以下の長文を読んで、設問に答えなさい。

As the end of the twentieth century approaches, the globalization of production has accelerated sharply. National boundaries once limited the regions within which groups of people were engaged in their economic activities. Today, however, we have entered into an era in which the flow of goods, information, money and people is unimpeded by geographical distribution.

(①), the concept of national boundaries is becoming different from what it used to be. It is now expressing a situation in which national boundaries ② simply delimit platforms of production. Surprisingly, however, the globalization of the economy has not brought an equitable distribution of wealth. In fact, it has brought certain nations to increasing concentrations of wealth and reinforcements of dominant statuses. It has not led Third World countries to the power centers of the world economy, but has left them as marginalized as before and made it more difficult for them to combat their (③)　status. Many countries face deepened poverty, and the ④ cumulative effect of poverty is an increase in the number of malnourished children.

1

Choose the most suitable word(s) from those given below to fill in the blank ① .

○ A. with unexpectedness

○ B. although

○ C. as a consequence

○ D. however

○ E. of its own accord

空欄補充、言い換えなどを含む長文
読解が出題される

WEB テスティング

※詳細は、『これが本当のWebテストだ！③』（講談社）を参照

●非言語

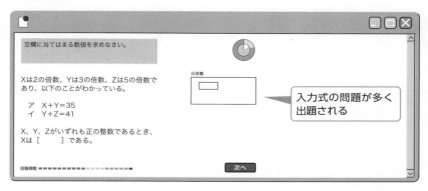

空欄に当てはまる数値を求めなさい。

Xは2の倍数、Yは3の倍数、Zは5の倍数であり、以下のことがわかっている。

ア　X+Y=35
イ　Y+Z=41

X、Y、Zがいずれも正の整数であるとき、
Xは [　　　] である。

回答欄

入力式の問題が多く出題される

回答時間 ━━━━━━━━━━━━━━━━━

次へ

●言語

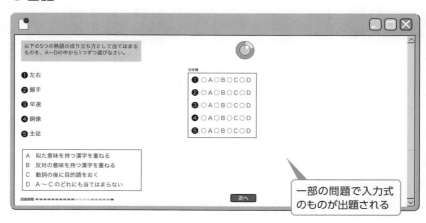

以下の5つの熟語の成り立ち方として当てはまるものを、A〜Dの中から1つずつ選びなさい。

❶ 左右

❷ 握手

❸ 早速

❹ 銅像

❺ 主従

回答欄

❶ ○A ○B ○C ○D
❷ ○A ○B ○C ○D
❸ ○A ○B ○C ○D
❹ ○A ○B ○C ○D
❺ ○A ○B ○C ○D

A　似た意味を持つ漢字を重ねる
B　反対の意味を持つ漢字を重ねる
C　動詞の後に目的語をおく
D　A〜Cのどれにも当てはまらない

一部の問題で入力式のものが出題される

回答時間 ━━━━━━━━━━━━━━━━━

次へ

CUBIC

※詳細は、『これが本当のWebテストだ！③』（講談社）を参照

● 言語　20問4〜10分

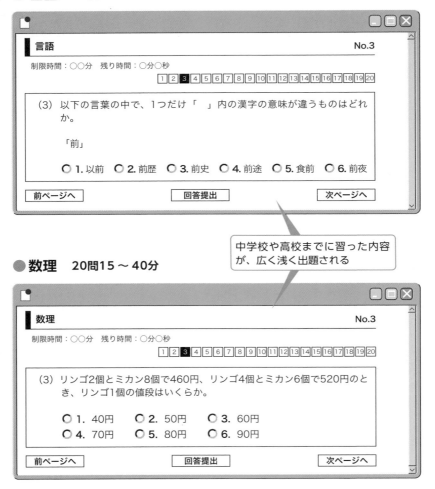

言語　　　　　　　　　　　　　　　　　　　　No.3

制限時間：○○分　残り時間：○分○秒

1 2 3 4 5 6 7 8 9 10 11 12 13 14 15 16 17 18 19 20

(3) 以下の言葉の中で、1つだけ「　」内の漢字の意味が違うものはどれ
か。

「前」

○ 1. 以前　　○ 2. 前歴　　○ 3. 前史　　○ 4. 前途　　○ 5. 食前　　○ 6. 前夜

前ページへ　　　　　　　回答提出　　　　　　　次ページへ

中学校や高校までに習った内容
が、広く浅く出題される

● 数理　20問15〜40分

数理　　　　　　　　　　　　　　　　　　　　No.3

制限時間：○○分　残り時間：○分○秒

1 2 3 4 5 6 7 8 9 10 11 12 13 14 15 16 17 18 19 20

(3) リンゴ2個とミカン8個で460円、リンゴ4個とミカン6個で520円のと
き、リンゴ1個の値段はいくらか。

○ 1. 40円　　○ 2. 50円　　○ 3. 60円
○ 4. 70円　　○ 5. 80円　　○ 6. 90円

前ページへ　　　　　　　回答提出　　　　　　　次ページへ

● 論理　20問15〜40分

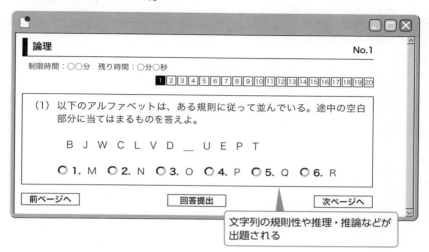

論理　No.1

制限時間：○○分　残り時間：○分○秒

1 2 3 4 5 6 7 8 9 10 11 12 13 14 15 16 17 18 19 20

（1）以下のアルファベットは、ある規則に従って並んでいる。途中の空白部分に当てはまるものを答えよ。

　　B J W C L V D ＿ U E P T

　　○1. M　○2. N　○3. O　○4. P　○5. Q　○6. R

前ページへ　　　　　　回答提出　　　　　　次ページへ

文字列の規則性や推理・推論などが出題される

● 図形　20問5〜15分

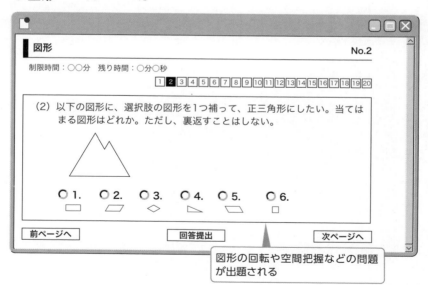

図形　No.2

制限時間：○○分　残り時間：○分○秒

1 2 3 4 5 6 7 8 9 10 11 12 13 14 15 16 17 18 19 20

（2）以下の図形に、選択肢の図形を1つ補って、正三角形にしたい。当てはまる図形はどれか。ただし、裏返すことはしない。

　　○1.　　○2.　　○3.　　○4.　　○5.　　○6.

前ページへ　　　　　　回答提出　　　　　　次ページへ

図形の回転や空間把握などの問題が出題される

● 英語　20問10〜15分

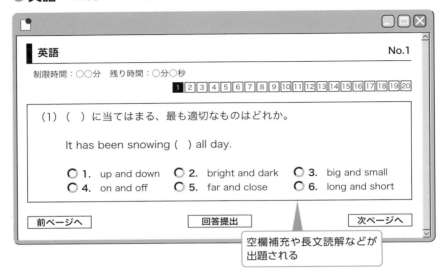

空欄補充や長文読解などが
出題される

TAP

※詳細は、『これが本当のWebテストだ！③』（講談社）を参照

● 言語　27問10分

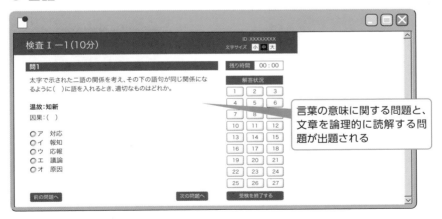

言葉の意味に関する問題と、
文章を論理的に読解する問
題が出題される

● 数理　21問15分

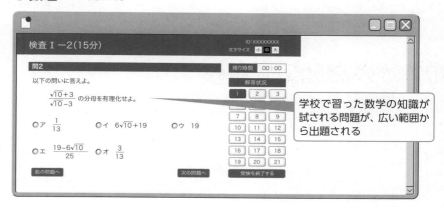

● 論理　25問20分

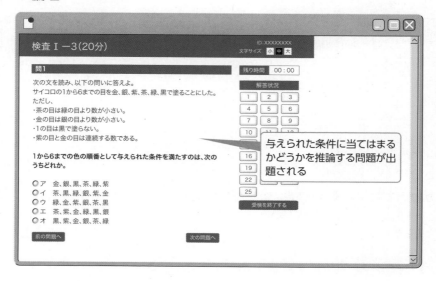

特報 一部企業でテストをコロナ禍の前に戻す動き。オンライン監視テストは実施が続く

2020年以降、新型コロナウイルス感染症の影響で、テストセンターやペーパーテストから自宅受検型Webテストに変更する動きがありました。2023年に入り、社会が徐々に以前に戻ろうとする中で、一部の企業では2019年までの実施方式に戻す動きが見られるようになっています。

●2025年度の夏インターンでは玉手箱が最多。一部の企業でSPIのテストセンターへの回帰も

2025年度の夏インターンシップで最も多かったのは、昨年度と同じ玉手箱、次にSPIのWEBテスティングです。昨年度と異なるのは、SPIのテストセンター実施企業が、やや増えたことです。これまでテストセンターからWEBテスティングなどに変更していた企業の一部で、元に戻す動きがあったことや、テストセンターの自宅受検が可能になったことなどが理由と考えられます。

※2025年度から、一定の条件を満たしたインターンシップに限り、企業が参加学生の情報を本選考で使用できるようになりました（本選考開始日以降）。これもテストセンター増加の一因と考えられます。

●2024年度の本選考や2025年度の夏インターンでも、オンライン監視テストの実施が続く
主なオンライン監視テスト（2023年10月現在）

テスト名	方式	説明
SPI	テストセンター （2022年10月開始）	予約時に会場受検か自宅受検かを選べる。自宅で受検するときは、パソコンのWebカメラなどを通じ、監督者が受検を監視する ※どの企業でも自宅受検を選べる
C-GAB	テストセンター	予約時に会場受検か自宅受検かを選べる。自宅で受検するときは、パソコンのWebカメラなどを通じ、監督者が受検を監視する ※自宅受検を選べるようにするかどうかは企業により異なる
TG-WEB	自宅受検	「TG-WEB eye」というテストで、AIが受検を監視する
SCOA	テストセンター （2022年6月開始）	「SCOA cross」というテストで、受検者が予約時に会場受検か自宅受検かを選べる。自宅で受検するときは、パソコンのWebカメラなどを通じ、監督者が受検を監視する。出題されるテストは「SCOA-A」 ※従来のSCOAのテストセンター（会場受検のみ）も引き続き実施

※SPIのWEBテスティングにはオンライン監視のオプションがありましたが、2023年10月現在では、なくなっています。

●実施する時期によって方式を使い分ける企業も。同系列のものを一通り対策しておこう

採用活動のオンライン化が進んでいます。採用テストの主流はWebテストやテストセンターで、今後もその傾向が続くでしょう。企業の中には、春頃はオンライン説明会後にWebテストやテストセンター、夏頃の会社での説明会ではペーパーテストというように、時期によって実施する方式を使い分けるところもあります。**同系列の方式・テストを一通り対策しておくと万全です。**

	同系列の方式・テスト		
	自宅受検型Webテスト	テストセンター	ペーパーテスト
SPI	WEBテスティング	テストセンター	ペーパーテスト
SHL社のテスト	玉手箱・Web-CAB	C-GAB・C-CAB	CAB・GAB・IMAGES
ヒューマネージ社のテスト	TG-WEB	ヒューマネージ社のテストセンター	i9

※SCOAにもテストセンター、ペーパーテストがありますが、内容は同じです。
※C-CABは、テストセンターに出向いてWeb-CABの能力テストを受けるテストです。C-GABと同じ会場で実施されます。

就活生必見の貴重な情報！

ヒューマネージ社のテストセンターを実施している企業は?

「ヒューマネージ社のテストセンターがどの企業で実施されているのかわからない」「ヒューマネージ社のテストセンターの実施企業を知りたい」という多くの読者の声にお応えして、過去5年間にヒューマネージ社のテストセンターを実施した企業の一部を紹介します。

ヒューマネージ社のテストセンターを実施したことが判明している企業	
インターナショナル・カーゴ・サービス	日本取引所グループ
ANAフーズ	日本ハム
荏原製作所	日本ハムシステムソリューションズ
住友ベークライト	日本ハム惣菜
全日空商事	藤二誠
東急エージェンシー	モルガン・スタンレー
東洋水産	

Webテスト実施企業一覧

過去5年間に、Webテストを実施した企業の一部を紹介します。

◎ 原則として、「自宅受検型Webテスト」の実施企業を掲載していますが、インターンシップと本選考のいずれかでテストセンターも実施している場合は、その旨を記載しています。

◎ 表中のテストに加えて、他のWebテスト、テストセンター、ペーパーテストを実施している企業もあります。

◎ 企業名は五十音順です。職種が明らかな場合は【　】内に示しました。いずれも調査当時のものです。

◎ ①〜②はテストの使用順です。「一次選考」「二次選考」ではありません。

企業名	インターンシップでのWebテスト	本選考でのWebテスト
アイシン		SPIのWEBテスティング
あおぞら銀行		玉手箱
アクセンチュア	玉手箱	玉手箱
旭化成	玉手箱·Web-CAB	玉手箱·Web-CAB
アサヒビール	玉手箱	玉手箱
足利銀行		玉手箱
味の素	玉手箱	玉手箱
アステラス製薬	SPIのWEBテスティング	SPIのWEBテスティング
アドバンテスト	TG-WEB·TAL	TG-WEB·TAL
阿波銀行		SPIのWEBテスティング·TAL
イオンフィナンシャルサービス		SPIのWEBテスティング
池田泉州銀行		TG-WEB
一条工務店	SPIのWEBテスティング	SPIのWEBテスティング
インテックソリューションパワー		Web-CAB
ウエルシア薬局		玉手箱
AGC	SPIのWEBテスティング	SPIのテストセンター
エーザイ	SPIのWEBテスティング	SPIのWEBテスティング
SMBC日興証券	玉手箱	玉手箱
SCSK	TG-WEB	TG-WEB
NEC	玉手箱	SPIのテストセンター
NEC航空宇宙システム	Web-CAB	Web-CAB·SPIのテストセンター
NECネッツエスアイ		SPIのWEBテスティング·TG-WEB
NTTコムウェア	SPIのWEBテスティング·TAL	SPIのWEBテスティング·TAL
NTTデータ	SPIのWEBテスティング·TAL	SPIのWEBテスティング·TAL
NTTファイナンス	玉手箱	玉手箱
NTTファシリティーズグループ		玉手箱·TAL
ENEOS	玉手箱	玉手箱
オイレス工業		玉手箱
大塚商会		玉手箱
オービック	TG-WEB	Web-CAB

企業名	インターンシップでのWebテスト	本選考でのWebテスト
岡三証券	玉手箱	玉手箱
オカムラ		TG-WEB
岡谷鋼機	玉手箱	玉手箱
沖電気工業		玉手箱
オムロン	玉手箱	玉手箱
オリックス	玉手箱	玉手箱
オリンパス	SPIのWEBテスティング	SPIのWEBテスティング
花王		TG-WEB
カプコン		【総合職】CUBIC 【プログラマー】Web-CAB
川崎重工業	SPIのWEBテスティング	SPIのWEBテスティング
関西エアポート	玉手箱	玉手箱
関西みらい銀行	玉手箱	玉手箱・TAL
関東電気保安協会		SPIのWEBテスティング
キヤノン	【技術系】TG-WEB	【技術系】SPIのテストセンター 【事務系】TG-WEB
キヤノンマーケティングジャパン	TG-WEB	SPIのテストセンター
九州電力	SPIのWEBテスティング	SPIのWEBテスティング
キユーピー	SPIのWEBテスティング	SPIのWEBテスティング
京都中央信用金庫		玉手箱
杏林製薬	玉手箱	玉手箱
協和キリン	TG-WEB	【MR職】TG-WEB 【コーポレートスタッフ職】SPIのテストセンター
きらやか銀行		玉手箱
キリンホールディングス	TG-WEB	TG-WEB
クラレ	SPIのWEBテスティング	SPIのWEBテスティング
京王電鉄		SPIのWEBテスティング
KDDI	玉手箱	玉手箱
京浜急行電鉄	SPIのWEBテスティング	SPIのWEBテスティング
神戸製鋼所		TG-WEB
コーセー		玉手箱
国際協力機構		TG-WEB・玉手箱
コクヨ	SPIのWEBテスティング	SPIのWEBテスティング
コスモエネルギーホールディングス	SPIのWEBテスティング	SPIのWEBテスティング
コニカミノルタ	SPIのWEBテスティング	SPIのWEBテスティング
コメリ		SPIのWEBテスティング
五洋建設		玉手箱
サーラエナジー		TG-WEB

企業名	インターンシップでのWebテスト	本選考での Web テスト
サッポロビール		SPIのWEBテスティング
サントリーホールディングス		玉手箱
CBC		玉手箱
JX金属	玉手箱	玉手箱
JSOL	SPIのWEBテスティング	SPIのWEBテスティング
ジェイテクト	玉手箱	玉手箱
滋賀銀行		玉手箱
シグマクシス	TG-WEB	TG-WEB
資生堂	TG-WEB	TG-WEB
シティグループ証券	玉手箱	玉手箱
島津製作所	SPIのWEBテスティング	SPIのWEBテスティング
シャープ		玉手箱
JALUX	玉手箱	玉手箱
商船三井	玉手箱	C-GAB
昭和産業		SPIのWEBテスティング
ジョンソン・エンド・ジョンソン	TG-WEB	TG-WEB
スクウェア・エニックス		SPIのWEBテスティング
スズキ		玉手箱
鈴与商事		SPIのWEBテスティング
スタッフサービス・ホールディングス	SPIのWEBテスティング	SPIのWEBテスティング
スタンレー電気	SPIのWEBテスティング	SPIのWEBテスティング
SUBARU	SPIのWEBテスティング	SPIのWEBテスティング
住友化学	SPIのWEBテスティング	SPIのWEBテスティング
住友セメントシステム開発		【営業職】SPIのWEBテスティング 【開発職】SPIのWEBテスティング・Web-CAB
住友電装	SPIのWEBテスティング	SPIのWEBテスティング
住友不動産	玉手箱	玉手箱
住友林業	玉手箱	玉手箱
セイコーエプソン	SPIのWEBテスティング	SPIのWEBテスティング
セイコーホールディングス		TG-WEB
西武鉄道		玉手箱
積水化学工業	TG-WEB	TG-WEB
積水ハウス	玉手箱	玉手箱
積水メディカル		SPIのWEBテスティング
セコム		SPIのWEBテスティング またはSPIのテストセンター・TAL
全国共済農業協同組合連合会	玉手箱	玉手箱

企業名	インターンシップでのWebテスト	本選考での Web テスト
セントラルスポーツ		TG-WEB
そごう・西武	TG-WEB	TG-WEB
損害保険ジャパン	SPIのWEBテスティング	SPIのテストセンター
第一生命保険	【基幹職】SPIのWEBテスティング	【基幹職】SPIのWEBテスティング
大王製紙		CUBIC
第四北越銀行		SPIのWEBテスティング
大同特殊鋼		SPIのWEBテスティング
大日本印刷	TG-WEB	TG-WEB
大鵬薬品工業	玉手箱	玉手箱
大和ハウス工業		玉手箱
田辺三菱製薬	SPIのWEBテスティング	SPIのWEBテスティング
千葉興業銀行		CUBIC
中央労働金庫		玉手箱
中京テレビ放送	玉手箱	玉手箱
中部電力	SPIのWEBテスティング	SPIのテストセンター
千代田化工建設	玉手箱	玉手箱
筑波銀行		TAP
DMG森精機	SPIのWEBテスティング	SPIのWEBテスティング
TDK		玉手箱
TBSテレビ		玉手箱
帝人	SPIのWEBテスティング	SPIのWEBテスティング
テーブルマーク	玉手箱	玉手箱
テレビ朝日		TG-WEB
デロイト トーマツ コンサルティング	TG-WEB	TG-WEB
デンソー	SPIのWEBテスティング	SPIのWEBテスティング
東海テレビ放送		玉手箱
東急	玉手箱・Web-CAB	玉手箱・Web-CAB
東急不動産		TG-WEB
東京海上日動火災保険	玉手箱	玉手箱
東京ガスiネット	Web-CAB	Web-CAB
東京建物	玉手箱	玉手箱
東芝		SPIのWEBテスティング
東芝テック	玉手箱	玉手箱
東洋製罐	SPIのWEBテスティング	SPIのWEBテスティング
東レ		①SPIのWEBテスティング ②SPIのテストセンター
TOTO	TG-WEB	TG-WEB

企業名	インターンシップでのWebテスト	本選考での Web テスト
トーハン		SPIのWEBテスティング
都市再生機構		SPIのWEBテスティング
栃木銀行		玉手箱
鳥取銀行		TAP
豊田合成	CUBIC	CUBIC
トヨタ自動車		SPIのWEBテスティング
豊通マシナリー		玉手箱
中日本高速道路	玉手箱	玉手箱
ニコン	玉手箱	玉手箱
西日本電信電話	玉手箱	玉手箱
日亜化学工業		SPIのWEBテスティング
日産自動車	玉手箱	玉手箱
日産車体		TAP
ニッセイ情報テクノロジー	SPIのWEBテスティング	①SPIのテストセンター ②Web-CAB
日鉄エンジニアリング	SPIのWEBテスティング	SPIのWEBテスティング
日鉄テックスエンジ		SPIのWEBテスティング
ニップン		玉手箱
ニデック(旧日本電産)	玉手箱	玉手箱
ニフコ		TAP
日本工営		TG-WEB
日本精工	CUBIC	CUBIC
日本政策金融公庫	TG-WEB	TG-WEB
日本製鉄	SPIのWEBテスティング	SPIのWEBテスティング
日本総研情報サービス	玉手箱	玉手箱
日本タタ・コンサルタンシー・サービシズ	TG-WEB	TG-WEB
日本たばこ産業		TG-WEB
日本通運		玉手箱
日本テレビ放送網		TG-WEB
日本取引所グループ		TG-WEBまたは ヒューマネージ社のテストセンター
日本郵政グループ	SPIのWEBテスティング	SPIのテストセンター・TAL
日本ロレアル	CUBIC	CUBIC
任天堂		玉手箱
農林中央金庫	SPIのWEBテスティング	SPIのテストセンター
野村證券	SPIのWEBテスティング・TAL	SPIのWEBテスティング・TAL
野村不動産	SPIのWEBテスティング	SPIのテストセンター
博報堂	玉手箱	玉手箱

企業名	インターンシップでのWebテスト	本選考でのWebテスト
八十二銀行		TAP
パナソニック	SPIのWEBテスティング	SPIのテストセンター
阪和興業	玉手箱	玉手箱
PwCコンサルティング	玉手箱	TG-WEB
東日本電信電話	玉手箱	玉手箱
日立グローバルライフ ソリューションズ	玉手箱	玉手箱
日立製作所	玉手箱	玉手箱
日立ソリューションズ・クリエイト		Web-CAB
日野自動車	SPIのWEBテスティング	SPIのテストセンター
百五銀行		玉手箱
ファーストリテイリング	SPIのWEBテスティング	SPIのWEBテスティング
ファイザー	玉手箱	玉手箱
ファミリーマート	SPIのWEBテスティング	SPIのWEBテスティング
富士ソフト		SPIのWEBテスティング
富士通	玉手箱・Web-CAB	玉手箱・Web-CAB
富士通総研		玉手箱・Web-CAB
富士フイルム	SPIのWEBテスティング	eF-1G・SPIのテストセンター
富士フイルムビジネスエキスパート	TG-WEB	SPIのWEBテスティング
フューチャーアーキテクト	玉手箱・Web-CAB	玉手箱・Web-CAB
北陸銀行		玉手箱
北陸電気工事		TAP
北海道電力		玉手箱
丸全昭和運輸		SPIのWEBテスティング
みずほ銀行	玉手箱・TAL	玉手箱・TAL
みずほ証券	玉手箱・TAL	玉手箱・TAL
みちのく銀行		SPIのWEBテスティング
三井住友海上火災保険	SPIのWEBテスティング	SPIのテストセンター
三井住友銀行	玉手箱	玉手箱
三井不動産商業マネジメント		玉手箱
三越伊勢丹グループ	玉手箱	玉手箱
三菱地所		TG-WEB
三菱自動車工業	CUBIC	CUBIC
三菱重工業	SPIのWEBテスティング	SPIのテストセンター
三菱電機	TG-WEB	TG-WEB・SPIのWEBテスティング
三菱電機エンジニアリング		SPIのWEBテスティング
三菱マテリアル		CUBIC

企業名	インターンシップでのWebテスト	本選考での Web テスト
三菱UFJ銀行	TG-WEB・TAL	TG-WEB・TAL
三菱UFJ国際投信		TAP
三菱UFJ信託銀行		玉手箱
三菱UFJニコス		SPIのWEBテスティング
三菱UFJモルガン・スタンレー証券	玉手箱・TAL	玉手箱・TAL
ミリアルリゾートホテルズ		玉手箱
武蔵野銀行		SPIのWEBテスティング
村田製作所	SPIのWEBテスティング	SPIのテストセンター
明治安田生命保険	TG-WEB	【法人総合営業職（地域型）】TG-WEB 【総合職】TAL
明電舎		CUBIC
メビックス	SPIのWEBテスティング	SPIのWEBテスティング
森永乳業	玉手箱	玉手箱
ヤクルト本社		玉手箱
安川電機	玉手箱	玉手箱
ヤマザキビスケット		TG-WEB
ヤマハ		SPIのWEBテスティング
ヤンマー		玉手箱
ユー・エス・ジェイ	TG-WEB	TG-WEB
ユニ・チャーム	玉手箱	玉手箱
横浜銀行		玉手箱
リコージャパン		SPIのWEBテスティング
りそな銀行	TAL	玉手箱・TAL
良品計画	玉手箱	玉手箱
ルネサス エレクトロニクス		SPIのWEBテスティング
ルミネ		玉手箱
ローソン	玉手箱	玉手箱
ローランド ディー.ジー.		SPIのWEBテスティング
WOWOW		CUBIC

【編著者紹介】

SPIノートの会　1997年春に結成された就職問題・採用テストを研究するグループ。2002年春に、『この業界・企業でこの「採用テスト」が使われている！』（洋泉社）を刊行し、就職界に衝撃を与える。その後、『これが本当のSPI3だ！』をはじめ、『これが本当のWebテストだ！』シリーズ、『これが本当のSPI3 テストセンターだ！』『これが本当のSCOAだ！』『これが本当のCAB・GABだ！』『これが本当の転職者用SPI3だ！』『完全再現NMAT・JMAT攻略問題集』『「良い人材」がたくさん応募し、企業の業績が伸びる採用の極意』『こんな「就活本」は買ってはいけない！』などを刊行し、話題を呼んでいる。講演依頼はメールでこちらへ　pub@spinote.jp

SPIノートの会サイトでは情報を随時更新中

https://www.spinote.jp/

カバーイラスト＝しりあがり寿
口絵イラスト＝草田みかん
図版作成＝山本秀行（Ｆ３デザイン）／杉沢直美
本文デザイン＝山本秀行（Ｆ３デザイン）／横田良子／中山デザイン事務所
DTP作成＝山本秀行（Ｆ３デザイン）

本書に関するご質問は、下記講談社サイトのお問い合わせフォームからご連絡ください。
サイトでは本書の書籍情報（正誤表含む）を掲載しています。

https://spi.kodansha.co.jp
2026年度版に関するご質問
の受付は、2025年3月末日
までとさせていただきます。

＊回答には1週間程度お時間をいただく場合がございます。
＊基本的にご質問は問題の正誤に関わるものに限らせていただいております。就活指導など、本書の範囲を超えるご質問にはお答えしかねます。

本当の就職テストシリーズ

【TG-WEB・ヒューマネージ社のテストセンター編】
これが本当のWebテストだ！② 2026年度版

2024年1月20日　第1刷発行　　2024年8月2日　第2刷発行

編著者　　ＳＰＩノートの会
発行者　　森田浩章
発行所　　株式会社講談社
　　　　　東京都文京区音羽2-12-21　〒112-8001
　　　　　電話　編集　03-5395-3522
　　　　　　　　販売　03-5395-4415
　　　　　　　　業務　03-5395-3615
装　丁　　岩橋直人
カバー印刷　共同印刷株式会社
印刷所　　株式会社ＫＰＳプロダクツ
製本所　　株式会社国宝社

KODANSHA

© SPI notenokai 2024, Printed in Japan
定価はカバーに表示してあります。

ISBN978-4-06-534508-5　N.D.C. 307.8　370p　21cm

玉手箱・C-GAB 編

これが 本当の Webテストだ！①

付 Webテスト実施企業一覧

Webテスト・テストセンター特定法「裏技」を大公開！

SPIノートの会 編著
■Ａ５判・並製
■定価：１６５０円（税込）

Webテストで圧倒的なシェアを誇る「玉手箱」を徹底対策！

○玉手箱の能力テストは、言語、計数、英語それぞれに数種類の問題形式があります。

○攻略のカギは時間配分。効率のよい解き方が必須です！

○本書は、玉手箱の全科目に対応した玉手箱専用対策本です。

テストセンター方式の玉手箱（C-GAB）の独自解法を掲載しているのは本書だけ！

2026年度版 好評発売中

主要3方式 〈テストセンター・ペーパーテスト・WEBテスティング〉 対応

これが本当のSPI3だ!

SPIノートの会 編著

■A5判・並製
■定価：1650円（税込）

超定番！ SPIの3方式を出る順で対策！

○SPIの「テストセンター」「ペーパーテスト」「WEBテスティング」を効率よく対策！

○頻出度順の出題範囲表で、方式ごとの出題範囲がひと目でわかる！

○講義形式のていねいな解説で、数学や国語から遠ざかっていた就活生でも理解しやすい！

2026年度版
好評発売中

SCOAのテストセンター対応

これが 本当の SCOA だ!

SPIノートの会 編著

■Ａ５判・並製
■定価：１６５０円（税込）

理・社の出るSPI？ それは「SCOA」です！

○SCOAは伝統ある大手企業が毎年のように実施している
　３０年以上の実績を持つ採用テストです。

○情報不足のため、多くの学生がこのテストを「理科や社会
　も出題される、難しいSPI」と誤解してきました。
　しかし、SCOAはSPIとはまったくの別物です。

○本書は、いまだ正確な情報が浸透していないSCOAを
　徹底解明した、日本初の専用対策本です！

2026年度版
好評発売中

面接の赤本

どんな質問にも
答えられる
ワークシート付き!

一条はやと 著

■Ａ５判・並製
■定価：１６５０円（税込）

○自分はとりわけPRできることがないと悩んでいる人にも、それなりにがんばったが、より効果的に自分の学生時代をアピールしたい人にも。

○人事や面接官、リクルーター、OB・OGを活用して、効率よく面接上手になる方法を紹介。

○面接だけにはとどまらず、就活全体を楽にする方法も解説

就職活動を控えるすべての学生に！

2026年度版
好評発売中